THE TIMES

MindGames

Number & Logic Puzzles

Book

4

Published by Times Books

An imprint of HarperCollins Publishers
Westerhill Road
Bishopbriggs
Glasgow G64 2QT
www.harpercollins.co.uk
timesbooks@harpercollins.co.uk

First edition 2019

ISBN 978-0-00-834377-4

10 9 8 7 6 5 4 3 2 1

A catalogue record for this book is available from the British Library.

If you would like to comment on any aspect of this book, please contact us at the given address or online.
E-mail: puzzles@harpercollins.co.uk

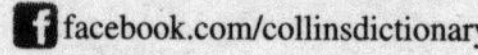

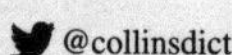

Printed and bound in Great Britain by CPI Group (UK) Ltd, Croydon, CR0 4YY

Acknowledgements

Brain Teasers	PUZZLER MEDIA
Cell Blocks	PUZZLER MEDIA
Futoshiki	PUZZLER MEDIA
Kakuro	PUZZLER MEDIA
KenKen	UNIVERSAL UCLICK
Set Square	PUZZLER MEDIA
Suko	PUZZLER MEDIA

MIX
Paper from responsible sources
FSC™ C007454

FSC™ is a non-profit international organisation established to promote the responsible management of the world's forests. Products carrying the FSC label are independently certified to assure consumers that they come from forests that are managed to meet the social, economic and ecological needs of present and future generations, and other controlled sources.

Find out more about HarperCollins and the environment at
www.harpercollins.co.uk/green

Contents

Introduction

Numbers hold an enduring fascination for the curious-minded. These shapeshifting abstractions can be pushed, pulled, fiddled and finessed into endless combinations and patterns. It's this remarkable versatility that makes numbers perfect for puzzles — and it's why the numerical puzzles in the MindGames section of *The Times* continue to enthral thousands of readers every day.

This latest collection brings together a selection of the best number and logic puzzles from *The Times*: Suko, Brain Trainer, Cell Blocks, Futoshiki, Kakuro, Set Square and KenKen. Although every one of these puzzles employs numbers, not all require a mathematical approach to solving. Cell Blocks and Futoshiki in particular demand the thoughtful application of logic to reach the solution rather than any arithmetical wizardry. Suko, Kakuro, Set Square and KenKen need a combination of the two disciplines, while Brain Trainer is emphatically one for the number crunchers.

Whatever your method of cracking the puzzles, our MindGames offer the opportunity to revel in the pure pleasure of numbers.

David Parfitt
Puzzles Editor of *The Times*

For more MindGames, subscribe to *The Times* at:
store.thetimes.co.uk

EASY	**33**	**÷ 11**	**SQUAR IT**
MEDIUM	**208**	**x 4**	**+ 86**
HARDER	**276**	**+ 813**	**x 4**

Brain Trainer

x 2	$^2/_3$ OF IT	+ 11	x 2
50% OF IT	+ 77	x 2	– 88
+ $^1/_2$ OF IT	– 644	90% OF IT	+ 977

How to Play

Just follow the instructions from left to right, starting with the number given to reach an answer at the end.

Sometimes called 'Totalized', this challenging mathematical puzzle is designed to stimulate the brain, whereby the solver attempts to work their way through the individual tasks in their head, seeing how quickly they can get to the final solution. Sometimes called 'The 30-Second Challenge', with varying degrees of difficulty. Mainly born out of the recognition of using puzzles for 'Brain Training'.

EASY	33	÷ 11	SQUARE IT	x 2	2/3 OF IT	+ 11	x 2	- 6	÷ 5	SQUARE IT	ANSWER	
MEDIUM	208	x 4	+ 86	50% OF IT	+ 77	x 2	- 88	÷ 8	+ 37	90% OF IT	ANSWER	
HARDER	276	+ 813	x 4	+ 1/2 OF IT	- 644	90% OF IT	+ 977	+ 1/2 OF IT	- 885	÷ 2	ANSWER	

EASY	33	÷ 11	SQUARE IT	x 2	2/3 OF IT	+ 11	x 2	- 6	÷ 5	SQUARE IT	ANSWER	64
MEDIUM	208	x 4	+ 86	50% OF IT	+ 77	x 2	- 88	÷ 8	+ 37	90% OF IT	ANSWER	144
HARDER	276	+ 813	x 4	+ 1/2 OF IT	- 644	90% OF IT	+ 977	+ 1/2 OF IT	- 885	÷ 2	ANSWER	4266

1

Level	Start											
EASY	51	x 2	– 16	÷ 2	+ 6	4/7 OF IT	+ 5	x 3	– 7	÷ 2	ANSWER	
MEDIUM	123	+ 87	90% OF IT	+ 97	+ 1/2 OF IT	+ 79	3/4 OF IT	– 76	80% OF IT	x 3	ANSWER	
HARDER	102	x 9	+ 2/3 OF IT	x 4	80% OF IT	– 784	1/2 OF IT	+ 659	+ 1/5 OF IT	x 2	ANSWER	

2

Level	Start											
EASY	25	+ 9	x 2	+ 6	50% OF IT	– 12	4/5 OF IT	+ 8	75% OF IT	+ 8	ANSWER	
MEDIUM	91	+ 74	40% OF IT	x 3	– 46	50% OF IT	+ 54	x 4	– 46	+ 1/2 OF IT	ANSWER	
HARDER	212	x 7	+ 682	x 2	+ 1/2 OF IT	+ 968	50% OF IT	+ 355	+ 3/4 OF IT	– 981	ANSWER	

3

EASY 31	x 3	– 7	÷ 2	+ 9	3/4 OF IT	+ 8	x 2	– 6	1/2 OF IT	ANSWER
MEDIUM 82	+ 95	x 5	– 87	50% OF IT	– 98	x 3	– 43	80% OF IT	– 89	ANSWER
HARDER 104	x 9	+ 772	75% OF IT	+ 824	+ 1/5 OF IT	+ 984	x 2	+ 886	1/2 OF IT	ANSWER

4

EASY 35	x 2	+ 7	5/7 OF IT	+ 3	50% OF IT	x 3	– 11	÷ 4	+ 9	ANSWER
MEDIUM 131	x 6	– 76	80% OF IT	– 58	2/3 OF IT	– 43	x 3	– 76	+ 1/5 OF IT	ANSWER
HARDER 248	+ 697	+ 3/5 OF IT	+ 543	x 3	60% OF IT	2/3 OF IT	– 776	90% OF IT	+ 898	ANSWER

5

Level	Start										Answer
EASY	51	÷ 3	x 4	– 9	x 2	+ 8	50% OF IT	+ 9	÷ 12	x 9	
MEDIUM	159	x 4	+ ½ OF IT	+ 26	90% OF IT	+ 83	⅘ OF IT	+ 64	75% OF IT	+ 57	
HARDER	182	x 5	+ 994	x 3	+ 88	¾ OF IT	– 836	5/7 OF IT	+ 998	x 2	

6

Level	Start										Answer
EASY	44	x 2	– 6	½ OF IT	– 13	¼ OF IT	SQUARE IT	+ 9	÷ 2	– 15	
MEDIUM	109	+ 25	+ ½ OF IT	x 3	+ 75	+ ½ OF IT	– 114	⅔ OF IT	50% OF IT	+ 88	
HARDER	248	+ 876	x 3	+ 418	80% OF IT	– 888	+ ½ OF IT	+ 774	x 2	90% OF IT	

7

EASY	24	x 4	– 3	÷ 3	+ 6	x 2	+ 14	½ OF IT	+ 9	x 2	ANSWER
MEDIUM	62	+ ½ OF IT	+ 75	x 2	+ ½ OF IT	+ 99	⅔ OF IT	– 49	x 2	+ 97	ANSWER
HARDER	231	+ 377	x 7	– 993	x 3	– 877	75% OF IT	– 974	70% OF IT	– 862	ANSWER

8

EASY	34	+ 5	x 3	– 9	¾ OF IT	– 9	75% OF IT	+ 14	÷ 2	– 7	ANSWER
MEDIUM	67	x 6	+ 38	90% OF IT	+ 54	+ ⅕ OF IT	– 45	20% OF IT	+ 79	x 3	ANSWER
HARDER	209	+ 245	x 7	+ ½ OF IT	x 2	– 996	½ OF IT	+ 846	+ ⅖ OF IT	– 498	ANSWER

9

Level	Start										ANSWER
EASY	39	x 2	+ 6	25% OF IT	+ 4	x 2	− 7	x 2	− 9	$\frac{6}{7}$ OF IT	
MEDIUM	158	+ 82	+ $\frac{1}{2}$ OF IT	+ 45	+ $\frac{1}{5}$ OF IT	+ 78	50% OF IT	+ 73	80% OF IT	+ 98	
HARDER	204	x 9	+ 544	+ $\frac{1}{2}$ OF IT	+ 994	+ $\frac{1}{2}$ OF IT	− 674	75% OF IT	− 957	$\frac{5}{12}$ OF IT	

10

Level	Start										ANSWER
EASY	9	SQUARE IT	− 13	50% OF IT	+ 8	$\frac{5}{7}$ OF IT	x 3	+ 6	÷ 2	− 9	
MEDIUM	67	x 3	+ 39	+ $\frac{1}{4}$ OF IT	+ 63	$\frac{2}{3}$ OF IT	+ 76	x 2	+ $\frac{1}{2}$ OF IT	− 77	
HARDER	201	+ 273	50% OF IT	x 5	+ 777	+ $\frac{1}{2}$ OF IT	x 2	+ $\frac{1}{2}$ OF IT	− 977	75% OF IT	

11

EASY 31	− 9	x 2	+ 8	½ OF IT	− 8	x 3	− 6	÷ 12	SQUARE IT	ANSWER
MEDIUM 136	x 6	− 98	+ ½ OF IT	− 89	25% OF IT	+ 68	⅗ OF IT	+ 75	+ ¼ OF IT	ANSWER
HARDER 89	x 7	+ 359	+ ½ OF IT	x 3	− 559	80% OF IT	+ 545	+ ⅓ OF IT	− 188	ANSWER

12

EASY 52	− 9	x 2	+ 6	÷ 4	+ 7	20% OF IT	+ 9	x 2	+ 15	ANSWER
MEDIUM 78	+ ½ OF IT	x 7	+ 87	+ ⅓ OF IT	− 98	90% OF IT	− 87	⅔ OF IT	+ 88	ANSWER
HARDER 193	x 4	+ 328	70% OF IT	+ 981	x 3	− 879	+ ½ OF IT	+ 889	90% OF IT	ANSWER

Brain Trainer | Cell Blocks | Futoshiki | Kakuro | KenKen | Set Square | Suko

13

EASY 63	− 6	x 2	− 4	30% OF IT	+ 8	x 2	− 5	÷ 7	+ 7	ANSWER
MEDIUM 96	+ 79	x 3	− 57	+ 1/4 OF IT	+ 79	+ 1/2 OF IT	− 68	75% OF IT	− 99	ANSWER
HARDER 256	+ 878	50% OF IT	x 3	+ 687	x 2	− 894	+ 1/2 OF IT	− 872	x 2	ANSWER

14

EASY 8	SQUARE IT	+ 6	40% OF IT	+ 8	x 3	− 6	1/2 OF IT	− 5	x 2	ANSWER
MEDIUM 82	+ 58	+ 1/2 OF IT	x 3	+ 63	2/3 OF IT	− 93	x 3	− 85	1/2 OF IT	ANSWER
HARDER 126	x 3	+ 456	+ 1/2 OF IT	x 6	− 544	50% OF IT	− 786	+ 1/5 OF IT	+ 199	ANSWER

Brain Trainer | Cell Blocks | Futoshiki | Kakuro | KenKen | Set Square | Suko

15

EASY 27	x 3	− 9	÷ 12	SQUARE IT	$\frac{3}{4}$ OF IT	+ 6	$\frac{2}{3}$ OF IT	x 4	− 9	ANSWER
MEDIUM 87	x 4	+ 42	90% OF IT	+ 97	+ $\frac{1}{2}$ OF IT	− 54	+ $\frac{1}{2}$ OF IT	+ 57	25% OF IT	ANSWER
HARDER 178	+ 472	+ $\frac{1}{2}$ OF IT	x 3	+ 795	90% OF IT	+ 876	$\frac{7}{8}$ OF IT	+ 759	$\frac{8}{9}$ OF IT	ANSWER

16

EASY 47	x 2	− 6	÷ 8	x 4	− 4	60% OF IT	− 6	$\frac{1}{6}$ OF IT	SQUARE IT	ANSWER
MEDIUM 71	x 4	+ 56	80% OF IT	x 3	+ 42	50% OF IT	+ 68	x 2	− 99	ANSWER
HARDER 198	+ 927	+ $\frac{1}{5}$ OF IT	+ 988	+ $\frac{1}{2}$ OF IT	+ 897	x 2	− 966	$\frac{5}{6}$ OF IT	− 874	ANSWER

17

Level	Start	1	2	3	4	5	6	7	8	9	ANSWER
EASY	59	x 2	– 4	$\frac{1}{2}$ OF IT	+ 11	$\frac{1}{2}$ OF IT	– 8	x 3	+ 4	50% OF IT	
MEDIUM	94	+ 87	x 3	– 89	x 2	– 98	90% OF IT	– 77	75% OF IT	+ 68	
HARDER	158	x 7	+ 946	x 3	– 971	20% OF IT	+ 865	+ $\frac{1}{2}$ OF IT	+ 732	+ $\frac{1}{5}$ OF IT	

18

Level	Start	1	2	3	4	5	6	7	8	9	ANSWER
EASY	39	+ 8	x 2	– 8	50% OF IT	+ 14	÷ 3	x 4	+ 9	$\frac{4}{5}$ OF IT	
MEDIUM	48	x 4	+ 58	30% OF IT	+ 83	+ $\frac{1}{2}$ OF IT	– 67	+ $\frac{1}{2}$ OF IT	+ 89	x 3	
HARDER	112	+ 773	x 5	80% OF IT	+ 778	50% OF IT	x 3	+ 707	50% OF IT	+ 958	

19

EASY ▶ 31	x 3	− 7	50% OF IT	− 4	2/3 OF IT	+ 14	25% OF IT	SQUARE IT	− 12	ANSWER
MEDIUM ▶ 102	+ 77	x 3	+ 71	75% OF IT	− 78	50% OF IT	+ 89	+ 1/2 OF IT	x 2	ANSWER
HARDER ▶ 141	x 6	+ 968	1/2 OF IT	+ 698	+ 1/5 OF IT	x 3	50% OF IT	+ 897	+ 1/2 OF IT	ANSWER

20

EASY ▶ 23	+ 3	1/2 OF IT	x 4	+ 8	80% OF IT	+ 9	2/3 OF IT	+ 4	1/2 OF IT	ANSWER
MEDIUM ▶ 17	SQUARE IT	x 2	+ 46	+ 1/2 OF IT	− 78	+ 1/2 OF IT	− 99	25% OF IT	+ 76	ANSWER
HARDER ▶ 154	x 8	+ 276	+ 3/4 OF IT	+ 389	3/4 OF IT	+ 669	90% OF IT	+ 779	+ 1/5 OF IT	ANSWER

21

Level	Start									ANSWER
EASY	9	SQUARE IT	+ 4	3/5 OF IT	+ 8	x 2	– 12	1/2 OF IT	+ 9	÷ 2	
MEDIUM	94	+ 81	x 4	+ 56	+ 1/4 OF IT	+ 57	5/6 OF IT	+ 89	5/12 OF IT	– 97	
HARDER	112	x 7	+ 334	+ 1/2 OF IT	x 3	– 469	+ 1/2 OF IT	+ 877	80% OF IT	75% OF IT	

22

Level	Start										ANSWER
EASY	32	+ 9	x 2	– 12	90% OF IT	– 8	x 2	– 8	5/6 OF IT	+ 9	
MEDIUM	55	+ 1/5 OF IT	x 4	+ 28	25% OF IT	+ 76	x 3	+ 99	+1/2 OF IT	– 76	
HARDER	134	+ 478	+ 1/6 OF IT	+ 738	+ 1/2 OF IT	+ 818	x 2	7/8 OF IT	– 573	80% OF IT	

23

EASY 51	x 2	− 8	÷ 2	+ 9	+ 1/2 OF IT	− 8	1/2 OF IT	− 13	x 3	ANSWER
MEDIUM 118	x 4	+ 66	50% OF IT	+ 55	x 2	+ 16	+ 1/4 OF IT	− 95	6/7 OF IT	ANSWER
HARDER 217	+ 738	+ 1/5 OF IT	x 4	+ 984	+ 1/2 OF IT	− 647	80% OF IT	+ 628	7/8 OF IT	ANSWER

24

EASY 62	1/2 OF IT	+ 12	x 2	− 14	÷ 12	SQUARE IT	50% OF IT	+ 9	2/3 OF IT	ANSWER
MEDIUM 89	+ 93	+ 1/2 OF IT	x 4	− 38	1/2 OF IT	+ 88	+ 1/5 OF IT	+ 76	50% OF IT	ANSWER
HARDER 122	x 6	+ 863	+ 1/5 OF IT	+ 766	90% OF IT	x 3	− 998	50% OF IT	+ 267	ANSWER

25

EASY 26	x 2	+ 12	50% OF IT	+ 7	÷ 3	x 5	+ 12	2/7 OF IT	− 7	ANSWER
MEDIUM 86	x 3	− 84	+ 1/2 OF IT	+ 87	x 2	− 45	+ 1/3 OF IT	− 78	90% OF IT	ANSWER
HARDER 285	+ 456	x 4	− 458	+ 1/2 OF IT	− 762	x 3	− 879	3/4 OF IT	11/12 OF IT	ANSWER

26

EASY 45	− 9	x 2	− 8	75% OF IT	+ 8	÷ 2	− 7	2/3 OF IT	+ 9	ANSWER
MEDIUM 99	x 3	+ 67	50% OF IT	+ 78	+ 1/2 OF IT	+ 55	+ 1/5 OF IT	− 99	x 2	ANSWER
HARDER 114	x 7	+ 536	1/2 OF IT	+ 887	+ 1/2 OF IT	+ 777	÷ 2	+ 958	+ 3/4 OF IT	ANSWER

27

EASY	53	– 4	x 2	– 8	70% OF IT	+ 9	÷ 12	SQUARE IT	3/4 OF IT	– 7	ANSWER	
MEDIUM	64	x 8	– 88	÷ 4	+ 58	x 3	+ 96	50% OF IT	x 3	– 44	ANSWER	
HARDER	86	+ 681	x 5	– 951	3/4 OF IT	– 873	4/5 OF IT	+ 778	+ 1/2 OF IT	+ 697	ANSWER	

28

EASY	22	+ 9	x 2	– 12	3/5 OF IT	+ 8	1/2 OF IT	+ 7	x 3	– 7	ANSWER	
MEDIUM	156	+ 95	x 3	+ 89	+ 1/2 OF IT	– 91	75% OF IT	– 84	4/5 OF IT	+ 34	ANSWER	
HARDER	179	x 8	+ 1/4 OF IT	70% OF IT	x 3	+ 343	+ 1/2 OF IT	– 795	1/2 OF IT	+ 989	ANSWER	

29

EASY	27	−7	x 2	+ 5	÷ 9	SQUARE IT	−7	$\frac{1}{2}$ OF IT	+ 7	$\frac{3}{4}$ OF IT	ANSWER	
MEDIUM	182	+ $\frac{1}{2}$ OF IT	x 4	−72	90% OF IT	−48	30% OF IT	+ 75	50% OF IT	+ 97	ANSWER	
HARDER	11	SQUARE IT	x 2	+ 992	+ $\frac{1}{2}$ OF IT	x 3	−873	60% OF IT	+ 984	$\frac{11}{16}$ OF IT	ANSWER	

30

EASY	12	x 3	+ 9	$\frac{2}{3}$ OF IT	−12	50% OF IT	+ 11	x 2	+ 9	$\frac{5}{7}$ OF IT	ANSWER	
MEDIUM	102	−75	x 4	+ 98	+ $\frac{1}{2}$ OF IT	−79	$\frac{4}{5}$ OF IT	x 5	90% OF IT	÷ 6	ANSWER	
HARDER	146	x 7	+ 96	+ $\frac{1}{2}$ OF IT	+ 933	+ $\frac{1}{5}$ OF IT	+ 898	90% OF IT	+ 664	x 2	ANSWER	

31

EASY 52	− 12	7/8 OF IT	x 2	− 6	3/4 OF IT	x 2	− 12	5/7 OF IT	÷ 4	ANSWER
MEDIUM 71	x 7	+ 57	+ 1/2 OF IT	− 89	÷ 2	+ 79	7/9 OF IT	− 68	x 3	ANSWER
HARDER 248	+ 521	x 4	+ 228	+ 1/2 OF IT	− 878	+ 1/2 OF IT	+ 475	+ 1/2 OF IT	− 997	ANSWER

32

EASY 9	SQUARE IT	+ 11	÷ 2	− 8	1/2 OF IT	+ 6	4/5 OF IT	+ 8	x 2	ANSWER
MEDIUM 62	x 7	+ 48	+ 1/2 OF IT	− 89	÷ 2	− 16	x 3	+ 61	3/4 OF IT	ANSWER
HARDER 104	+ 822	x 5	80% OF IT	+ 682	+ 1/2 OF IT	− 897	5/6 OF IT	− 729	+ 1/2 OF IT	ANSWER

33

Level	Start	1	2	3	4	5	6	7	8	9	ANSWER
EASY	22	+ 13	20% OF IT	+ 5	÷ 3	SQUARE IT	+ 7	x 2	− 14	x 2	
MEDIUM	146	x 3	+ 87	+ 1/5 OF IT	− 78	+ 1/2 OF IT	− 92	75% OF IT	− 87	x 2	
HARDER	242	+ 856	50% OF IT	x 4	5/6 OF IT	70% OF IT	+ 1/3 OF IT	+ 776	3/4 OF IT	+ 688	

34

Level	Start	1	2	3	4	5	6	7	8	9	ANSWER
EASY	11	+ 7	x 3	− 8	50% OF IT	+ 4	2/3 OF IT	− 4	÷ 7	SQUARE IT	
MEDIUM	39	x 7	+ 55	x 2	+ 56	+ 1/2 OF IT	− 78	80% OF IT	− 87	+ 1/5 OF IT	
HARDER	228	x 6	+ 386	+ 1/2 OF IT	x 2	+ 902	+ 1/4 OF IT	+ 887	50% OF IT	+ 584	

35

Level	Start										Answer
EASY	9	SQUARE IT	+ 15	÷ 8	+ 9	x 2	+ 11	x 2	− 14	÷ 4	
MEDIUM	75	x 3	+ 53	x 2	+ 98	50% OF IT	+ 78	+ 1/5 OF IT	− 98	+ 1/4 OF IT	
HARDER	138	x 7	+ 387	x 3	− 199	90% OF IT	+ 891	40% OF IT	− 899	x 7	

36

Level	Start										Answer
EASY	38	+ 6	x 2	+ 8	÷ 2	+ 12	25% OF IT	+ 6	x 3	+ 14	
MEDIUM	18	SQUARE IT	+ 58	50% OF IT	+ 37	3/4 OF IT	x 4	+ 88	+ 1/2 OF IT	+ 87	
HARDER	105	+ 2/5 OF IT	x 5	+ 617	+ 1/2 OF IT	x 3	− 119	80% OF IT	− 788	5/6 OF IT	

37

EASY 9	+ 8	x 2	+ 6	30% OF IT	+ 13	4/5 OF IT	+ 7	x 2	– 11	ANSWER
MEDIUM 14	x 6	+ 26	+ 1/2 OF IT	+ 87	75% OF IT	– 56	x 3	– 77	1/2 OF IT	ANSWER
HARDER 118	+ 357	60% OF IT	+ 787	x 3	+ 1/4 OF IT	– 975	+ 1/5 OF IT	+ 768	5/11 OF IT	ANSWER

38

EASY 33	1/3 OF IT	+ 7	x 2	+ 12	25% OF IT	– 8	SQUARE IT	+ 4	25% OF IT	ANSWER
MEDIUM 72	x 3	– 46	70% OF IT	x 3	+ 78	+ 1/5 OF IT	+ 98	90% OF IT	+ 58	ANSWER
HARDER 109	+ 978	x 3	– 776	80% OF IT	+ 987	13/25 OF IT	– 851	2/3 OF IT	+ 976	ANSWER

39

EASY 7	SQUARE IT	+ 11	30% OF IT	+ 6	x 2	− 12	÷ 4	+ 16	÷ 5	ANSWER
MEDIUM 47	x 7	+ 88	x 2	− 68	50% OF IT	+ 99	1/2 OF IT	+ 78	x 2	ANSWER
HARDER 89	x 6	+ 942	+1/2 OF IT	x 3	− 748	+1/2 OF IT	− 885	3/4 OF IT	− 658	ANSWER

40

EASY 27	+ 7	x 2	− 4	5/8 OF IT	+ 14	x 2	− 6	2/3 OF IT	+ 5	ANSWER
MEDIUM 104	+ 48	75% OF IT	+ 34	x 3	+ 78	x 2	− 89	80% OF IT	− 97	ANSWER
HARDER 77	x 9	+ 772	x 3	− 889	+1/2 OF IT	+ 825	11/12 OF IT	− 853	50% OF IT	ANSWER

41

Level	Start	1	2	3	4	5	6	7	8	9	ANSWER
EASY	11	+ 7	$\frac{1}{3}$ OF IT	x 4	÷ 8	TREBLE IT	+ 22	DOUBLE IT	– 7	÷ 11	
MEDIUM	19	+ 32	$\frac{2}{3}$ OF IT	x 5	TREBLE IT	– 157	x 4	+ 236	+ $\frac{3}{4}$ OF IT	HALF OF IT	
HARDER	87	+ 568	TREBLE IT	$\frac{4}{5}$ OF IT	– 1126	x 8	HALF OF IT	$\frac{3}{4}$ OF IT	÷ 6	TREBLE IT	

42

Level	Start	1	2	3	4	5	6	7	8	9	ANSWER
EASY	3	CUBE IT	+ 15	÷7	$\frac{2}{3}$ OF IT	x 9	– 8	HALF OF IT	x 3	– 9	
MEDIUM	12	SQUARE IT	+ 162	$\frac{1}{9}$ OF IT	x 7	– 76	+ $\frac{1}{3}$ OF IT	+ 178	HALF OF IT	– 89	
HARDER	14	SQUARE IT	+ $\frac{5}{7}$ OF IT	x 7	– 294	HALF OF IT	+ $\frac{2}{3}$ OF IT	x 4	$\frac{1}{5}$ OF IT	+ 423	

43

EASY ▶ 50	HALF OF IT	+ 7	÷ 8	SQUARE IT	– 7	SQUARE IT	⅓ OF IT	DOUBLE IT	+ 21	ANSWER
MEDIUM ▶ 83	DOUBLE IT	+ 49	÷ 5	+ 181	+ ¼ OF IT	÷ 8	– 27	CUBE IT	– 135	ANSWER
HARDER ▶ 45	x 5	7/15 OF IT	+ 516	+ ⅓ OF IT	⅚ OF IT	TREBLE IT	÷ 5	⅚ OF IT	x 11	ANSWER

44

EASY ▶ 70	– 26	÷ 4	DOUBLE IT	+ 13	3/7 OF IT	TREBLE IT	÷ 9	SQUARE IT	+ 11	ANSWER
MEDIUM ▶ 64	⅜ OF IT	x 4	+ ⅔ OF IT	– 42	HALF OF IT	+ 307	⅚ OF IT	DOUBLE IT	+ ½ OF IT	ANSWER
HARDER ▶ 37	x 5	+ 871	+ ¾ OF IT	÷ 6	¾ OF IT	x 7	– 895	+ ½ OF IT	+ 248	ANSWER

45

Level	Start										Answer
EASY	7	DOUBLE IT	+ 13	2/3 OF IT	DOUBLE IT	÷ 3	x 5	– 8	÷ 4	+ 29	ANSWER
MEDIUM	184	5/8 OF IT	TREBLE IT	+ 3/5 OF IT	3/4 OF IT	+ 74	HALF OF IT	– 51	DOUBLE IT	– 59	ANSWER
HARDER	111	x 7	– 472	3/5 OF IT	x 6	+ 1/2 OF IT	– 583	7/8 OF IT	TREBLE IT	– 1434	ANSWER

46

Level	Start										Answer
EASY	14	x 3	– 4	÷ 2	+ 8	x 3	7/9 OF IT	+ 6	2/3 OF IT	÷ 2	ANSWER
MEDIUM	29	x 5	+ 67	75% OF IT	x 2	+ 1/2 OF IT	+ 87	3/4 OF IT	+ 56	x 2	ANSWER
HARDER	124	+ 556	x 6	+ 188	75% OF IT	– 969	+ 3/4 OF IT	+ 758	7/8 OF IT	– 472	ANSWER

47

Level	Start										Answer
EASY	40	- 7	2/3 OF IT	+ 6	x 2	- 4	3/4 OF IT	+ 15	x 2	- 7	
MEDIUM	65	x 5	+ 47	1/2 OF IT	+ 79	80% OF IT	+ 66	+ 1/2 OF IT	+ 99	25% OF IT	
HARDER	109	x 7	+ 881	+ 3/4 OF IT	x 3	- 882	6/7 OF IT	+ 352	÷ 2	- 674	

48

Level	Start										Answer
EASY	21	x 3	+ 7	80% OF IT	- 8	÷ 12	SQUARE IT	x 3	- 9	2/3 OF IT	
MEDIUM	146	+ 78	+ 1/2 OF IT	x 3	+ 22	70% OF IT	+ 97	+ 1/2 OF IT	- 87	90% OF IT	
HARDER	244	x 3	+ 654	+ 1/2 OF IT	+ 996	4/5 OF IT	+ 918	50% OF IT	+ 715	3/4 OF IT	

49

Level	Start										Answer
EASY	9	SQUARE IT	- 7	÷ 2	+ 9	x 2	- 8	75% OF IT	- 11	x 2	
MEDIUM	41	+ 67	+ 1/2 OF IT	x 5	- 48	50% OF IT	+ 78	x 2	- 83	3/5 OF IT	
HARDER	79	x 6	+ 256	+ 1/2 OF IT	+ 857	11/16 OF IT	+ 996	+ 1/2 OF IT	+ 382	x 2	

50

Level	Start										Answer
EASY	22	x 3	+ 6	÷ 12	SQUARE IT	x 2	+ 18	60% OF IT	+ 8	÷ 2	
MEDIUM	57	x 3	+ 55	x 2	- 86	5/6 OF IT	- 79	+ 1/2 OF IT	+ 79	50% OF IT	
HARDER	226	x 6	+ 874	90% OF IT	x 2	- 698	75% OF IT	- 889	1/2 OF IT	+ 673	

51

EASY 9	SQUARE IT	+ 9	½ OF IT	+ 15	80% OF IT	+ 7	60% OF IT	− 5	x 2	ANSWER	
MEDIUM 53	x 7	+ 48	x 2	+ 76	½ OF IT	− 29	75% OF IT	− 97	x 3	ANSWER	
HARDER 94	x 3	+ 428	90% OF IT	x 4	+ 882	50% OF IT	+ 824	x 2	− 876	ANSWER	

52

EASY 37	+ 9	x 2	÷ 4	− 7	x 2	− 14	50% OF IT	− 6	SQUARE IT	ANSWER	
MEDIUM 132	+ 41	x 2	+ 66	½ OF IT	x 3	+ 57	4/5 OF IT	+ 74	+ ½ OF IT	ANSWER	
HARDER 118	x 8	50% OF IT	x 3	+ 612	75% OF IT	+ 558	x 2	+ 786	50% OF IT	ANSWER	

53

EASY	47	x 2	– 6	75% OF IT	+ 6	1/3 OF IT	+ 9	x 2	+ 6	÷ 12	ANSWER
MEDIUM	19	SQUARE IT	+ 87	+ 1/2 OF IT	75% OF IT	– 38	50% OF IT	+ 61	+ 1/2 OF IT	– 79	ANSWER
HARDER	155	+ 578	x 4	50% OF IT	+ 668	x 3	+ 1/2 OF IT	– 778	4/5 OF IT	– 879	ANSWER

54

EASY	16	+ 5	x 3	+ 6	2/3 OF IT	– 6	70% OF IT	– 13	x 3	+ 18	ANSWER
MEDIUM	84	x 3	+ 68	x 2	+ 54	+ 1/2 OF IT	– 39	÷ 2	+ 79	70% OF IT	ANSWER
HARDER	197	x 4	+ 618	50% OF IT	x 5	+ 757	+ 1/2 OF IT	+ 764	50% OF IT	– 888	ANSWER

55

Level	Start										ANSWER
EASY	17	x 3	- 6	7/9 OF IT	- 8	x 2	+ 3	x 2	- 12	5/6 OF IT	
MEDIUM	94	+ 68	+ 1/2 OF IT	+ 79	x 2	- 86	+ 1/2 OF IT	+ 96	2/3 OF IT	- 79	
HARDER	122	+ 846	7/8 OF IT	x 4	+ 876	x 2	75% OF IT	- 678	+ 1/3 OF IT	- 965	

56

Level	Start										ANSWER
EASY	24	x 2	+ 8	75% OF IT	÷ 2	+ 7	3/4 OF IT	- 12	x 7	+ 8	
MEDIUM	11	SQUARE IT	x 2	- 88	50% OF IT	+ 67	x 5	+ 98	÷ 2	+ 89	
HARDER	102	x 3	+ 964	60% OF IT	+ 882	+ 3/4 OF IT	x 2	- 788	50% OF IT	+ 473	

57

EASY	43	- 7	x 2	- 12	÷ 2	+ 4	½ OF IT	+ 13	x 2	- 9	ANSWER
MEDIUM	12	x 9	+ 78	50% OF IT	+ 81	x 4	- 51	x 2	- 68	½ OF IT	ANSWER
HARDER	97	x 7	+ 826	x 3	+ 463	+ ½ OF IT	- 97	80% OF IT	- 766	50% OF IT	ANSWER

58

EASY	20	x 3	- 8	¼ OF IT	+ 8	x 2	- 9	÷ 3	+ 6	x 4	ANSWER
MEDIUM	99	+ 185	+ ¼ OF IT	x 2	90% OF IT	- 74	+ ⅕ OF IT	+ 92	80% OF IT	+ 78	ANSWER
HARDER	196	x 6	+ 98	x 5	- 876	+ ½ OF IT	- 975	50% OF IT	+ 983	⅞ OF IT	ANSWER

59

EASY	37	x 2	− 6	$\frac{1}{2}$ OF IT	+ 8	÷ 7	SQUARE IT	+ 12	$\frac{3}{4}$ OF IT	− 9	ANSWER	

MEDIUM	128	+ 57	+ $\frac{1}{5}$ OF IT	x 4	+ 76	50% OF IT	− 92	$\frac{3}{5}$ OF IT	+ 98	x 3	ANSWER	

HARDER	29	SQUARE IT	+ 437	50% OF IT	x 4	+ 768	+ $\frac{1}{2}$ OF IT	+ 998	+ $\frac{1}{2}$ OF IT	− 654	ANSWER	

60

EASY	58	+ 14	$\frac{5}{6}$ OF IT	÷ 15	SQUARE IT	$\frac{3}{4}$ OF IT	+ 12	x 2	+ 8	$\frac{1}{2}$ OF IT	ANSWER	

MEDIUM	113	x 5	+ 67	+ $\frac{1}{2}$ OF IT	− 78	90% OF IT	+ 87	90% OF IT	+ 81	$\frac{5}{16}$ OF IT	ANSWER	

HARDER	216	x 6	+ 397	x 4	+ 578	30% OF IT	+ 975	90% OF IT	+ 302	x 2	ANSWER	

61

Level	Start										ANSWER
EASY	76	- 7	2/3 OF IT	+ 4	30% OF IT	+ 11	x 3	- 6	÷ 9	SQUARE IT	
MEDIUM	104	x 3	+ 48	80% OF IT	- 78	x 2	3/4 OF IT	- 67	1/2 OF IT	x 5	
HARDER	143	x 7	+ 901	x 3	+ 766	3/4 OF IT	- 982	75% OF IT	+ 772	+ 1/4 OF IT	

62

Level	Start										ANSWER
EASY	72	+ 14	1/2 OF IT	+ 13	÷ 4	+ 8	x 3	+ 8	1/2 OF IT	+ 7	
MEDIUM	142	x 5	+ 24	+ 1/2 OF IT	- 55	50% OF IT	+ 47	90% OF IT	+ 67	90% OF IT	
HARDER	249	+ 876	x 3	+ 741	x 2	5/6 OF IT	- 735	20% OF IT	- 457	x 3	

63

EASY 61	+ 7	÷ 2	- 8	÷ 2	- 6	SQUARE IT	+ 5	x 2	- 9	ANSWER
MEDIUM 94	x 2	+ 86	x 3	- 70	÷ 4	+ 93	x 4	- 64	70% OF IT	ANSWER
HARDER 257	+ 693	80% OF IT	+ 355	+ 1/5 OF IT	+ 886	x 3	- 778	+ 1/2 OF IT	- 998	ANSWER

64

EASY 37	+ 5	x 2	- 12	÷ 2	- 8	x 3	+ 9	2/3 OF IT	- 8	ANSWER
MEDIUM 112	x 4	+ 76	75% OF IT	- 94	x 3	+ 77	50% OF IT	- 57	90% OF IT	ANSWER
HARDER 135	x 3	+ 975	+ 1/4 OF IT	x 3	80% OF IT	x 2	- 866	50% OF IT	- 198	ANSWER

65

EASY	39	+ 4	x 2	+ 9	2/5 OF IT	+ 6	50% OF IT	x 3	5/6 OF IT	+ 9	ANSWER	
MEDIUM	16	SQUARE IT	+ 68	÷ 4	+ 77	+ 1/2 OF IT	- 72	80% OF IT	+ 66	x 3	ANSWER	
HARDER	149	x 6	+ 986	70% OF IT	x 2	- 448	50% OF IT	+ 782	x 4	+ 593	ANSWER	

66

EASY	60	÷ 5	x 3	DOUBLE IT	+ 4	HALF OF IT	+ 6	− 3/4 OF IT	x 7	+ 25	ANSWER	
MEDIUM	18	SQUARE IT	x 2	+ 5/8 OF IT	+ 135	− 7/9 OF IT	÷ 8	− 1/3 OF IT	+ 6	÷ 7	ANSWER	
HARDER	110	− 25	− 3/5 OF IT	HALF OF IT	CUBE IT	− 603	− 9/10 OF IT	+ 3	÷ 7	x 9	ANSWER	

67

EASY	9	x 2	DOUBLE IT	− 6	+ 12	÷ 6	x 12	DOUBLE IT	+ $\frac{1}{3}$ OF IT	DOUBLE IT	ANSWER
MEDIUM	48	÷ 4	x 15	+ $\frac{3}{10}$ OF IT	TRIPLE IT	− 18	÷ 38	HALF OF IT	x 16	÷ 12	ANSWER
HARDER	315	− $\frac{9}{15}$ OF IT	DOUBLE IT	÷ 12	− $\frac{3}{7}$ OF IT	HALF OF IT	SQUARE IT	x 17	+ 144	÷ 9	ANSWER

68

EASY	44	÷ 4	x 6	− $\frac{2}{3}$ OF IT	+ 50	÷ 12	x 3	DOUBLE IT	÷ 4	+ 10	ANSWER
MEDIUM	77	TRIPLE IT	+ 33	+ $\frac{5}{8}$ OF IT	DOUBLE IT	÷ 6	− 128	x 7	+ $\frac{4}{5}$ OF IT	+ 321	ANSWER
HARDER	522	HALF OF IT	− 13	÷ 4	− 46	SQUARE IT	+ $\frac{7}{8}$ OF IT	+ $\frac{3}{10}$ OF IT	x 3	DOUBLE IT	ANSWER

69

Level	Start										Answer
EASY	32	HALF OF IT	÷ 4	x 5	DOUBLE IT	+$\frac{3}{4}$ OF IT	DOUBLE IT	÷ 4	+ 12	x 2	
MEDIUM	125	−$\frac{3}{5}$ OF IT	HALF OF IT	+ 160	DOUBLE IT	+ 40	+$\frac{7}{10}$ OF IT	− 2	÷ 5	x 9	
HARDER	14	SQUARE IT	+ $\frac{3}{7}$ OF IT	−$\frac{6}{10}$ OF IT	+ 236	x 3	÷ 4	− 223	HALF OF IT	SQUARE IT	

70

Level	Start										Answer
EASY	19	DOUBLE IT	− 6	÷ 8	CUBE IT	$\frac{3}{4}$ OF IT	+ 24	÷ 6	TREBLE IT	+ 18	
MEDIUM	44	+$\frac{1}{2}$ OF IT	x 4	+ 84	$\frac{2}{3}$ OF IT	DOUBLE IT	− 79	x 6	÷ 11	+$\frac{4}{7}$ OF IT	
HARDER	215	TREBLE IT	$\frac{4}{15}$ OF IT	x 7	+ 1005	TREBLE IT	+ 875	HALF OF IT	− 475	+$\frac{3}{4}$ OF IT	

71

EASY	15	x 3	+ 4	6/7 OF IT	+ 8	x 2	- 6	1/2 OF IT	+ 9	1/4 OF IT	ANSWER
MEDIUM	14	SQUARE IT	- 15	x 2	- 46	50% OF IT	+ 97	+ 2/5 OF IT	+ 71	75% OF IT	ANSWER
HARDER	214	+ 616	x 4	+ 567	x 2	+ 958	75% OF IT	- 768	+ 1/3 OF IT	- 446	ANSWER

72

EASY	33	÷ 11	SQUARE IT	x 2	2/3 OF IT	+ 11	x 2	- 6	÷ 5	SQUARE IT	ANSWER
MEDIUM	208	x 4	+ 86	50% OF IT	+ 77	x 2	- 88	÷ 8	+ 37	90% OF IT	ANSWER
HARDER	276	+ 813	x 4	+ 1/2 OF IT	- 644	90% OF IT	+ 977	+ 1/2 OF IT	- 885	÷ 2	ANSWER

Cell Blocks

	2	
6		
		3
		4

How to Play

Divide the grid into blocks. Each block must be square or rectangular and must contain the number of cells indicated by the number inside it.

The Japanese puzzle company Nikoli claim this puzzle as their invention. A collection of these puzzles was first published by Nikoli in book form in 2005 under the name Shikaku.

Also known as: Divide by Box, Divide by Squares, Shikaku, Shikaku ni kire

	4				4	
			3			
6					2	
	3			6		
			5			3
	3					4
		4		2		

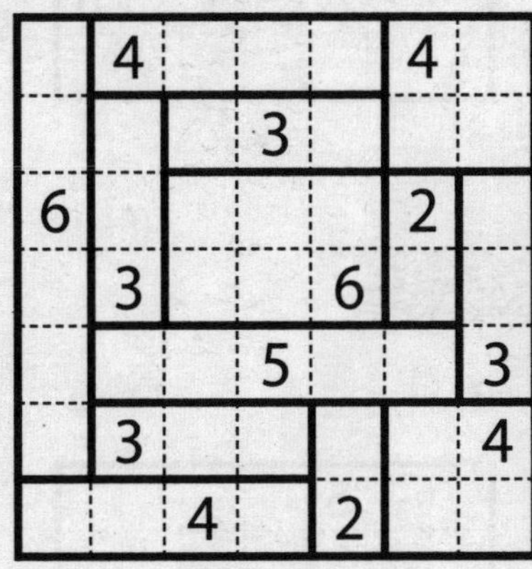

1

			4			3
5					5	
	2	3				
	3				4	
	2	4		3		6
5						

2

3			5			
		3				2
						5
	4		4			
4					6	
	3		6			2
						2

3

		5				
	4					
3			2			4
					3	
		6	4			
3			4			
		5				6

4

	3				4	
4			4			4
		3				
	3			2		
		3			3	
			3			
4				5		4

5

	6					3
4				4		
		5				
			5			6
6						
4						
						6

6

2			2	2		
	2				3	
				4		3
	4	6				
				2		4
6			4			
	5					

7

	3				2	
4			4			3
		3				
			6			
	2			3		4
3		4			3	
			5			

8

3						
						6
4		2	6			
		4				
		4				
	6					
4				6		4

9

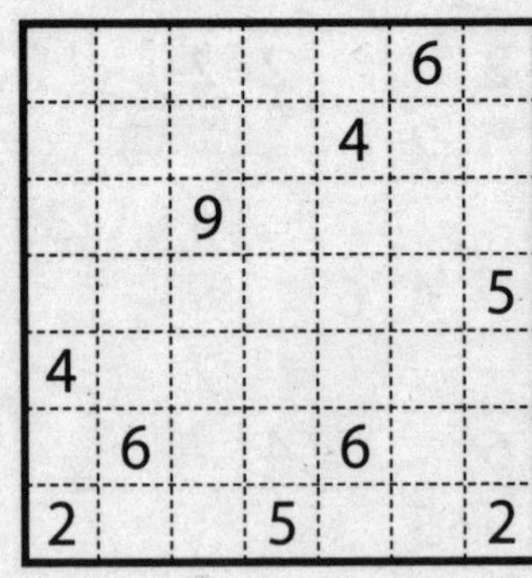

10

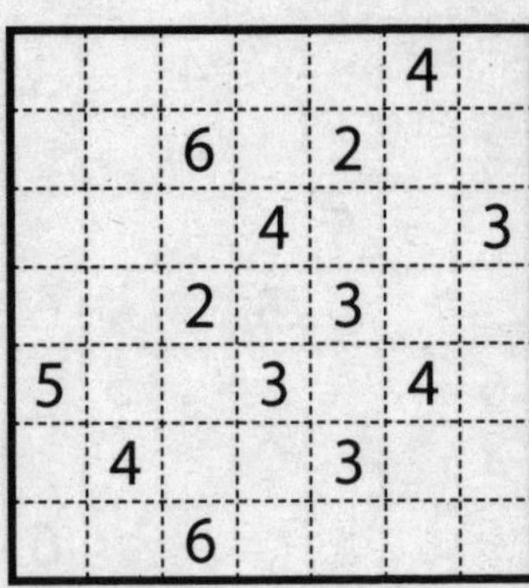

11

4				4		
			4		2	
		3				6
4						
	3			3	3	
		6				
2			5			

12

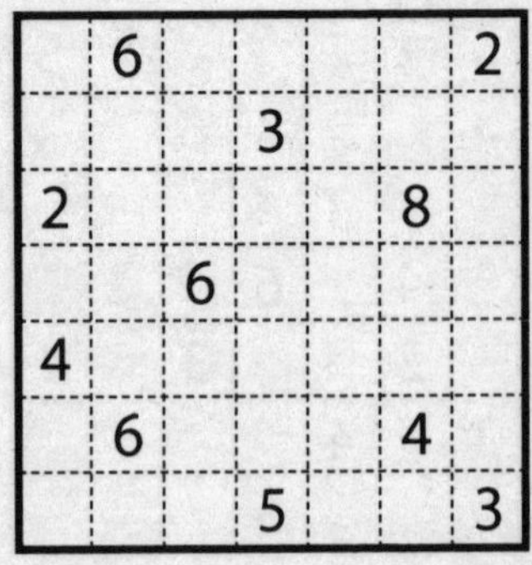

13

5				4		
		4		4		
	5			4		
			4			
					5	
			2			
6						6

14

	2					4
				4		
		6			3	
6				6		
	2				3	
			4			3
	6					

15

	6					5
		2		6		
			4			
	4			3	2	
		3			6	
	3					
5						

16

	5					6
			4			
			5			
4				6		
					6	
				4		
3		6				

17

					6	
			4	4		
5						5
			4			
	3					
	2	6		2		2
					6	

18

	4				3	
		3				4
			4		3	
		3				
	3		6			3
5					4	
	2					2

19

		3			4	
2	4		3			
				4	3	
	3					6
	5					
					4	
2			6			

20

		4				4
6					3	
			6			
			2			
	6			9		
2			3			
		4				

21

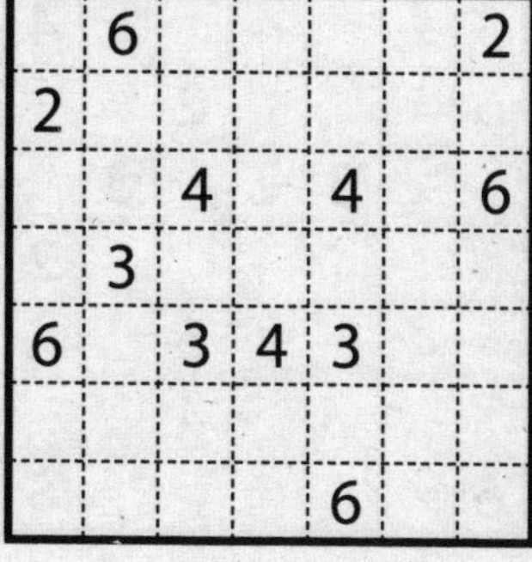

22

					6	
				5		
			4			5
		6			3	
	4			2		
	3		4			
		5				2

23

	4					
4					8	
		4		2		
			2			
3		2		4		
	5		3		2	
		2				4

24

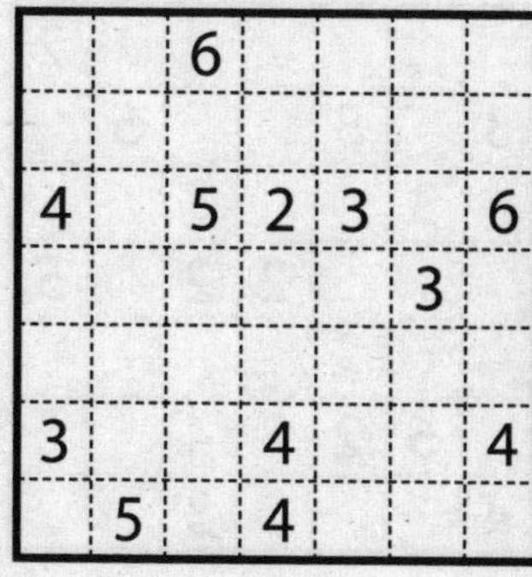

25

	2					
		2				8
2	2					
	4	4		3		
			2		6	
	3			4		2
		3				2

26

			4			4
6				2		
		5	2		3	
						2
				6		
				4		
6						5

27

						2
3		8			5	
	3					
			2	2		5
	6	2		4		
4				3		

28

	6					
6		2				3
				6		
	5	2		3		
			2			6
	2	2			4	

29

4				5		
			2			4
6					6	
		5				
				2		
2			3			6
	4					

30

4		4				
				2	2	3
	2		2		3	
			2	2		2
2	2		3			
		4			3	
	3					4

31

	3			2		
			4			
6				4	6	
6			2			4
	4				3	
		2		3		

32

		2		3		
		3				5
	6		2		4	
5						
			2		6	
		2				2
	4				3	

33

	2			4		
		2			4	
			4			
	3					
6				3	4	
			6			6
5						

34

	6					5
			4			
					7	
	4					
5				6		
	4					2
		6				

35

6				3		
			3			4
		2			3	
	6			3		
			4	2		
4		3				3
				3		

36

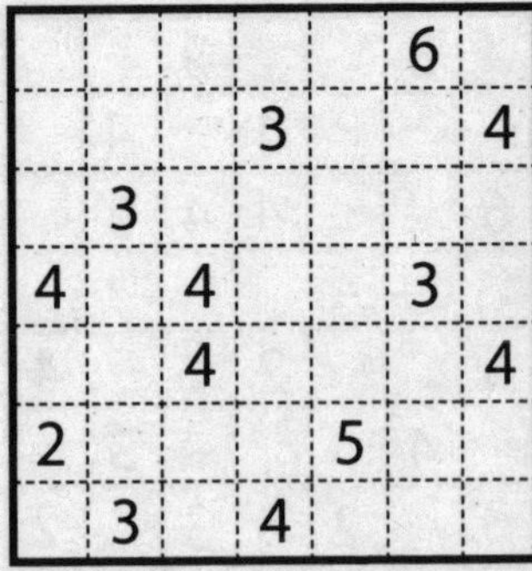

					6	
			3			4
	3					
4		4			3	
		4				4
2				5		
	3		4			

37

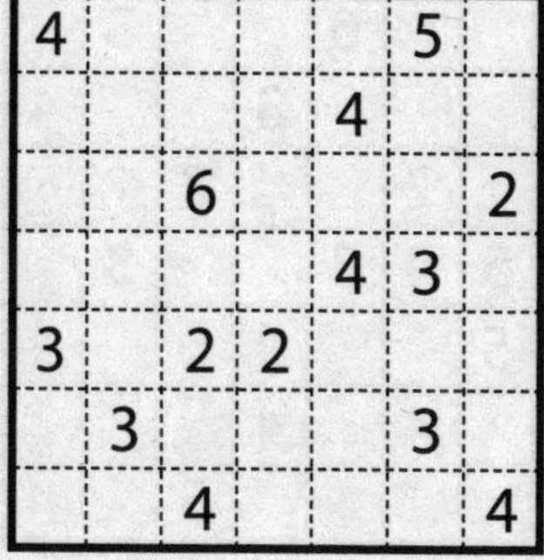

38

39

4				4		
			3		4	
	4		4			
		4			2	
5						3
				4		
3			3			2

40

			4			3
		3		3		
	4			6		
						6
	6		6			
					3	
			5			

41

	6			4		
			2			6
		4				
			4			4
5		4	4			
					6	

42

		6			3	
			3			4
	2			3		
5		3			3	
			4			4
			4			
				5		

43

		4				3
	3			4		
		4				
				9		
6						
			2			4
		6			4	

44

5					4	
	6		2			3
		6				
				5		
	4		2		3	
5						4

45

			5			4
		3				
					5	
6			2	6		3
		6				
3						
			6			

46

4				3		4
		3	6			
5					5	
	3					5
		2				
				3		
	6					

47

			4		3	
		6		2		
5				4		5
			3			
				3		2
8					4	

48

		6				4
4				4		
3						5
	3		4		2	
	4				4	
		6				

49

	3					3
			4			
		4				3
	4		2			3
5		2			3	
		4				2
2				5		

50

3				6		
	4					4
6					2	
			6			
		3			2	
	3	2				2
					6	

51

	3				3	
		5				
6						3
				4		
			4			3
	4	4				
4						6

52

			3			
	9			2		4
					3	
3	2			6		
	4					
			2			6
		5				

53

			6			
6						4
		5				
2				4		
						4
				3	4	
	6		5			

54

		3			4	
	3					
6				6		
	4		3		6	
		2				
	3		2			2
				5		

55

		5				
	4				4	
			2			
6			4			3
					3	
	4			3		
3		5				3

56

			6			4
	4					
	3				8	
	4		3			
4						
		6		4		3

57

3						3
	3		4			
	3				4	
	3					6
			2	2		
				3	3	
6			4			

58

		6		3		
			2			4
	3				2	
			4		2	
				3		4
5					3	
	4			4		

59

4				2		
	4		4		4	
		2				
			6			
5						5
	3				6	
4						

60

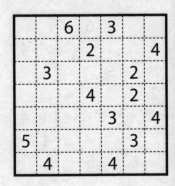

				4		
3			2			4
3		6				6
	4			4		
			4			
3					6	

61

62

4			5			
		3				5
	6				2	
				6		
	3				3	
			5			
2						5

63

				6		
		3			4	
			6			
5	3					4
		3			6	
			6			3

64

		4				3
	3					
				8		
6						
		6				4
	4	2			4	
			5			

65

3					4	
			3			6
4		4				
	2			2		
			3	3		
						4
	6				5	

66

67

		5			3	
			4			
		4	6			
6					4	
						5
	3		4			
		3				2

68

69

	2		3			
		4			4	
				5		2
			2		4	
		3				3
	4				3	
6				4		

70

		5				
4					3	
2		3				3
			4			
		2				6
6				4		
	5				2	

71

4					5	
				3		
4	4					5
			3			
		5			6	
			3		4	
	3					

72

2						3
		4			6	
		3	3	2		
					4	
8						4
			3		2	
				5		

73

	4		4			
4				4		
					2	
	4	4				4
		4		4		
						4
3			4			

74

			2			2
	6			3		
						6
	2		3			
		5				6
6				4		
		4				

75

2					5	
	6			5		2
6			3			
		4				6
					2	
		4		4		

76

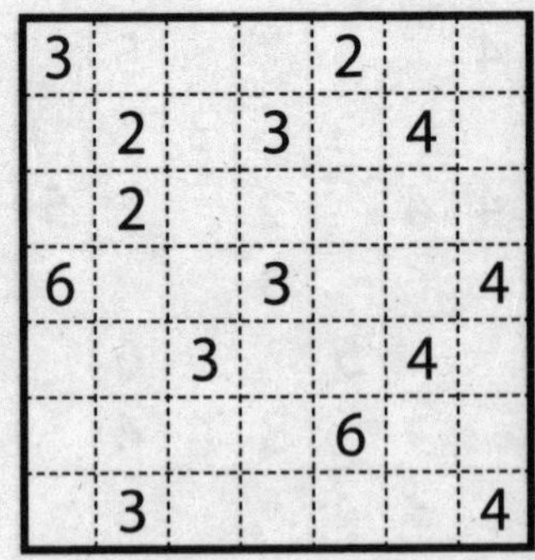

3				2		
	2		3		4	
	2					
6			3			4
		3			4	
				6		
	3					4

77

		3		3		
	4				3	
3			4		3	
		3				3
			3			3
	3	2			3	
3				3		

78

	6				4	
						5
		3		4		
2			5			
	3			4		
		2		3		
4			4			

79

	4		3			
		3				
			2		6	
	6		3		4	
		2				
	2			6		
		4			4	

80

			4		2	
		3		3		
	4					5
6			4		3	
			2			
	6			3		
						4

81

				5		
4		3			4	
						6
	3			4		
			2			
		6		2		2
5					3	

82

			6			3
			4			
		4			4	
	2					3
5						
		4		6		2
			6			

83

	2					5
					6	
4		9				
			3		4	
		2				6
4				5		

84

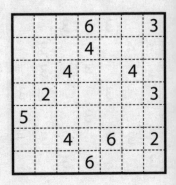

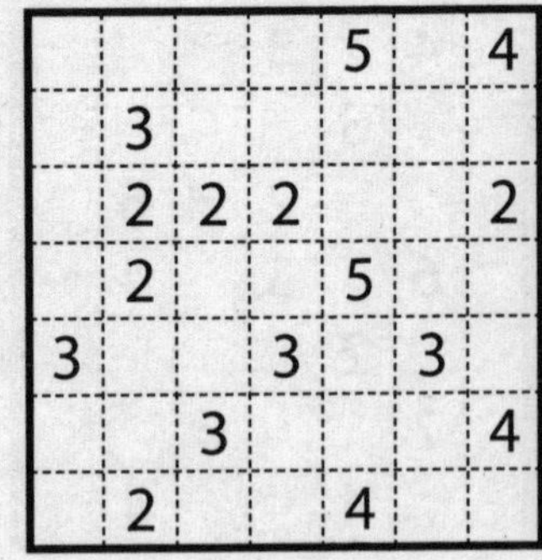

				5		4
	3					
	2	2	2			2
	2			5		
3			3		3	
		3				4
	2			4		

85

	3			4		
4					2	
				4		
	6				4	
				4		
		2				5
6				5		

86

5					4	
	4			6		
						5
			8			
	2			2		
3					3	
		3		4		

87

	5					
			3		4	
6				4		
	2	6				5
	4			4		
6						

88

	4					6
		2		2		
4			3			
						3
		6				
			4			4
3		4	4			

89

			5			4
2				4		
		6			4	
4						
			3	4		4
	2				2	2
		3				

90

91

	5				4	
3				3		
		2				3
	5		3			
3						
		6				6
	6					

92

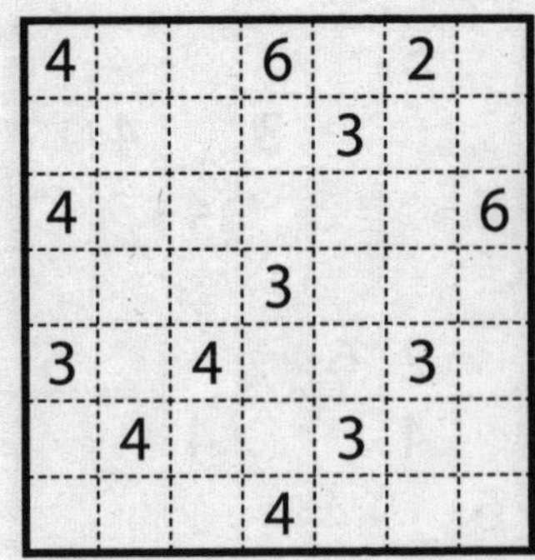

93

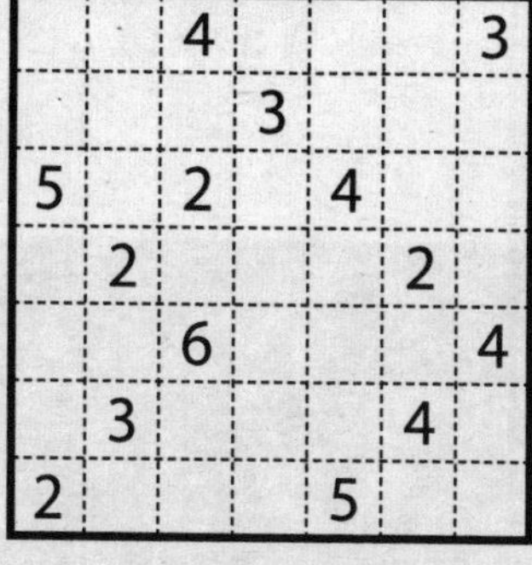

		4				3
			3			
5		2		4		
	2				2	
		6				4
	3				4	
2				5		

94

		6				3
					2	
		3	3	3		
4			4			6
					5	
4		6				

95

	4				4	
			3			
6					2	
	3			6		
			5			3
	3					4
		4		2		

96

	2					5
4						
			3			
	6			4		
			3		5	
						5
4		6			2	

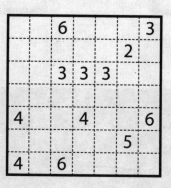

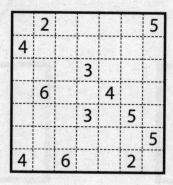

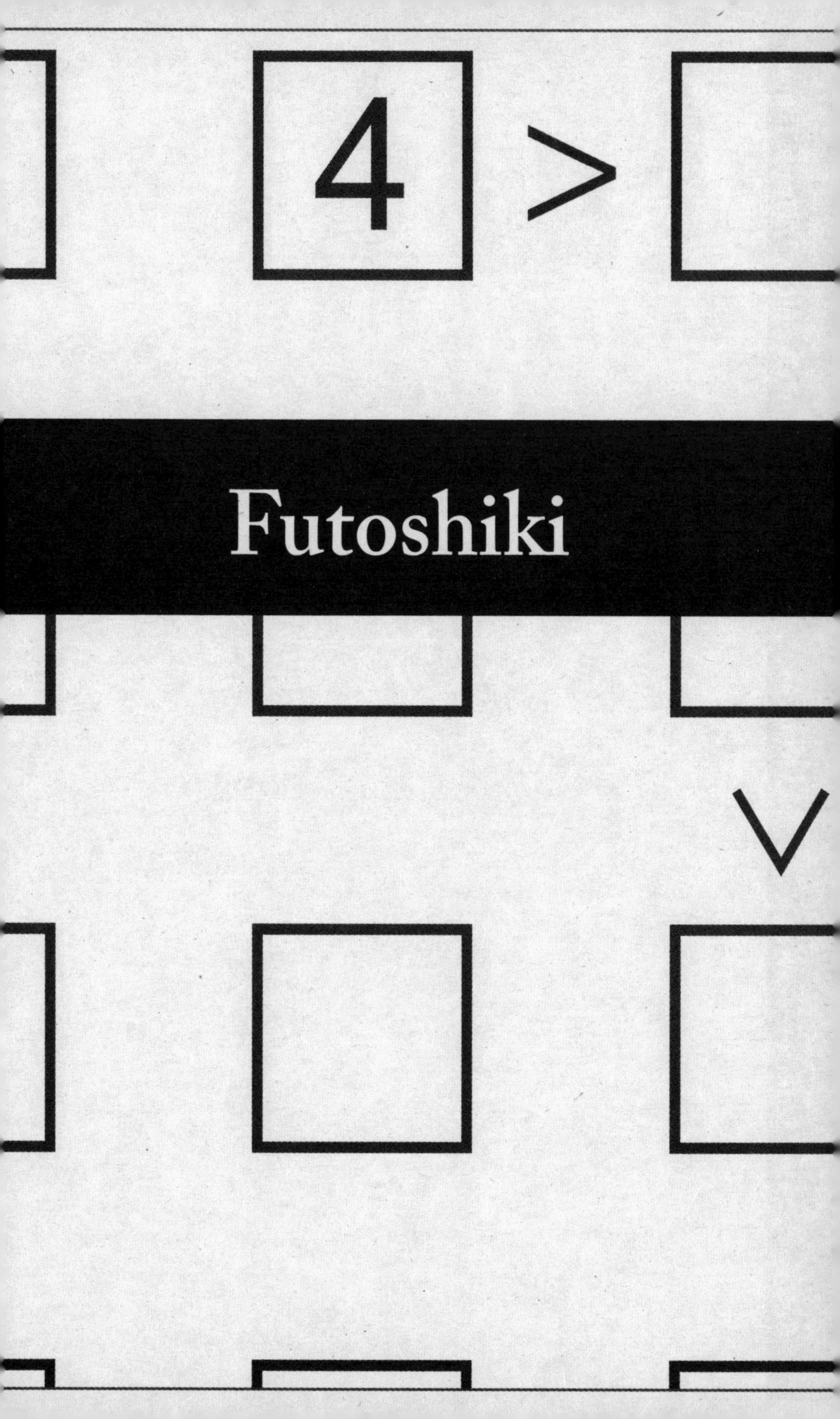

Futoshiki

How to Play

Fill the blank squares so that each row and column contains all the numbers 1, 2, 3, 4 and 5. Use any given numbers and the symbols that tell you if a number in the square is larger (>) or smaller (<) than the number next to it.

Futoshiki is a Japanese puzzle whose literal translation would be "not equal".

Also known as: Hutosiki

```
[ ] > [ ]   [ ]   [4] > [ ]        [2] > [1]   [5]   [4] > [3]
 ^                                  ^
[ ] > [ ]   [ ]   [ ]   [ ]        [4] > [3]   [1]   [2]   [5]
       v                 v                v                 v
[ ]   [ ]   [ ]   [ ]   [ ]        [5]   [2]   [3]   [1]   [4]
             v                                  v
[ ]   [ ]   [ ]   [ ]   [ ]        [3]   [4]   [2]   [5]   [1]
                         ^                                  ^
[ ]   [ ]   [ ]   [ ] > [ ]        [1]   [5]   [4]   [3] > [2]
```

Brain Trainer | Cell Blocks | Futoshiki | Kakuro | KenKen | Set Square | Suko

1

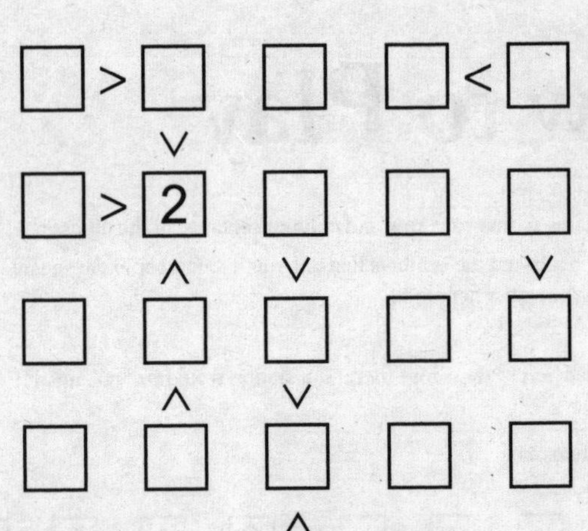

2

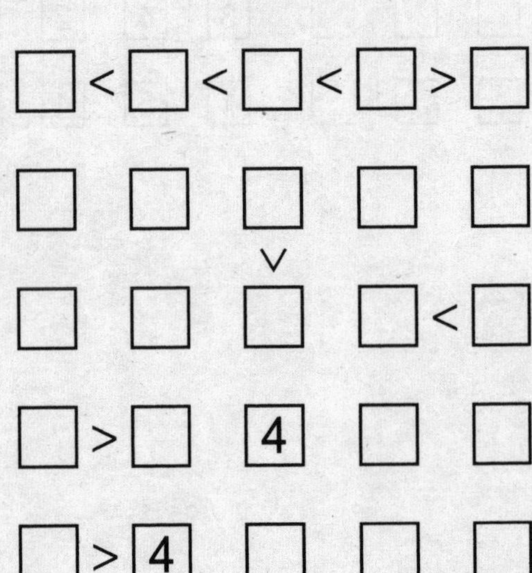

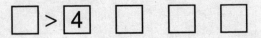

3

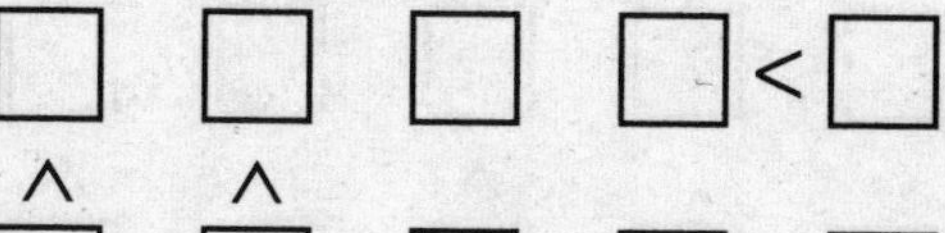

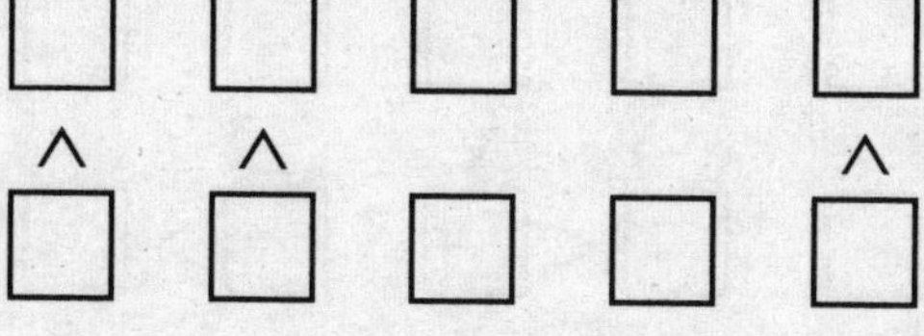

4

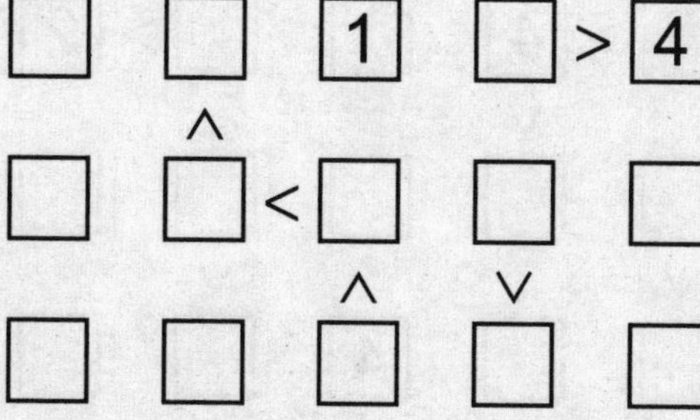

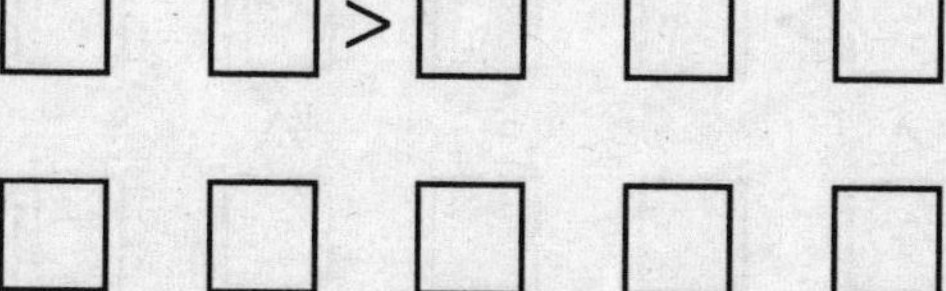

5

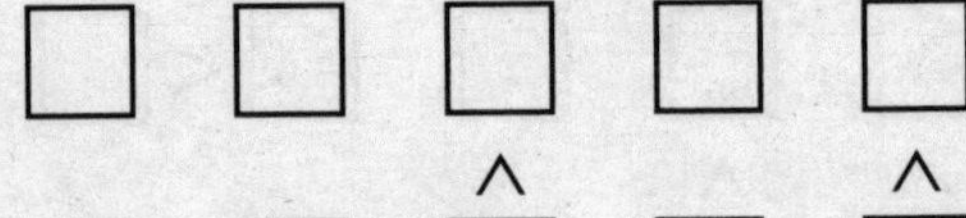
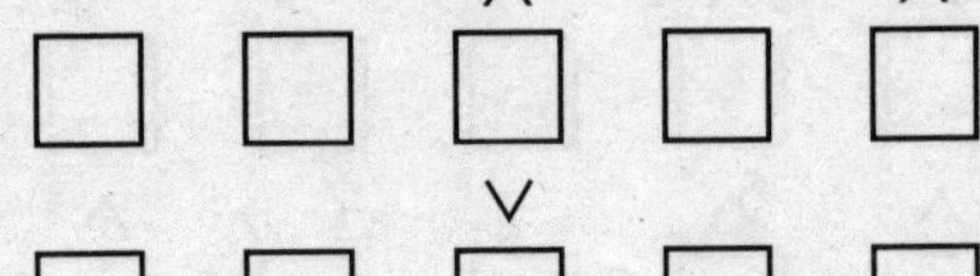
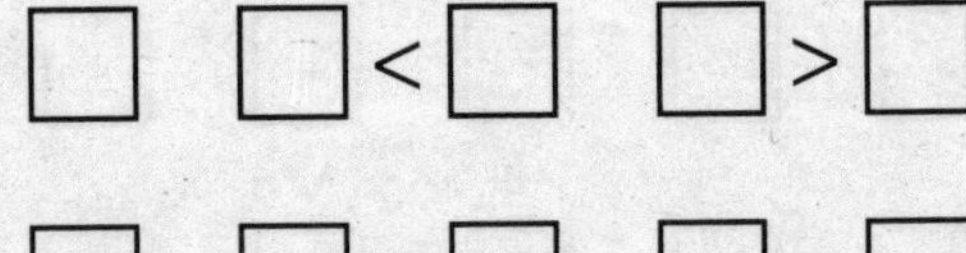
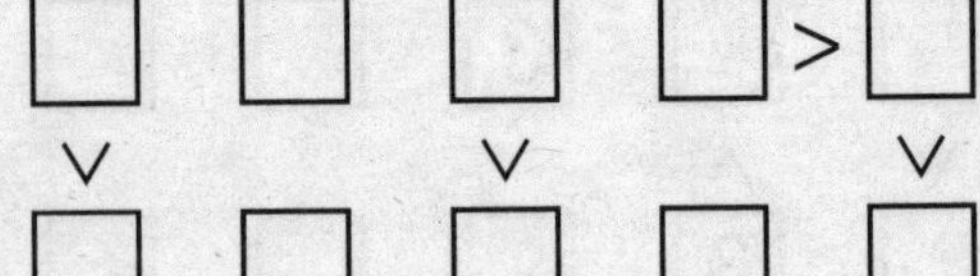

6

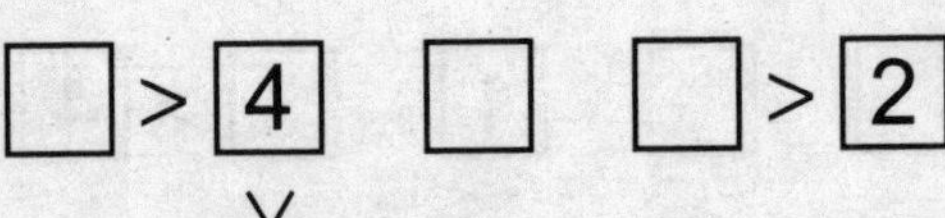

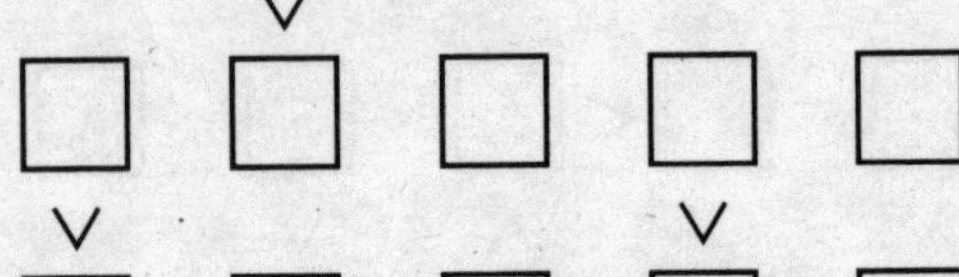

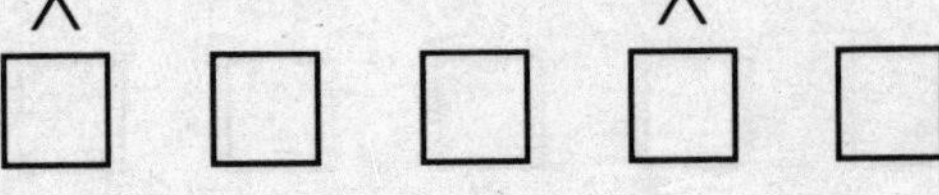

7

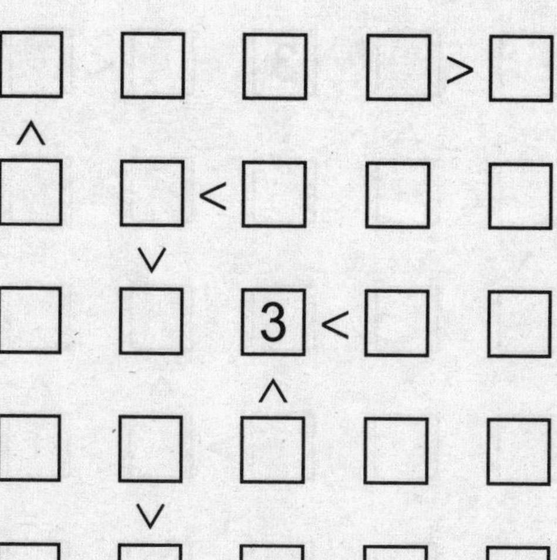

8

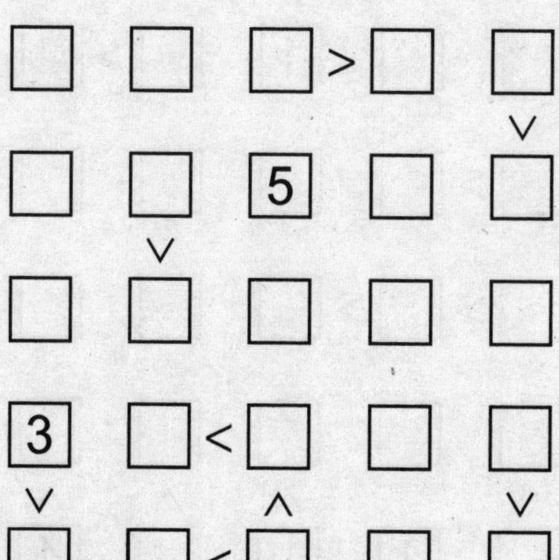

9

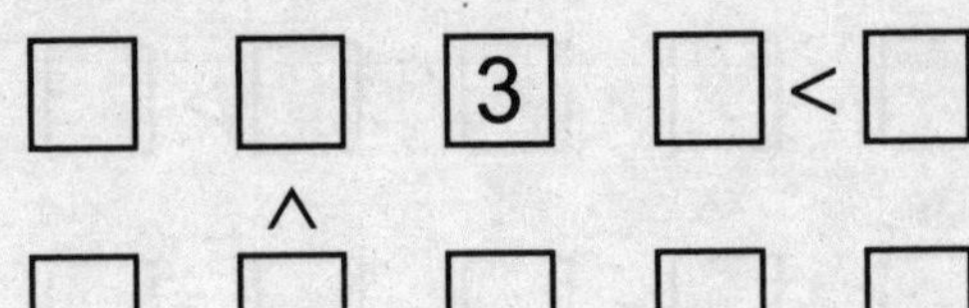

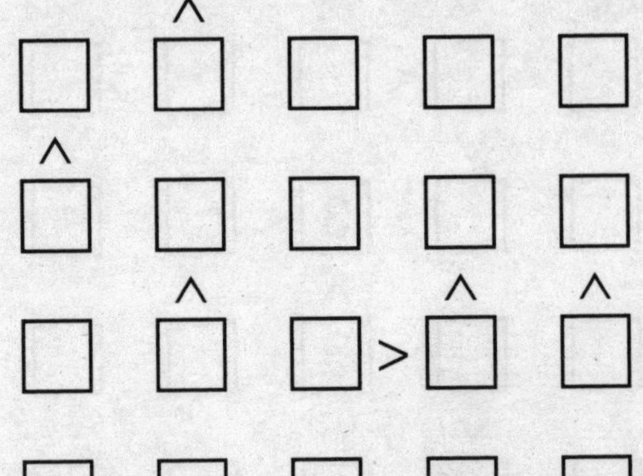

10

11

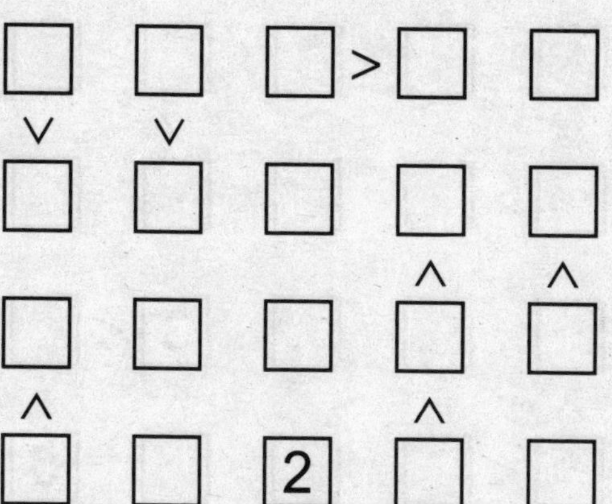

12

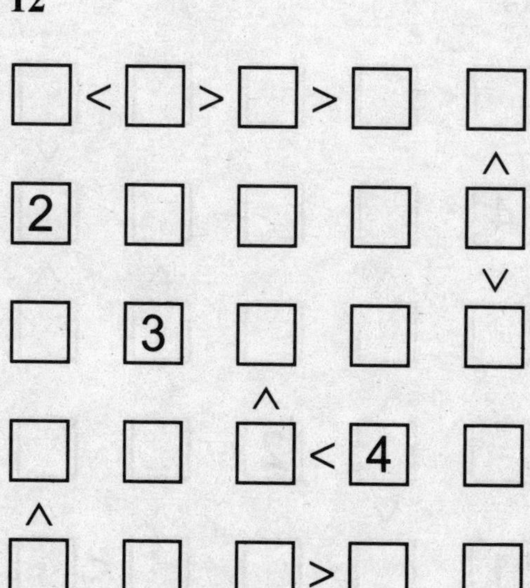

13

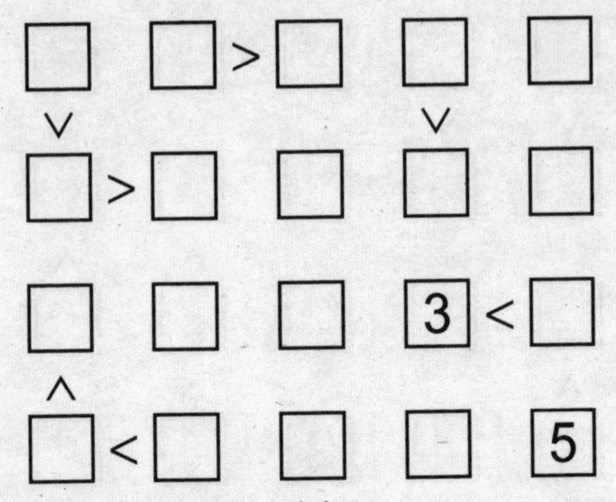

14

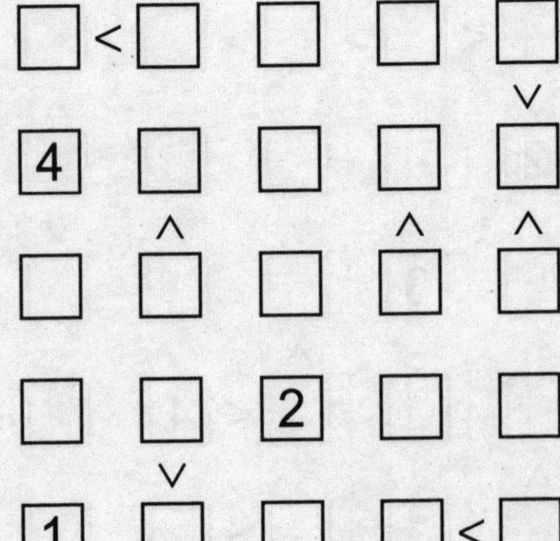

15

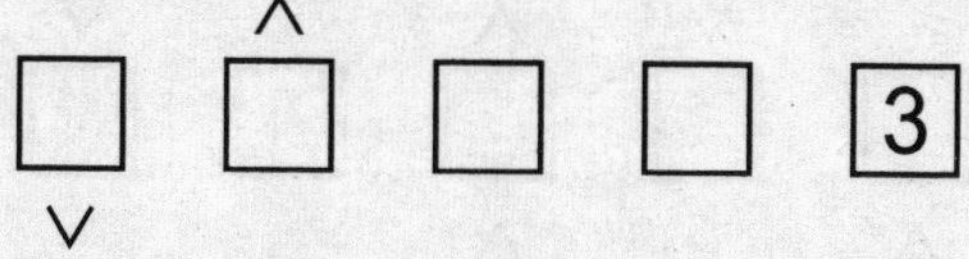
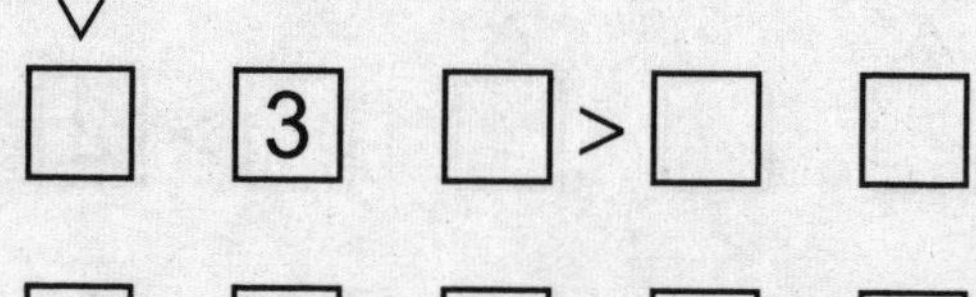
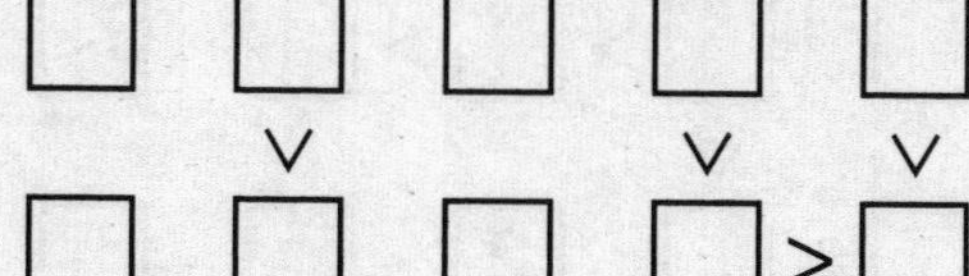

16

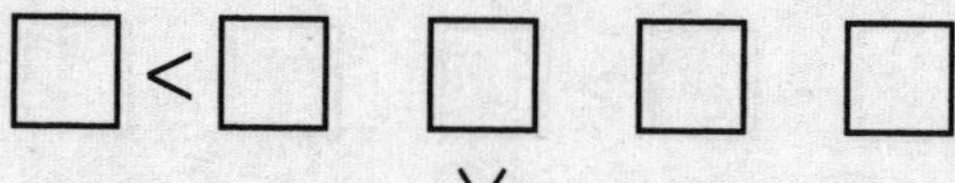

Brain Trainer
Cell Blocks
Futoshiki
Kakuro
KenKen
Set Square
Suko

17

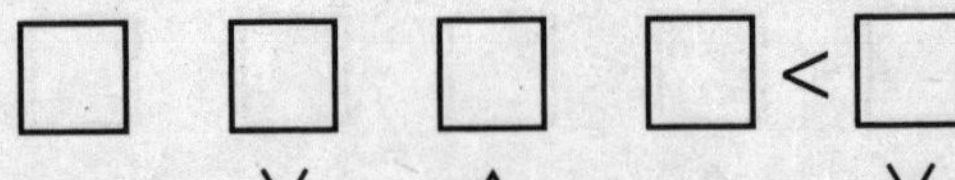
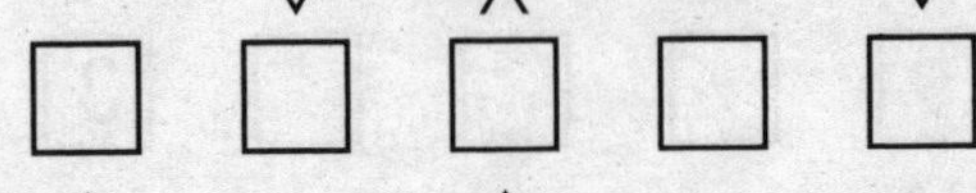
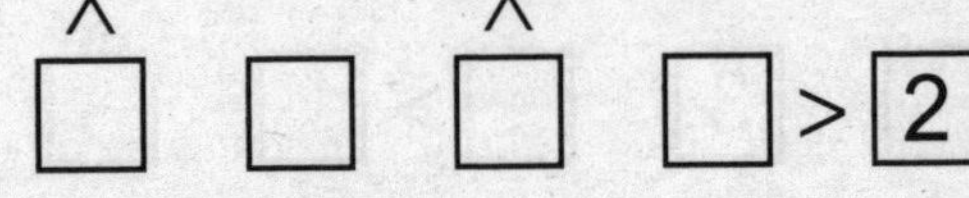
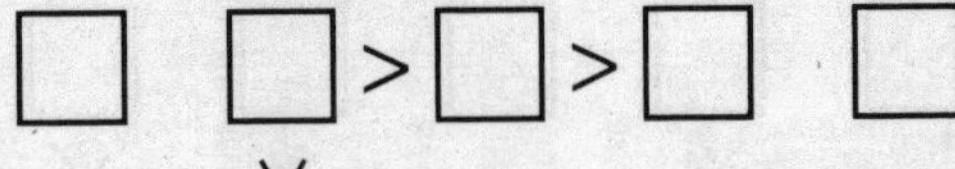

18

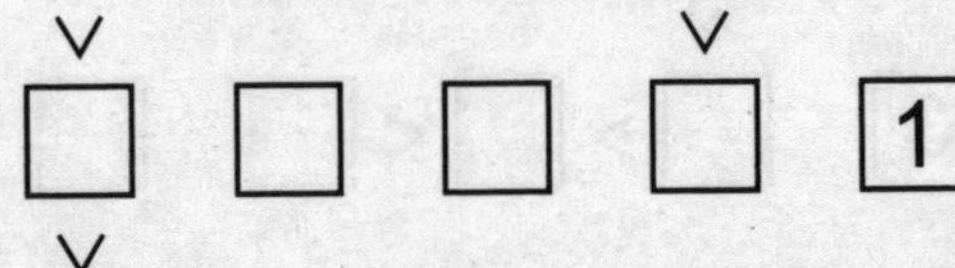
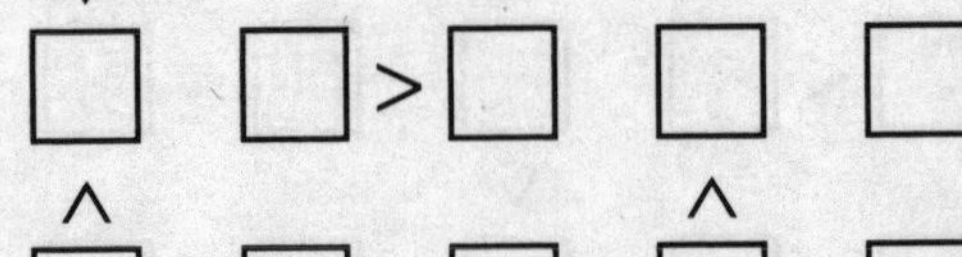

19

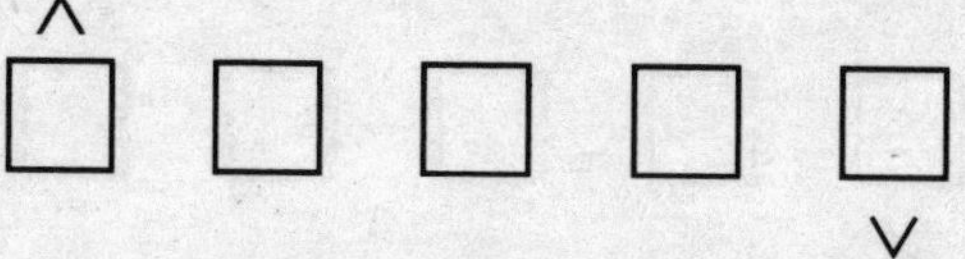

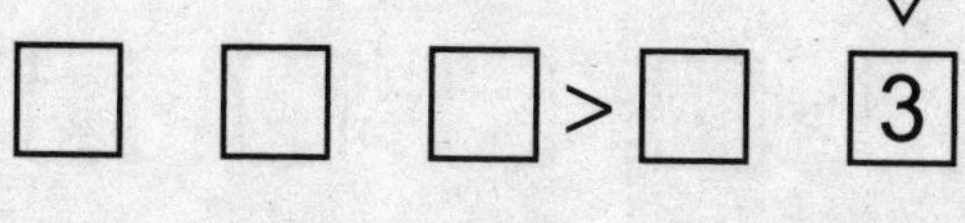

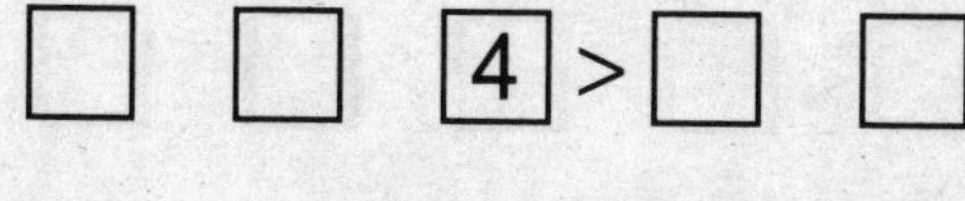

20

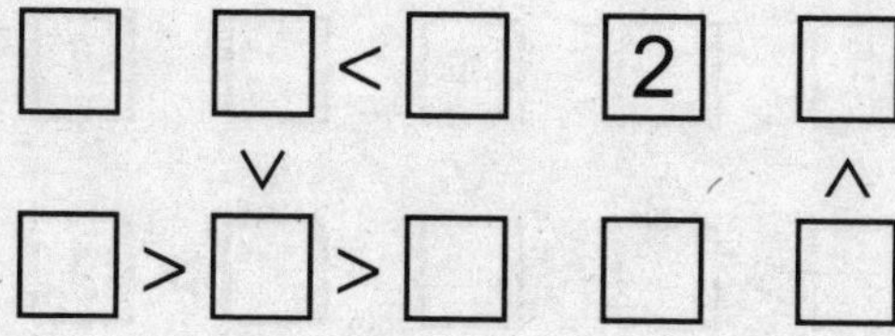

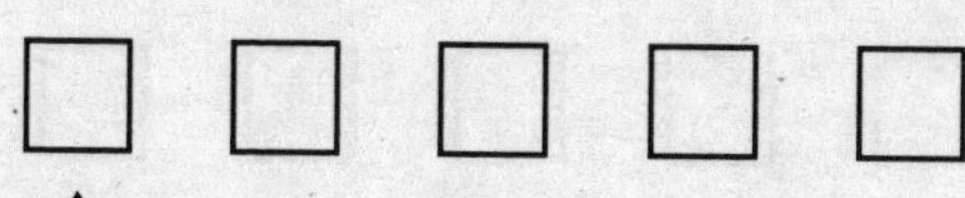

21

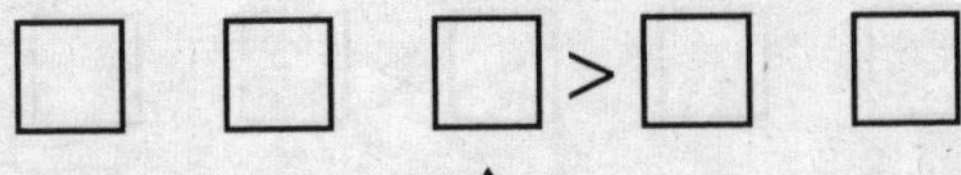
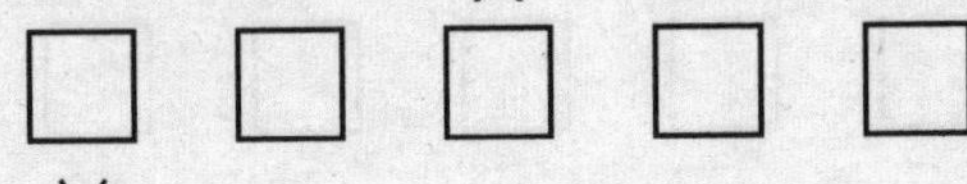

22

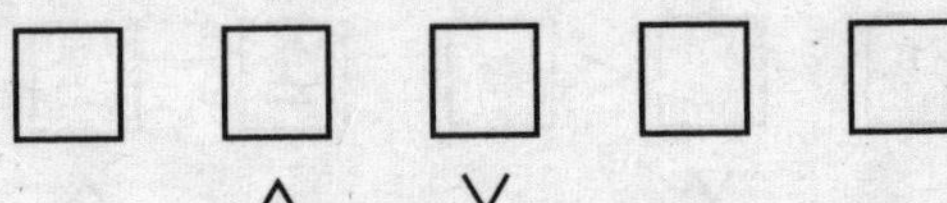
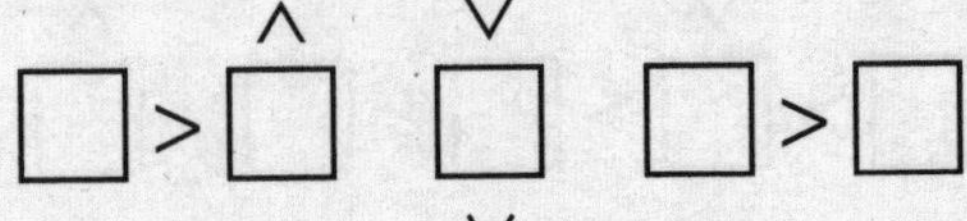
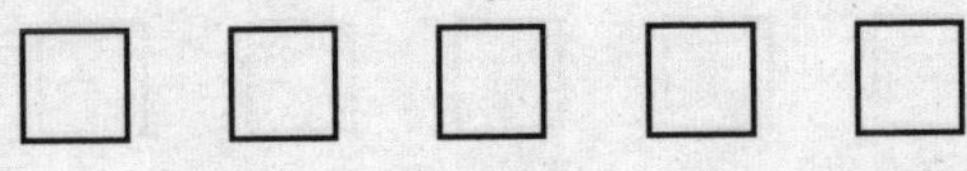

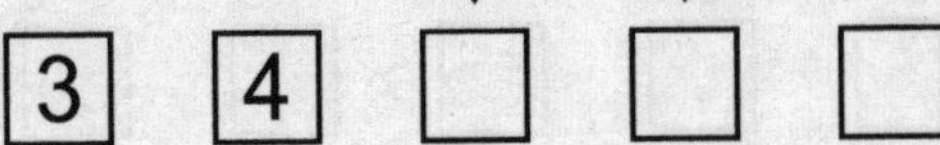

23

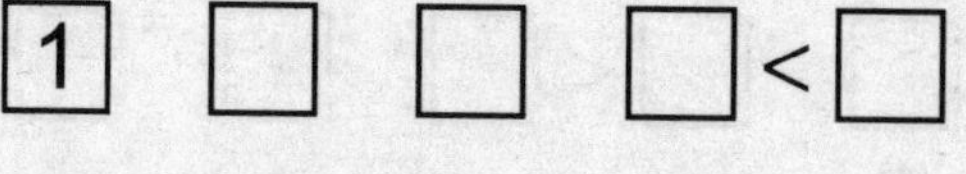

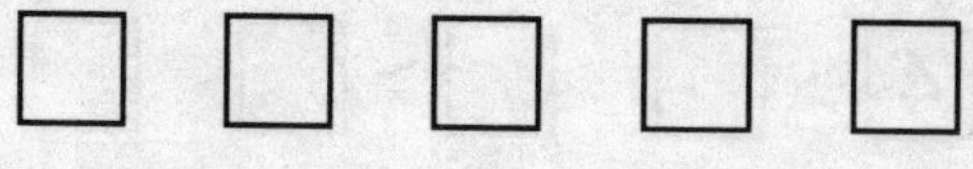

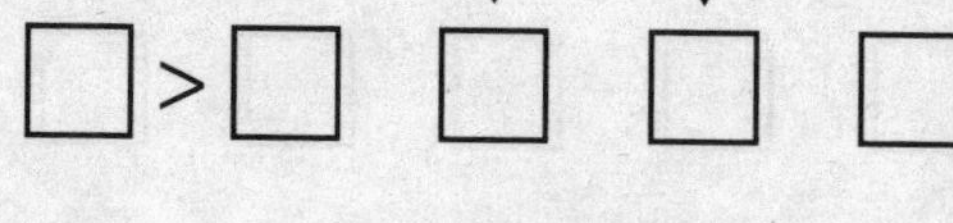

24

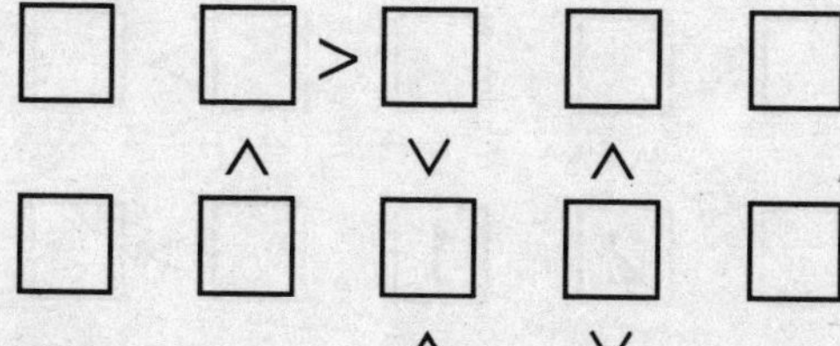

25

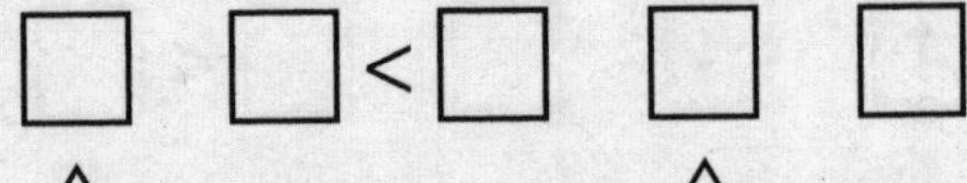

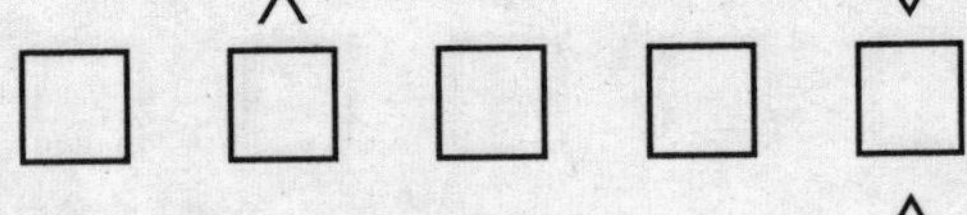

26

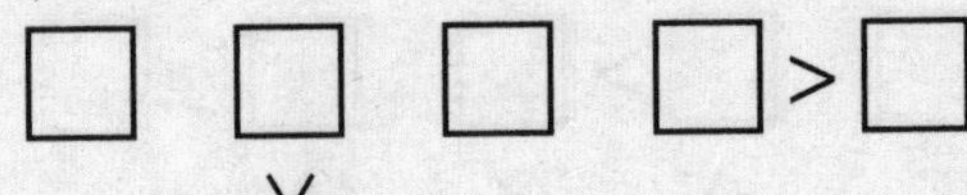

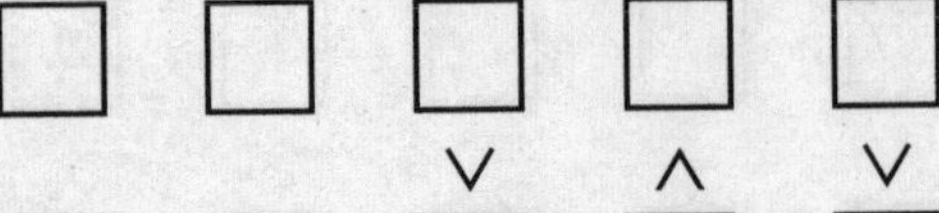
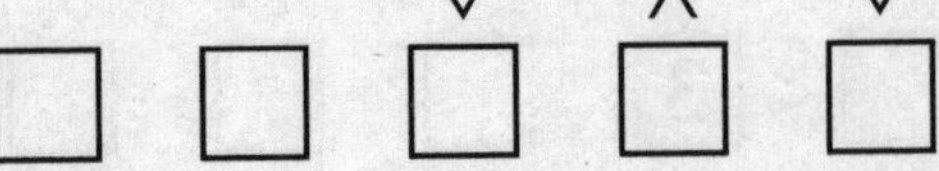

27

□		□	>	□		3	>	□
□		□		□		2		□
						∨		∨
□		□		□		□		□
∧				∧				
□		□		□		□		□
□	<	□	>	□		□		□

28

□	>	□		□		5		□
				∨				
□		□		□		□		1
□	>	□	<	□		□		5
□		□		□		□		□
		∨						
□		□		□	<	□	<	□

29

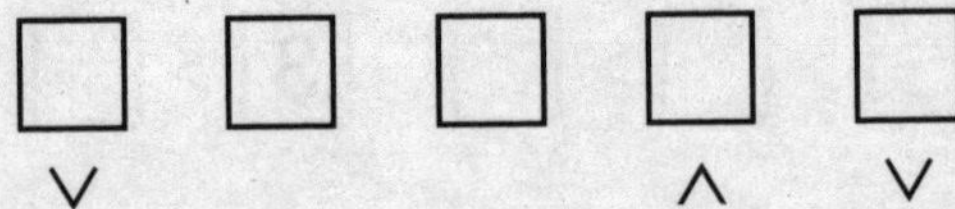
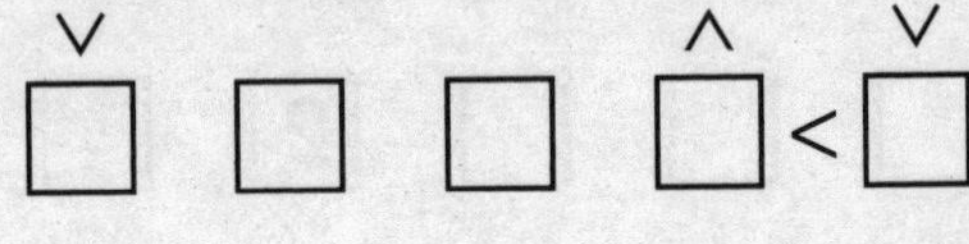
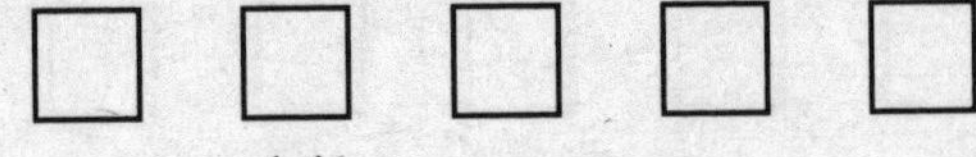
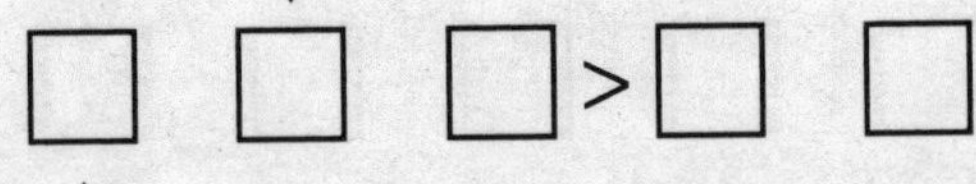

2 4

30

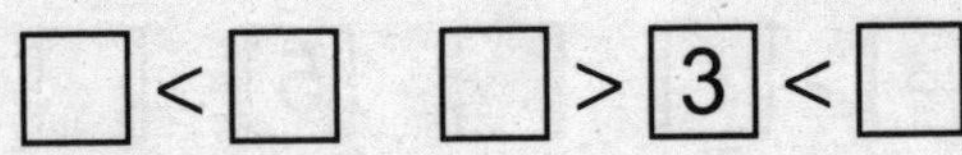

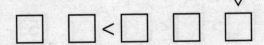

31

```
□ > □   □ > □   □
            ∨
□   □   □   □   □
∧
□   □ > □   □   □
                ∨
□ > □   □   □   □
∧   ∧       ∧   ∧
□   □   □   □   □
```

32

```
4   □   □   □   □
            ∨   ∨
□   □ < □ < □   □
    ∧
□   □   □   □   □
    ∧           ∧
1   □   □   □   □

□   5   □   □   □
```

33

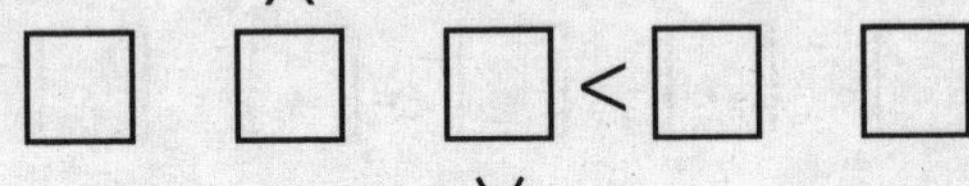

34

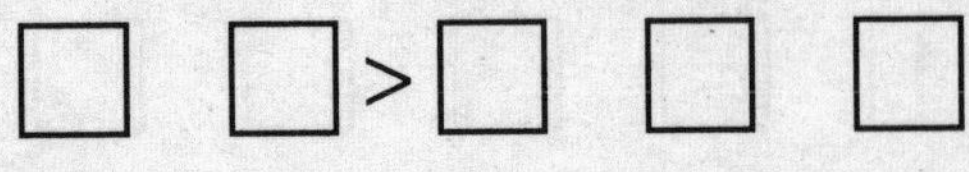

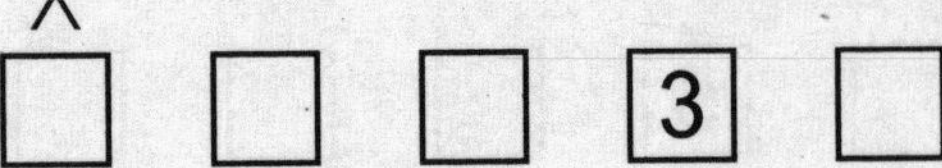

35

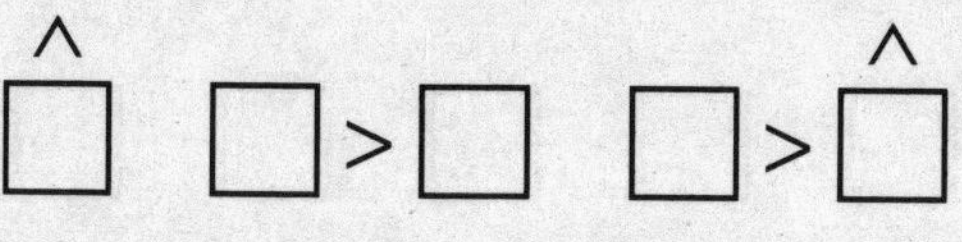

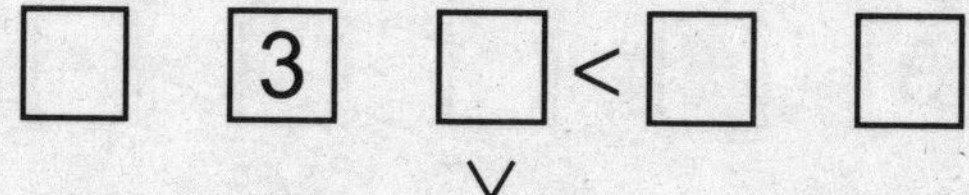

36

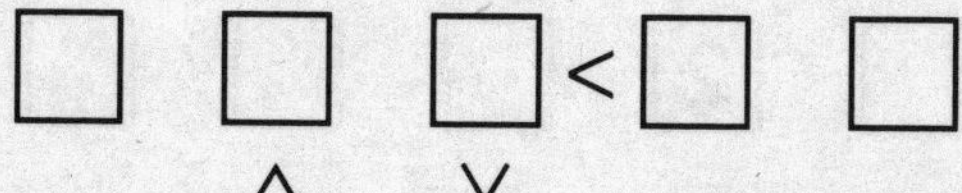

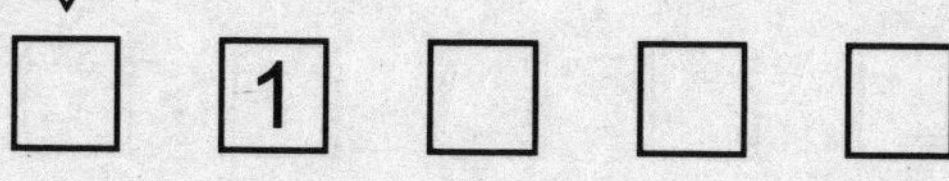

37

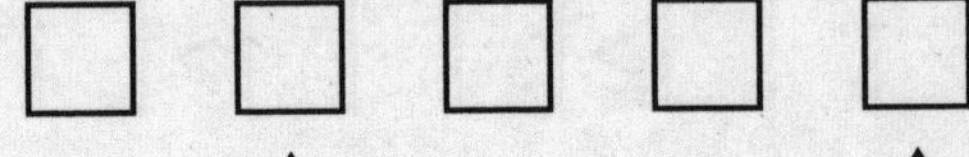
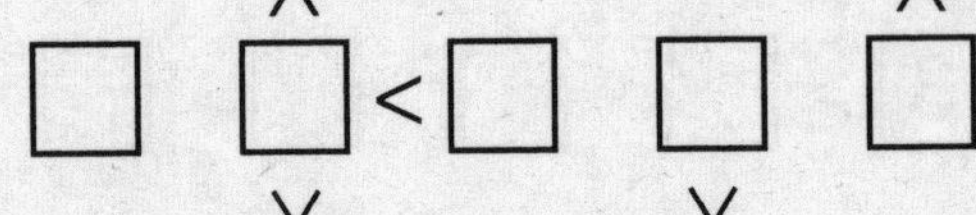

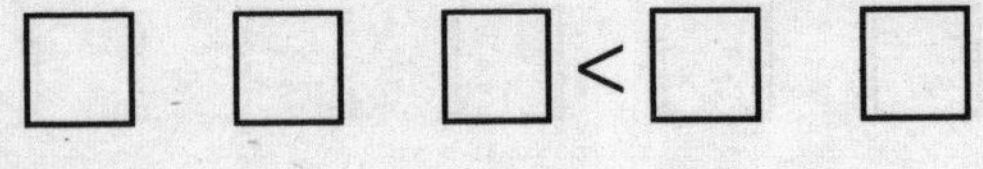

38

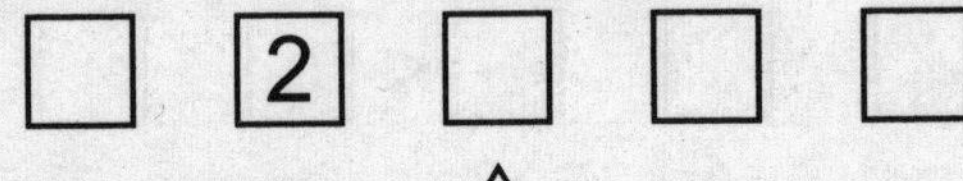

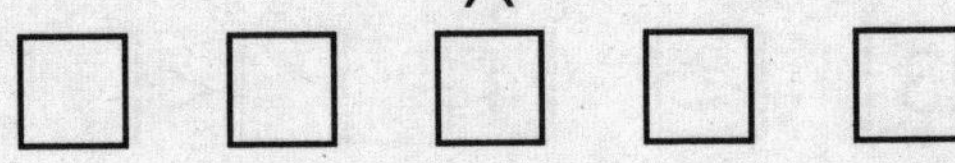

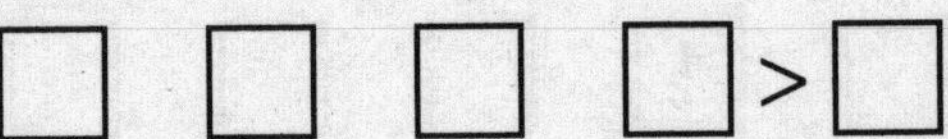

39

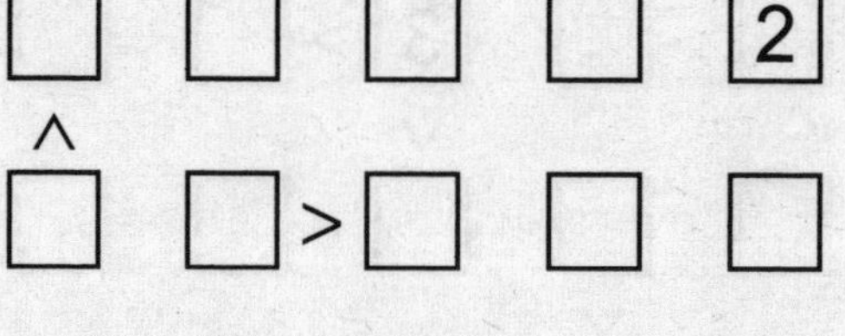

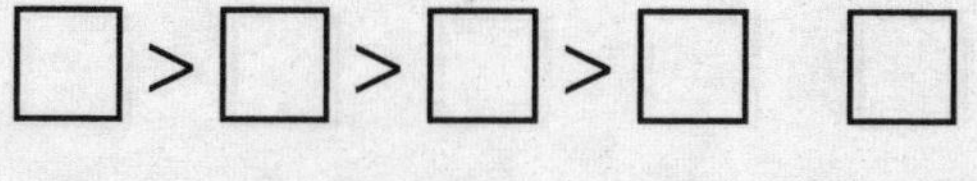

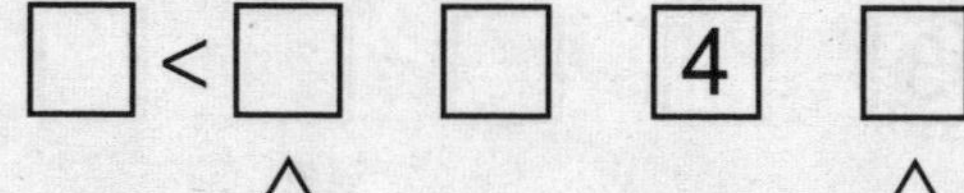

40

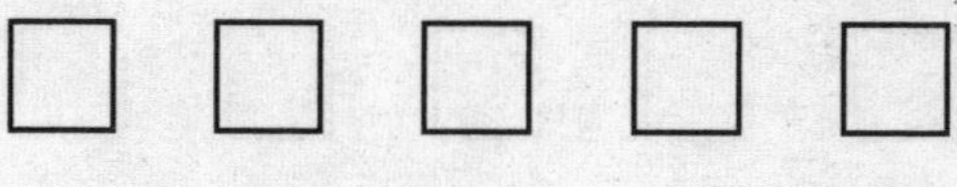

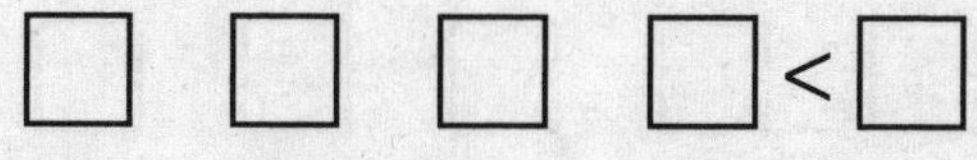

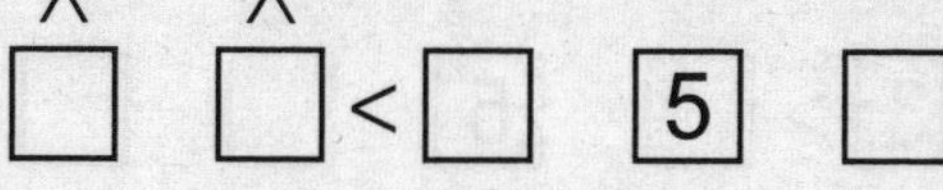

41

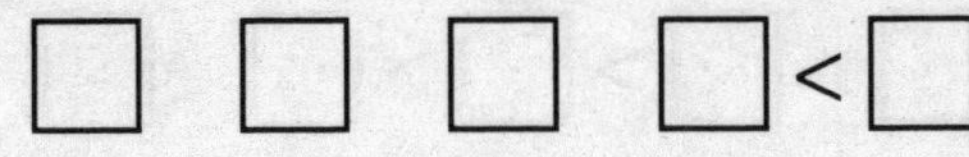
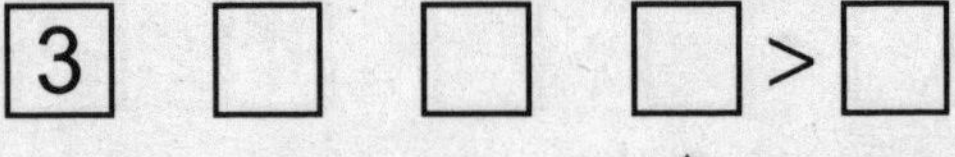

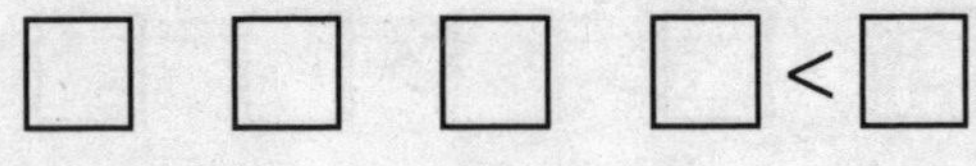

42

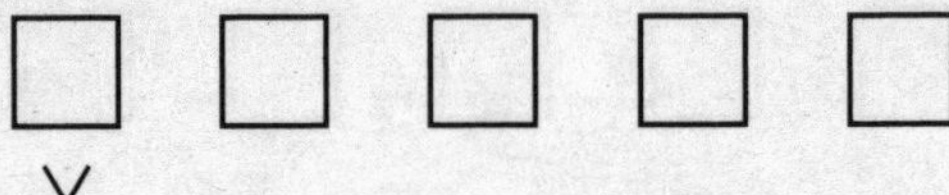

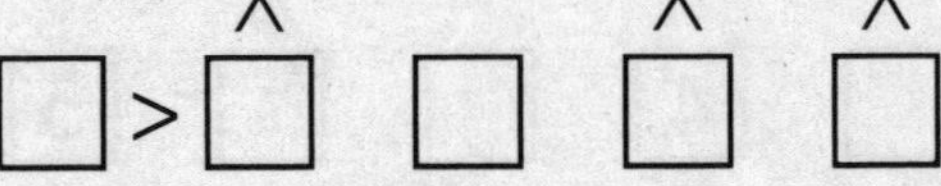

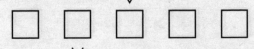

43

☐		☐	<	☐		☐		☐
☐		4		☐		☐		☐
		∧				∨		
☐		☐		☐		☐	>	☐
∨								
☐		☐		☐		☐		☐
		∧						
3		☐		☐	>	☐		☐

44

2	<	☐		☐		☐	<	☐
☐		☐		☐		☐		☐
☐		☐		4		☐	<	☐
∧								∧
☐		☐		☐	<	☐		☐
		∨						
☐		☐		☐		5		☐

Brain Trainer | Cell Blocks | Futoshiki | Kakuro | KenKen | Set Square | Suko

45

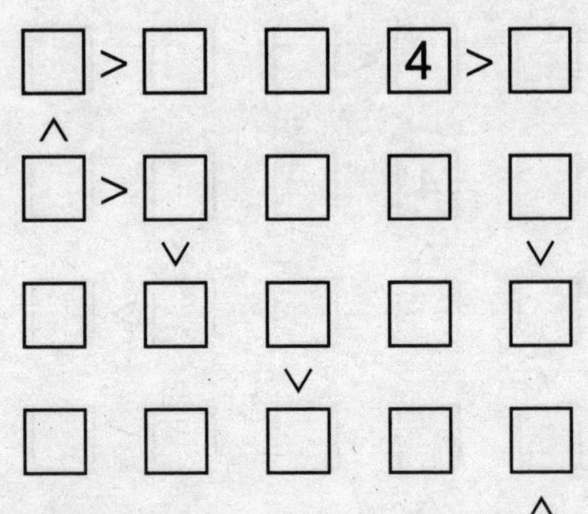

46

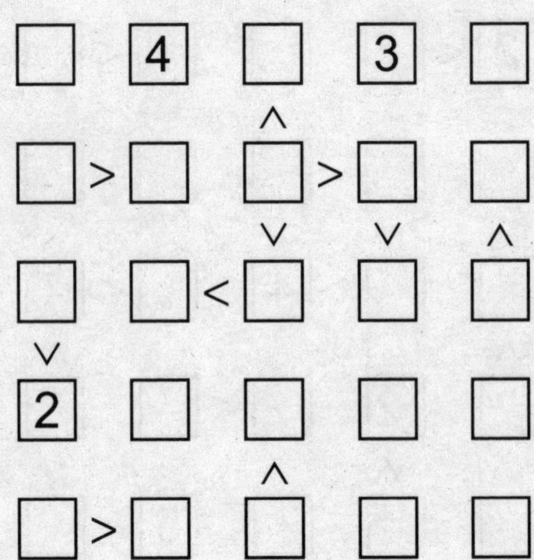

47

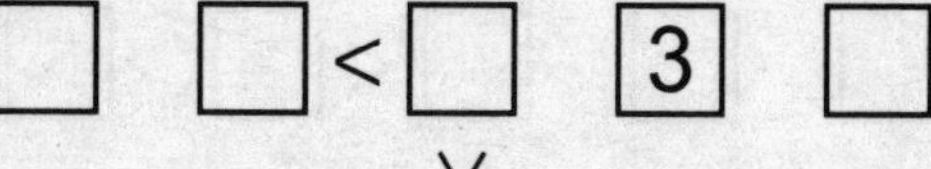

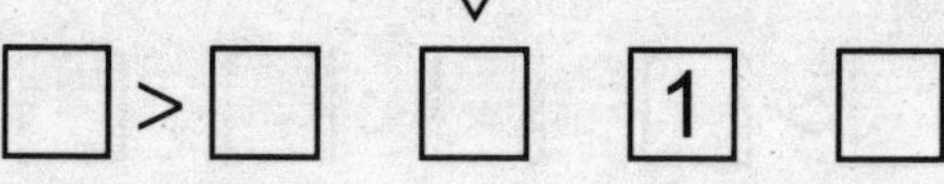

48

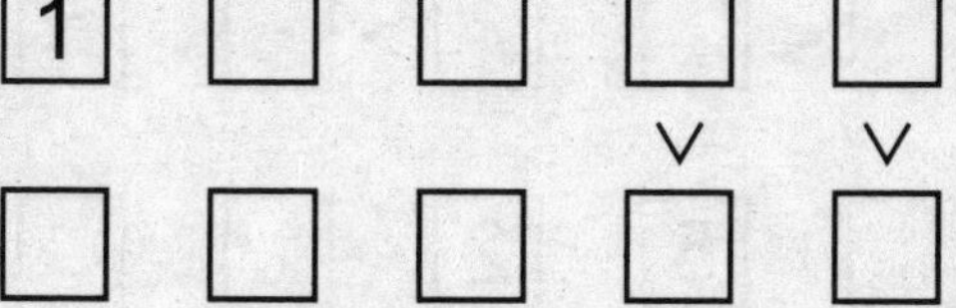

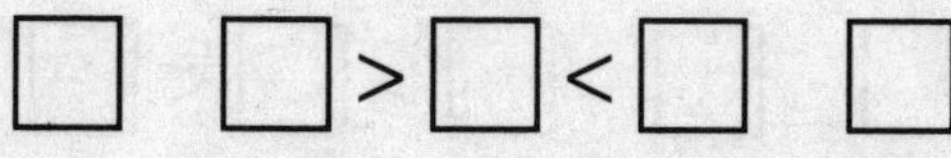

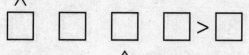

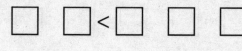

49

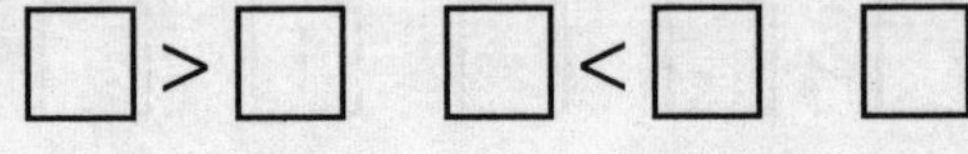
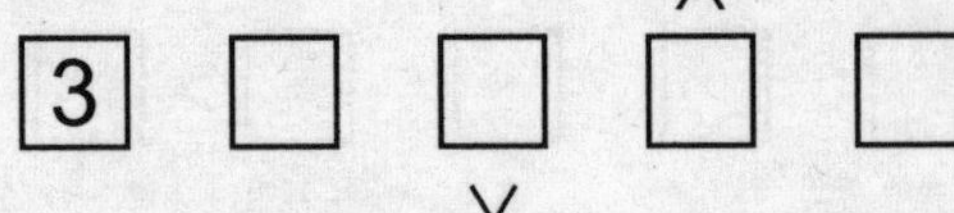
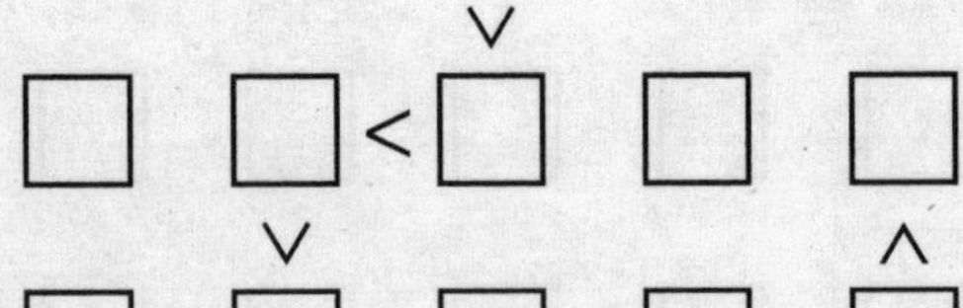

50

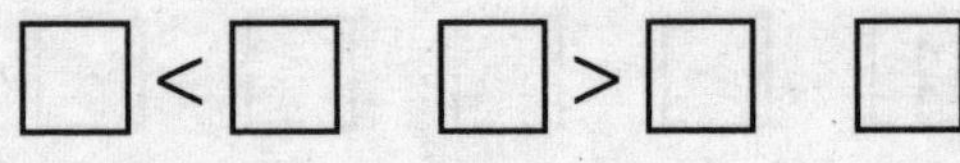

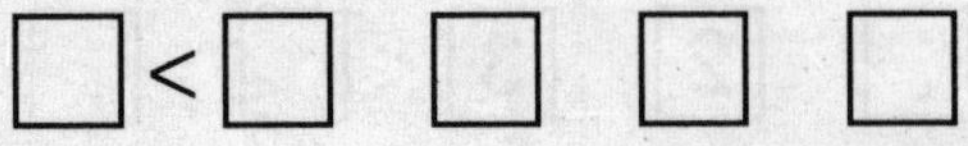
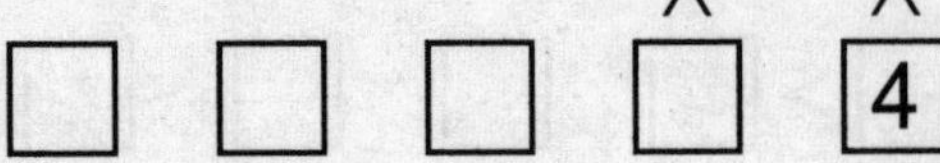

51

☐		2	>	☐		☐		☐
∨								
☐		☐		☐	>	☐		☐
		∧						
☐	>	☐		☐		☐	<	☐
☐	>	☐		☐		☐		☐
				∨				∧
☐		☐		3	>	☐		☐

52

☐		☐		☐	>	☐		☐
☐	<	☐		☐		☐		☐
5		☐	<	☐		☐		☐
						∨		∨
☐		☐		☐		☐		☐
∨								∨
☐		5		3		☐		☐

53

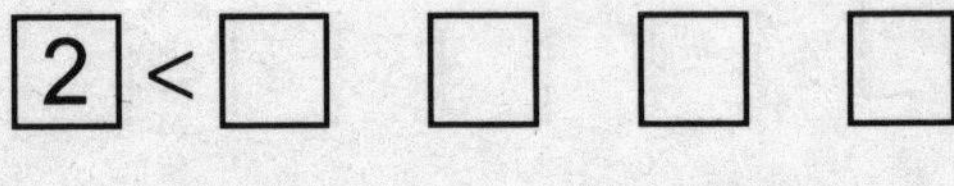

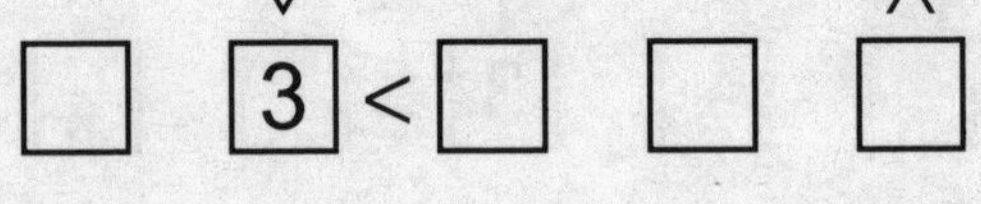

54

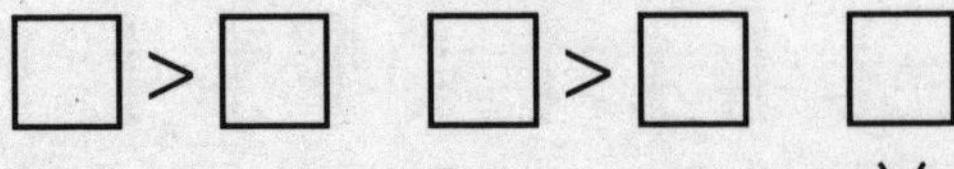
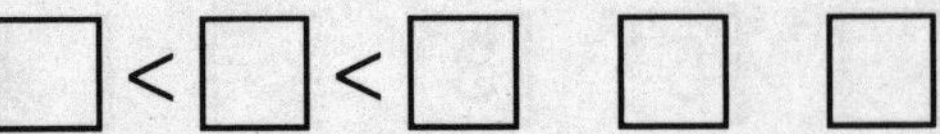

55

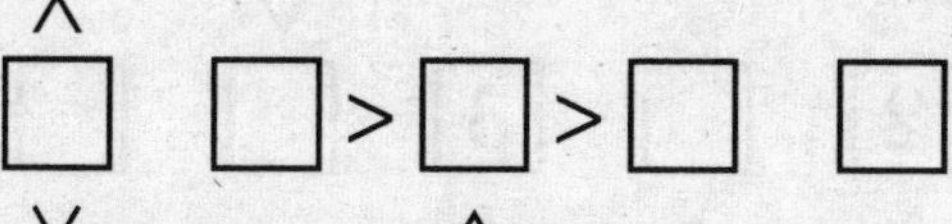

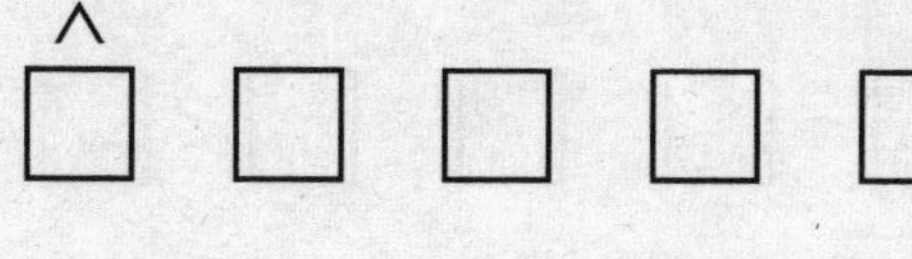

56

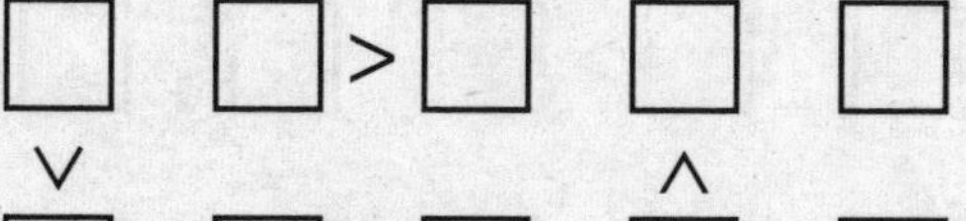

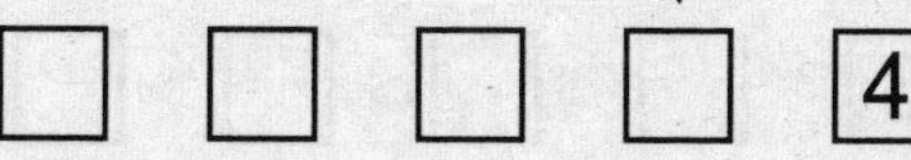

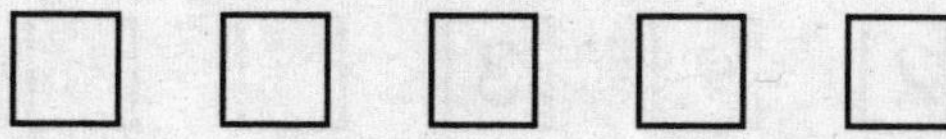

57

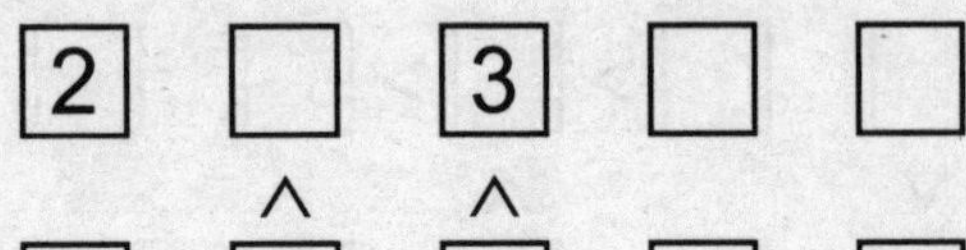
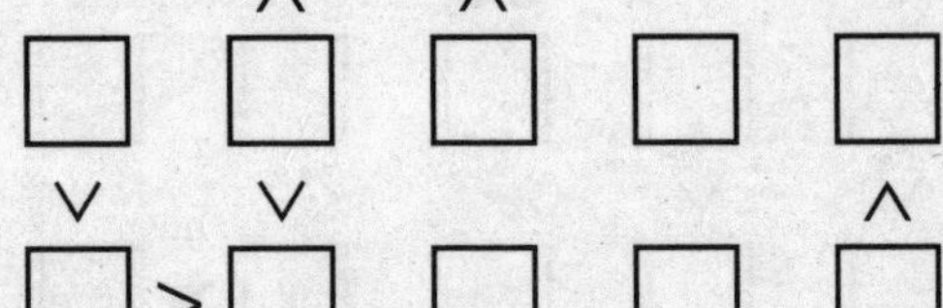

58

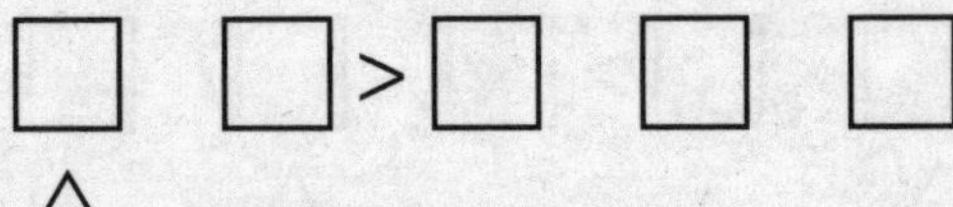
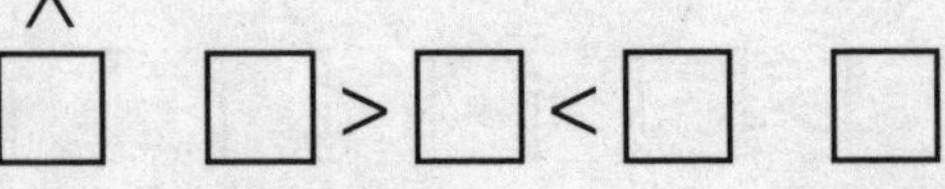

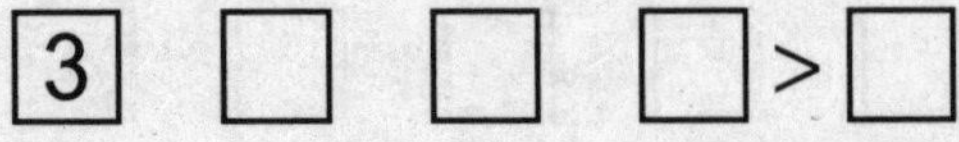

59

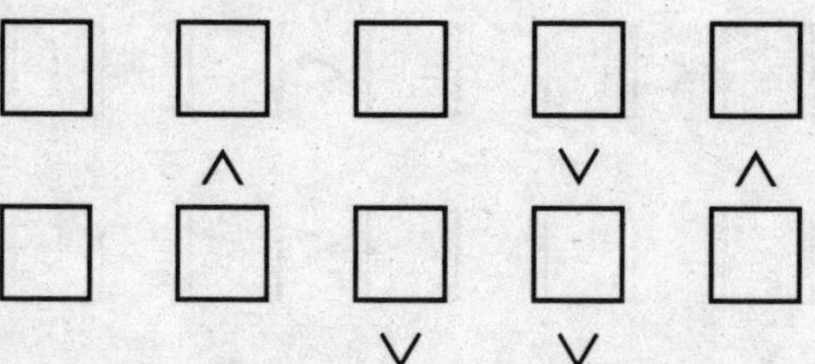

		∨	∨	
3	□	□	□	□
				∧
□	□ <	□	□	□
				∨
□ <	□	□ <	□	3

60

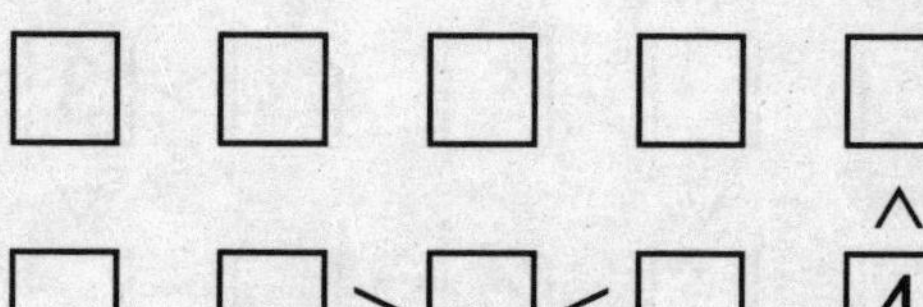

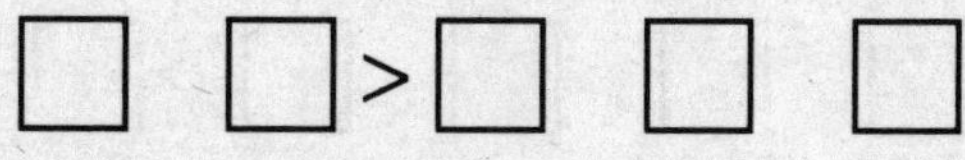

Brain Trainer | Cell Blocks | Futoshiki | Kakuro | KenKen | Set Square | Suko

61

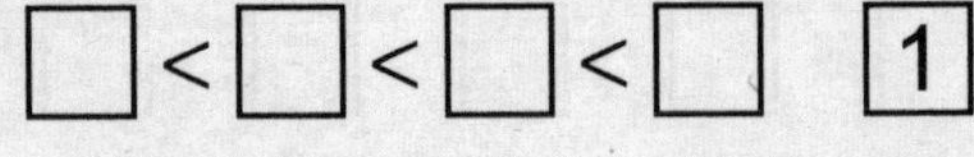
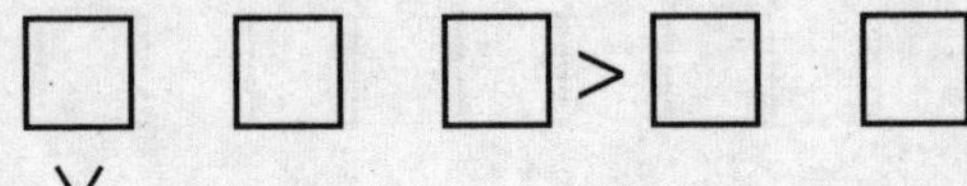
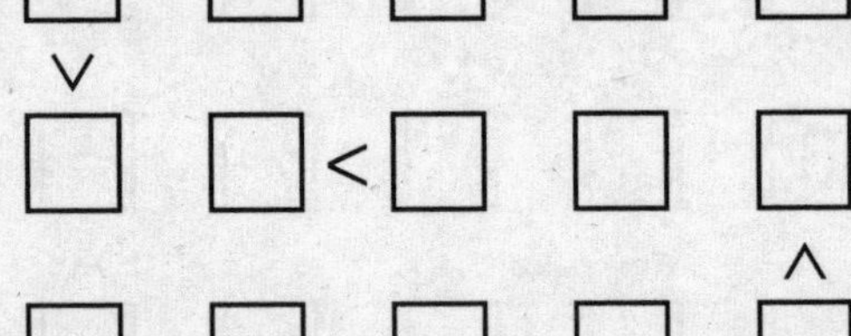
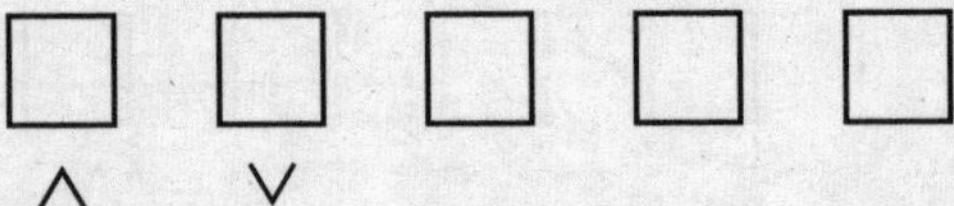
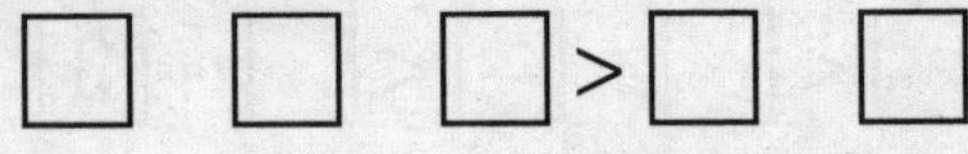

62

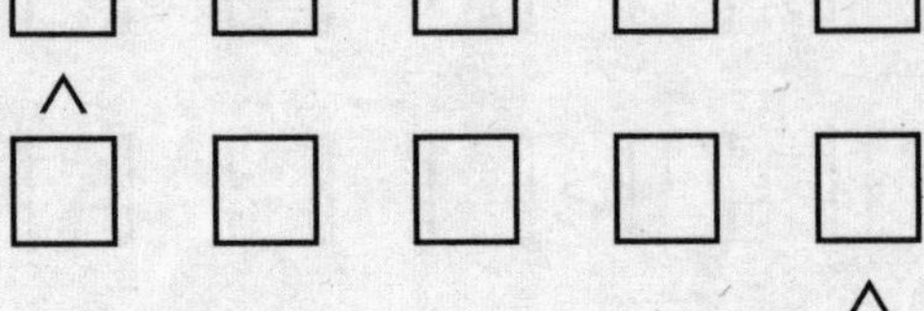

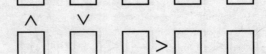

63

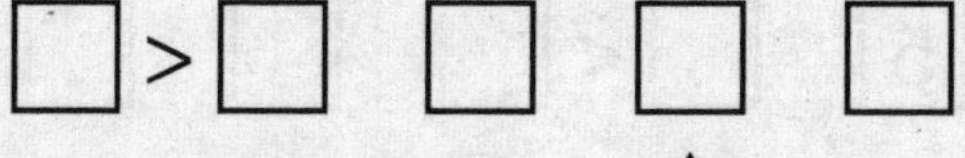

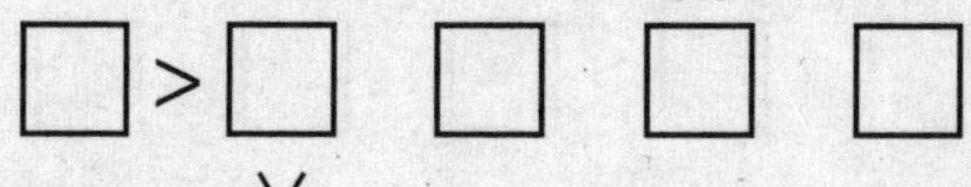

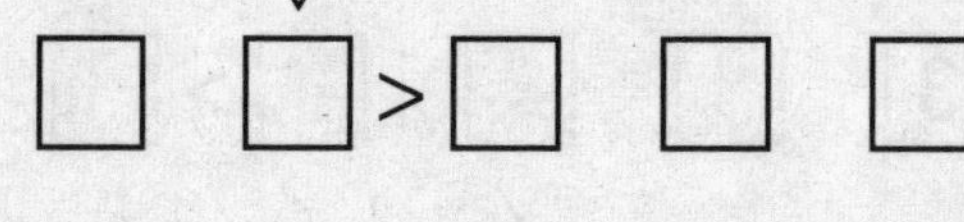

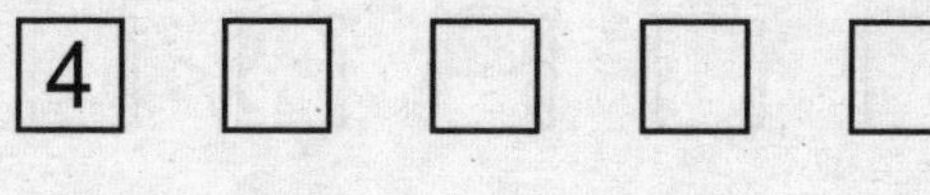

64

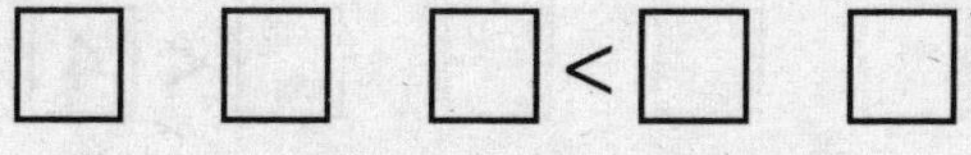

65

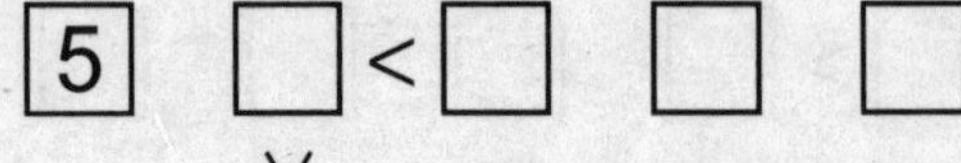

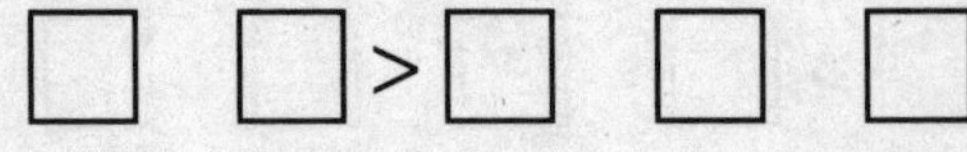
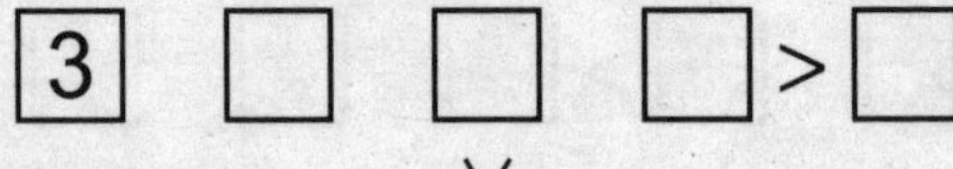

66

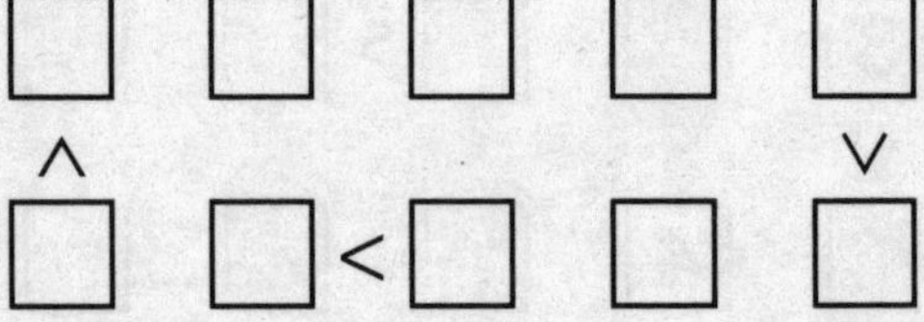

67

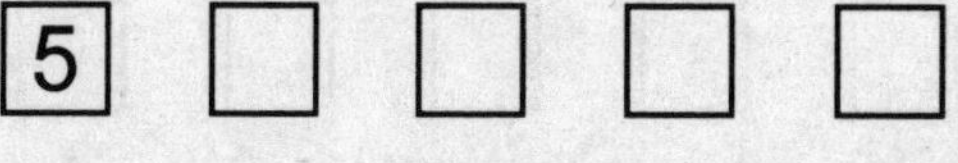

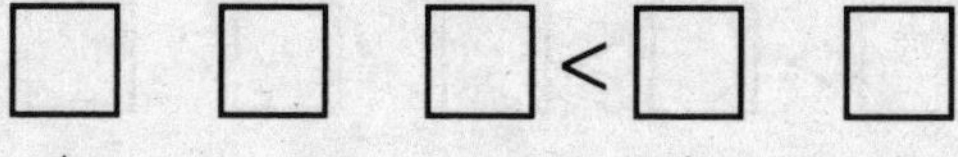

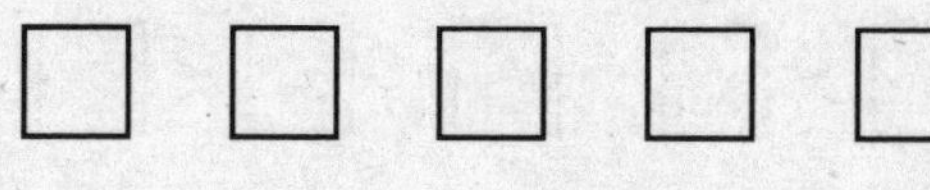

68

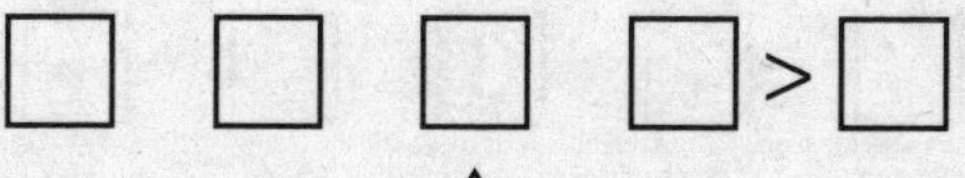

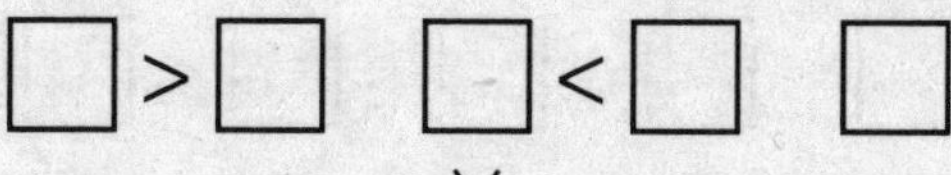

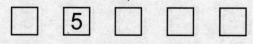

69

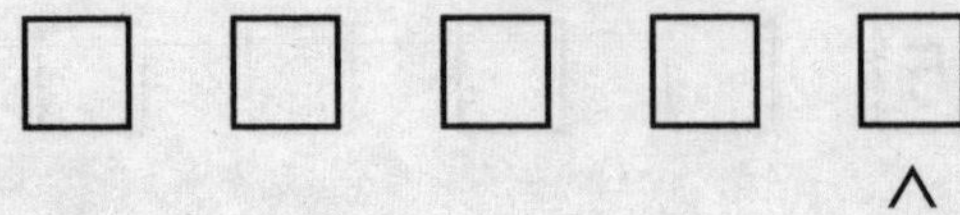

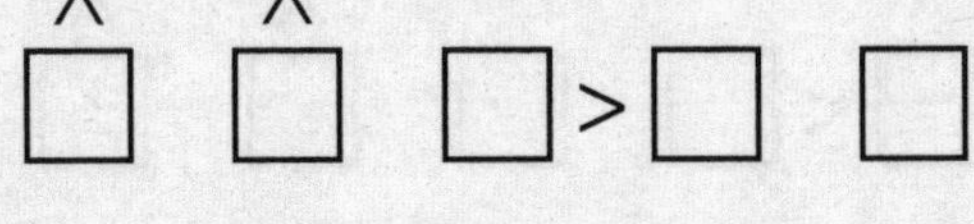
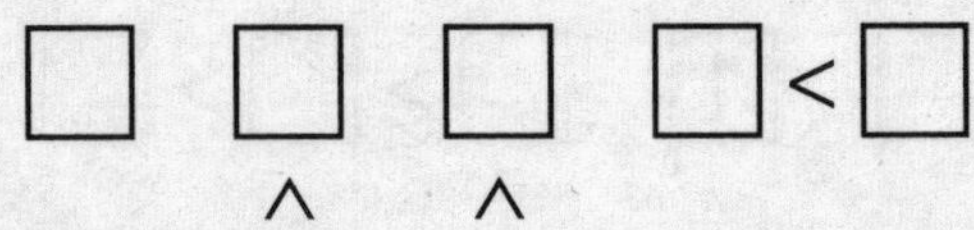

70

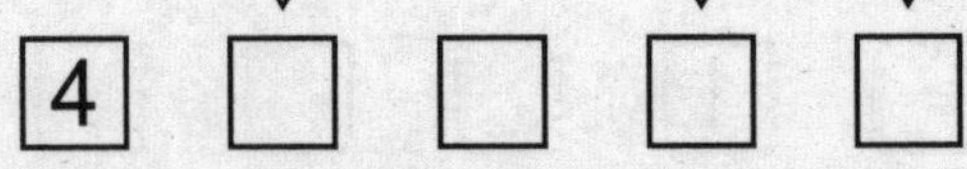

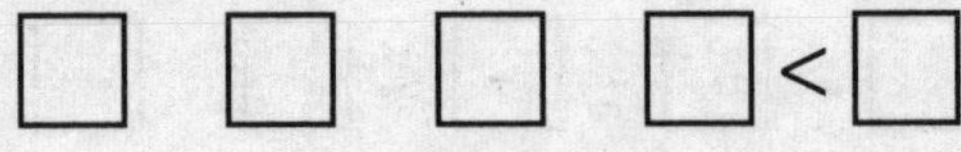
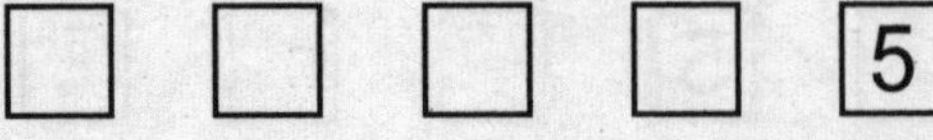

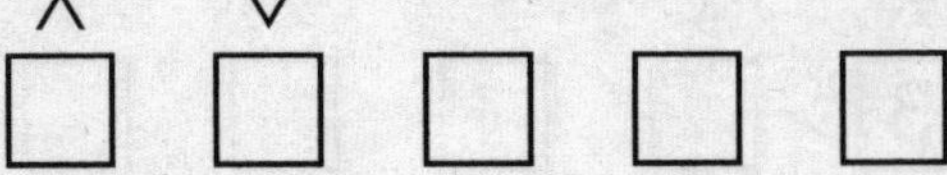

71

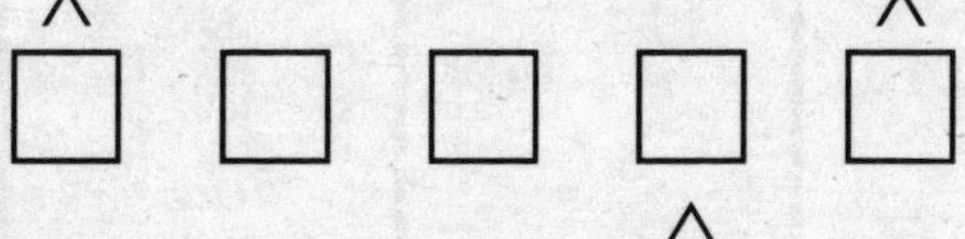

72

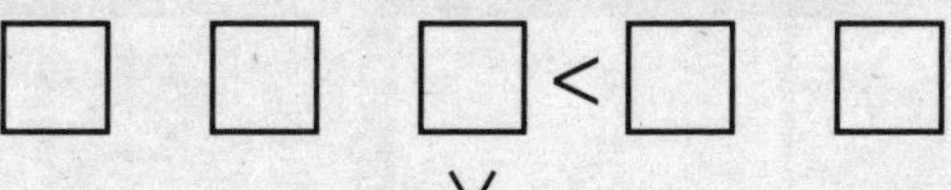

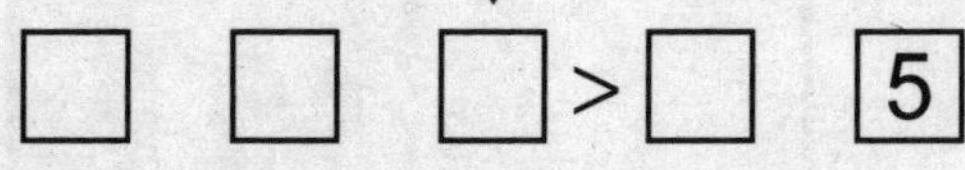

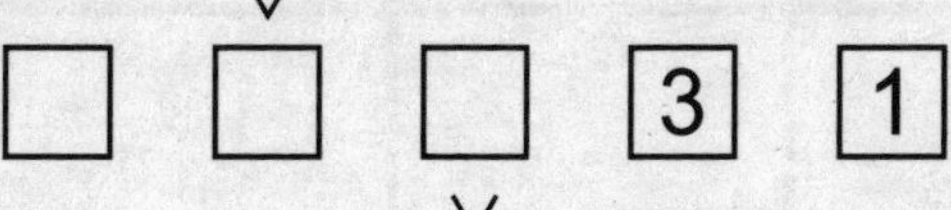

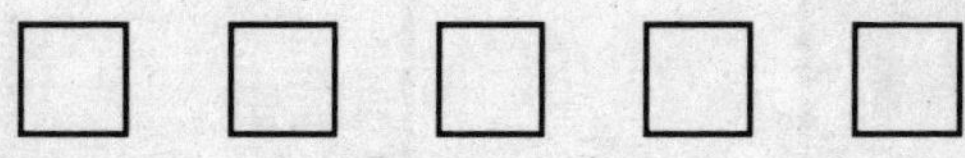

26
10
38
15
12
Kakuro
16
16
17
17
24
27
8

How to Play

Fill the grid so that each block adds up to the total of the block above or to the left.

You can only use digits 1-9 and you must not use the digit twice in one block.

The same digit may occur more than once in a row or column, but must be in a separate block.

Also known as: Croco Puzzle, Cross Sums, CrossSam, Kasan Kurosu, Kreuzsummenrätsel, Tashizan Cross, Zahlenschwede

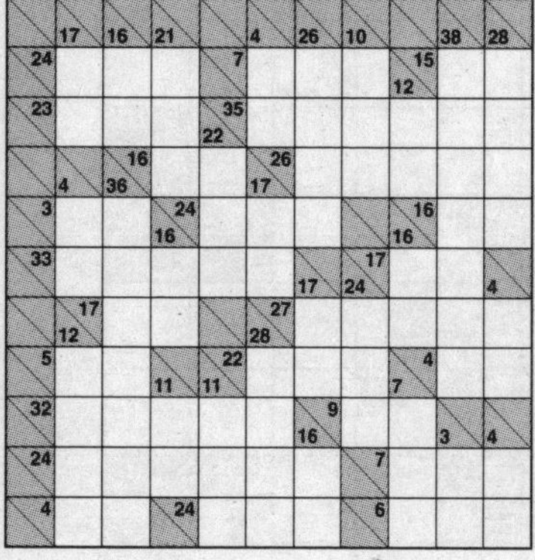

	17	16	21		4	26	10		38	28
24	9	7	8	7	1	2	4	12 15	7	8
23	8	9	6	22 35	3	9	5	8	6	4
	4	36 16	7	9	17 26	7	1	4	5	9
3	1	2	16 24	7	9	8		16 16	9	7
33	3	9	7	6	8	17	24 17	9	8	4
	12 17	8	9		28 27	8	9	7	2	1
5	4	1	11	11 22	6	9	7	7 4	1	3
32	5	7	8	3	9	16 9	8	1	3	4
24	2	6	3	1	5	7	7	4	2	1
4	1	3	24	7	8	9	6	2	1	3

1

\	3\	12\	\	\	7\	6\	\	\	23\	16\
\3			\	9\4			20\	\16		
\4			37\13					39\17		
\	\36									\
\	17\	16\14			\	\16			16\	17\
\23				\	\	\	\21			
\24				9\	\	\	9\23			
\	\	24\4			6\	7\13			10\	\
\	16\37									3\
\17			\10					\4		
\16			\	\4			\	\3		

2

■	13\	16\	■	■	■	■	38\	17\	■	■
\17			18\	12\	29\	\16			32\	■
\35						14\18				26\
■	24\	28\33						14\16		
\24				21\32						
\4			4\14			10\11				
\10					9\7			16\17		
\22							10\23			
\16			4\17						7\	4\
■	\13				\15					
■	■	\3			■	■	■	\3		

3

■	17\	16\	■	■	■	3\	4\	■	25\	7\
\16			38\	16\	\4			41\3		
\30					4\19					
■	6\	3\15				17\	14\11			
\6				23\20						■
\13					5\23				14\	17\
■	■	28\21				4\30				
■	11\18						16\24			
\13				13\	17\15				17\	16\
\33					\30					
\16			\16			■	■	\16		

4

■	■	19\	7\	23\	6\	23\	■	■	30\	17\
■	10\19						■	31\16		
\27							30\24			
\16					12\29					■
\6			21\	11\30						■
\30						5\14			33\	11\
■	■	12\12			23\20					
■	\19						23\	6\7		
■	4\10					8\19				
\9				\38						
\4			■	\16						■

5

╲	╲	33╲	16╲	23╲	╲	╲	╲	38╲	14╲	17╲
╲	╲24				35╲	╲	7╲19			
╲	3╲27					╲28				
╲6			╲8			36╲4			37╲	4╲
╲4			23╲	╲30						
╲	9╲16			╲14			╲20			
╲9				6╲16			╲16			16╲
╲22							9╲	╲13		
╲	4╲	3╲3			╲4			4╲17		
╲10					╲12					╲
╲9				╲	╲	╲6				╲

6

■	■	■	27\	10\	16\	■	17\	4\	45\	7\
■	16\	45\20				\11				
\32						35\10				
\11				■	35\15			4\4		
■	3\16			16\12			5\6			9\
\4			4\39							
\33								30\16		
■	24\6			21\16			\16			16\
\16			16\14			11\	14\19			
\29					\31					
\30					\24				■	■

7

■	■	■	17\	7\	■	19\	7\	■	7\	3\
■	15\	24\4			\3			24\4		
\16					16\17					
\40									21\	4\
■	\16			3\14			16\15			
■	4\10				17\9			31\6		
\3			14\6			6\20				■
\8				23\3			23\4			4\
■	8\	3\38								
\16						\26				
\6			\16			\16			■	■

8

\	30\	29\	\	\	7\	10\	14\	\	24\	22\
\12			\	22\7				16\17		
\14			14\28							
\29					\	14\21				
\30					20\3			\6		
\	28\	26\	\23				13\	\16		
\16			\	29\14				4\	30\	29\
\17			16\15			\21				
\21					13\	11\19				
\28								\14		
\14			\24				\	\12		

Brain Trainer | Cell Blocks | Futoshiki | Kakuro | KenKen | Set Square | Suko

9

\	23\	27\	16\	\	23\	32\	16\	\	35\	16\
\20				\24				\13		
\12				\23				17\17		
\23				20\16			19\17			17\
\	\9				34\29					
\	16\	35\18						15\14		
\17			16\29						28\	\
\35						7\21				7\
\	17\16			12\4			\11			
\14			\7				\18			
\16			\18				\7			

10

■	6\	23\	■	32\	17\	24\	■	4\	11\	6\
\8			\24				16\7			
\3			24\36							
■	21\23				\17			\8		
\14					13\	14\	■	■	36\	9\
\39							18\	6\4		
\16			■	\27						
■	23\	24\	■	12\	6\	\26				
\16			12\11			4\7				14\
\29								\12		
\24				\7				\17		

11

\	4\	9\	\	\	21\	23\	\	\	11\	17\
\3			39\	\15			\	39\16		
\6				16\16			4\12			
\	\41									\
\	14\	17\17			\	\6			6\	3\
\19				\	\	\	\10			
\24				3\	\	\	16\6			
\	\	20\4			9\	7\17			24\	\
\	16\39									17\
\21				\4			\24			
\16			\	\3			\	\16		

12

	7\	6\		14\	19\	21\			33\	10\
\3			\21				7\	4\4		
\4			4\28							
\7				17\16						23\
	7\	30\11			27\4			\14		
\6			\22				9\	\17		
\3				7\22				3\16		
\4			8\4			6\3			7\	6\
	10\17						16\7			
\31								\4		
\14				\16				\3		

Brain Trainer | Cell Blocks | Futoshiki | Kakuro | KenKen | Set Square | Suko

13

■	■	■	18\	3\	■	■	16\	21\	■	■
■	■	41\3			7\	6\17			41\	■
■	17\41									17\
\24				\6			\24			
\16			17\	16\3			16\	17\16		
■	\21				■	\24				■
■	3\23				20\	24\23				4\
\4			22\	\14			■	8\4		
\9				17\17			8\8			
■	\41									■
■	■	\16			■	\5			■	■

14

	11\	10\	4\	9\		17\	34\		30\	11\
\11					7\16			\11		
\29								18\4		
\4			33\3			16\29				
\16				38\	\21					
		27\12			9\14					
	11\13					\14			29\	30\
\33						8\	6\15			
\20					3\5			4\14		
\11			\34							
\13			\4			\19				

Brain Trainer | Cell Blocks | Futoshiki | Kakuro | KenKen | Set Square | Suko

15

\	3\	6\	\	17\	11\	18\	16\	\	6\	3\
\4			\19					\4		
\3			28\21					38\3		
\	\8			21\12			29\5			\
\	3\	4\26							14\	12\
\19					\	\29				
\21					10\	11\30				
\	\	6\25							24\	\
\	3\5			4\4			8\12			16\
\4			\10					\16		
\3			\11					\17		

16

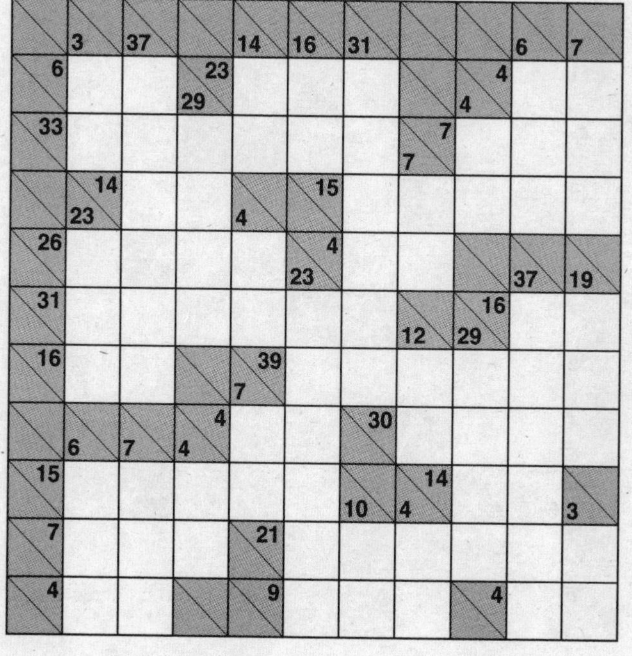

17

■	↓6	↓34	↓4	↓28	■	■	■	↓9	↓3	↓4
→11					↓20	■	→6			
→20						↓11	↓6 →7			
→4			↓23 →22						↓38	↓7
■	↓13 →36							↓6 →4		
→19				↓21	↓23 →15					
→35						↓7	↓14 →10			
→4			↓7 →26							↓23
■	↓3	↓4 →24						↓16 →16		
→7				■	→28					
→6				■	■	→30				

18

\	10\	35\	\	25\	24\	14\	16\	\	4\	3\
\6			\30					7\4		
\3			7\36							
\17						13\3			39\	7\
\	23\18				19\15					
\24							18\	7\8		
\13			11\	29\34						
\31						7\20				7\
\	16\	17\16			4\16					
\34								\3		
\16			\11					\4		

19

■	■	■	8\	4\	■	■	16\	22\	■	■
■	■	39\3			6\	7\16			41\	■
■	3\39									16\
\6				11\4			29\21			
\6			4\11					16\17		
■	\7				■	\21				■
■	16\6				23\	24\23				3\
\17			9\29					8\3		
\21				6\16			8\9			
■	\36									■
■	■	\3			■	\5			■	■

20

■	■	■	35\	14\	■	7\	6\	■	23\	24\
■	■	34\16			\4			4\14		
■	\19				27\22					
■	7\9			12\29						
\34						12\	■	24\	16\	23\
\31							8\23			
\7				\27						
■	23\	19\	4\	7\	15\17					
\36							3\8			■
\16						\8				■
\17			\4			\6			■	■

21

■	■	■	↓16	↓27	■	↓11	↓3	■	↓45	↓34
■	↓24	↓45 →17			→4			→10		
→30					↓4 →3			↓21 →17		
→16			→7				↓16 →24			
→17			↓21 →28							
■	↓34 →14			↓16	■	→19				
→14					↓30	↓16	↓29 →14			↓7
→39								→7		
→24				↓17 →23				↓17 →6		
→12			→16			→28				
→10			→17			→17			■	■

22

\	\	16 \	14 \	12 \	16 \	29 \	\	\	12 \	14 \
\	7 \ 34						\	32 \ 7		
\ 37							12 \ 7			
\ 6			23 \	\	14 \ 18					
\ 8				30 \ 39						
\	\ 19					15 \ 4			17 \	\
\	19 \	30 \ 16			11 \ 26					23 \
\ 38							\ 9			
\ 19						6 \	10 \	4 \ 10		
\ 23				\ 23						
\ 7			\	\ 16						\

23

\	\	26\	28\	16\	\	19\	6\	14\	\	\
\	\13				\7				23\	24\
\	7\10				14\20					
\20				24\16			\21			
\37							15\23			
\24					35\3			16\	24\	24\
\	7\	6\	28\13			16\15				
\11				\34						
\7				14\17			4\23			
\30						\16				\
\	\	\23				\7				\

24

■	↓24	↓23	■	■	↓4	↓3	■	■	↓7	↓6
→16			■	↓23 →4			↓8	→3		
→17			↓33 →13					↓27 →4		
→30					↓29	↓30 →10				
■	↓17	↓16 →32							↓6	↓3
→24				→17			→10			
→23				↓8 →16			↓24 →6			
■	↓11	↓6 →34							↓20	↓24
→11					↓3	↓4 →30				
→6			→15					→14		
→3			■	→4			■	→17		

25

■	↓16	↓17	■	■	↓30	↓29	■	■	↓17	↓16
→16			↓9	→12			■	↓12 →16		
→23				↓30 →16			↓29 →24			
■	↓21	↓19 →38							↓10	↓11
→3			↓4 →29					↓4 →4		
→19					■	→16				
→24					↓10	↓11 →10				
→4			↓9 →10					↓6 →8		
■	↓3	↓4 →22							↓4	↓3
→6				→4			→6			
→3			■	→8			■	→3		

Brain Trainer | Cell Blocks | Futoshiki | Kakuro | KenKen | Set Square | Suko

26

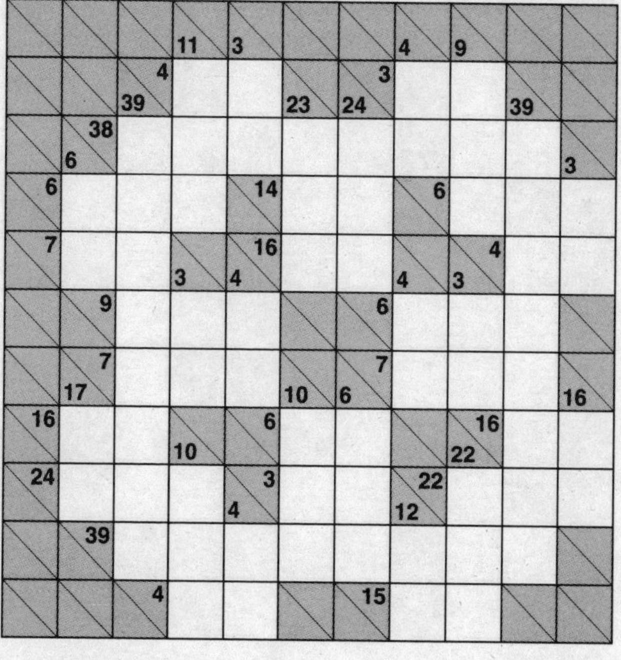

27

■	4\	9\	■	■	7\	6\	■	■	8\	4\
\4			■	22\4			6\	\4		
\3			37\11					26\3		
■	\37									■
■	17\	16\17			■	\3			3\	4\
\23				■	■	■	\6			
\24				9\	■	■	9\7			
■	■	12\4			6\	7\14			9\	■
■	3\36									4\
\4			\10					\3		
\3			■	\4			■	\4		

28

\	\	17\	7\	\	\	11\	23\	16\	\	\
\	11\4			\	28\14				20\	24\
\7				29\33						
\32								17\17		
\6			\16			15\	11\22			
\12			11\31						28\	29\
\	7\	6\30						\7		
\7				6\	23\3			7\14		
\4			3\32							
\24							\19			
\	\	\11				\	\4			\

29

■	17\	16\	■	■	■	■	■	■	4\	3\
\16			41\	7\	■	■	23\	44\3		
\28					■	\15				
■	■	29\7			11\	10\12			30\	■
■	14\37									16\
\24				\8			\24			
\23				24\4			7\23			
■	\42									■
■	3\	4\8			■	\4			3\	4\
\14					■	\12				
\3			■	■	■	■	■	\3		

30

■	7\	12\	■	■	20\	23\	■	■	9\	4\
\4			39\	\17			■	38\3		
\7				17\16			3\9			
■	\38									■
■	3\	4\12			■	\4			4\	3\
\7				■	■	■	\9			
\6				16\	■	■	6\7			
■	■	24\17			9\	7\12			9\	■
■	17\42									12\
\24				\4			\23			
\16			■	\3			■	\6		

31

\	\	\	19\	3\	\	\	17\	21\	\	\
\	\	41\4			7\	6\16			42\	\
\	16\40									16\
\24				\6			\24			
\14			14\	17\3			14\	17\17		
\	\20				\	\20				\
\	4\24				23\	24\24				4\
\3			9\	\14			\	6\4		
\10				7\16			10\6			
\	\38									\
\	\	\4			\	\6			\	\

32

■	■	■	■	■	↓21	↓19	■	■	■	■
■	■	■	■	→3 ↓3			↓4	■	■	■
■	■	■	→21 ↓31					↓32	■	■
■	■	→28 ↓21							↓19	■
■	→3 ↓4			→4 ↓3			→3 ↓3			↓4
→19					■	→21				
→21					↓21	→19 ↓19				
■	→4			→3 ↓3			→4 ↓4			■
■	■	→33							■	■
■	■	■	→21					■	■	■
■	■	■	■	→4			■	■	■	■

33

■	↓3	↓4	■	■	■	■	■	■	↓16	↓17
→3			↓38	↓6	■	■	↓23	↓39 →17		
→10					■	→30				
■	■	↓30 →3			↓14	↓11 →16			↓10	■
■	↓14 →38									↓4
→24				→10			→6			
→23				↓24 →3			↓7 →7			
■	→36									■
■	↓16	↓17 →14			■	→4			↓7	↓4
→27					■	→10				
→17			■	■	■	■	■	→6		

34

\	\	20\	16\	16\	15\	\	\	\	21\	16\
\	14\20					4\	\	31\14		
\23							17\20			
\17			\26							23\
\	7\	36\	34\10			\18				
\29						26\	16\23			
\7				4\	\29					
\21					17\10			\	9\	7\
\	17\30							4\4		
\22				\23						
\14			\	\	\10					\

35

\	\	6\	31\	\	\	6\	4\	\	26\	3\
\	16\4			\	14\4			4\4		
\13				18\21						
\26						6\	17\3			24\
\	9\	37\16			\4			31\8		
\13					16\32					
\33						\19				
\4			16\14			12\8			7\	7\
\	17\17			14\	16\34					
\39							\8			
\13			\16			\	\4			\

36

\	13\	12\	24\	\	14\	13\	\	23\	16\	17\
\22				3\17			\23			
\21							7\24			
\	14\	19\4			\	9\13			21\	15\
\7				\	21\4			39\14		
\6				24\26						
\36							\7			
\16			7\14			\	16\24			
\	4\	3\8			3\	4\17			16\	17\
\6				\33						
\7				\4			\21			

37

\	27\	29\	\	7\	24\	\	\	27\	17\	\
\16			16\4			4\	\6			\
\31							14\12			24\
\23				3\22						
\9			33\4			36\21				
\	7\	34\11					17\23			
\7				7\28					10\	11\
\19					16\16			4\8		
\39							13\7			
\	\13			\29						
\	\12			\	\16			\4		

38

■	■	↓42	↓13	↓7	↓20	■	↓28	↓6	↓6	↓8
■	↓23 →10					→11				
→27						↓7 →10				
→17			→24						↓30	↓17
→16			↓17	→21				↓4 →16		
■	↓16 →13			↓16	↓23 →23					
→34						↓20	→7			↓10
→14			↓7 →23				↓12	→6		
■	↓8	↓6 →28						↓17 →3		
→10					→18					
→11					→21					■

39

■	16↓	6↓	36↓	4↓	17↓	■	■	16↓	31↓	23↓
22→						■	17↓ 23→			
24→						32↓ 28→				
■	8→			12↓	32↓ 17→			36↓ 8→		
■	8↓	34↓ 30→					4→			7↓
39→							4↓ 11→			
10→				38→						
■	7↓ 16→			10↓ 11→					24↓	■
4→			4↓ 16→			4↓	3↓ 14→			14↓
10→					26→					
10→				■	28→					

40

■	17\	34\	■	10\	7\	■	27\	4\	6\	7\
\14			\3			16\10				
\16			16\31							
■	\7				17\17			23\4		
■	16\11					15\4			22\	4\
\20				24\29						
\29							10\6			
■	24\	23\4			13\15					■
\16			16\16			4\19				4\
\42								\6		
\30					\3			\7		

41

\	17\	16\	\	\	15\	16\	\	6\	36\	21\
\17			21\	\17			9\18			
\24				3\38						
\	12\	36\6				6\13				
\11					6\4			34\4		
\19				\3			\16			16\
\	27\16			10\4			17\19			
\12			23\5			15\22				
\19					4\24				4\	3\
\38							\7			
\10				\3			\	\4		

42

■	■	10\	21\	6\	■	■	■	7\	31\	12\
■	16\6				9\	■	22\12			
\17						14\27				
\19				4\21						
■	\9				14\16			37\8		
■	■	23\12					3\12			■
■	11\6			13\10					29\	■
\11			23\3			6\11				16\
\24							3\23			
\29					\27					
\10				■	■	\17				■

43

\	\	\	16\	3\	9\	\	\	7\	29\	\
\	5\	4\6				\	22\4			32\
\15						28\12				
\10				4\31						
\	16\	25\3			24\16			\17		
\26							17\	32\16		
\15			\	22\39						
\10			7\16			16\17			17\	16\
\23							4\24			
\11					\33					
\	\4			\	\7				\	\

44

■	29\	30\	■	24\	22\	■	■	14\	34\	35\
\17			7\17			■	15\24			
\18						4\30				
\29								\11		
\16			17\11					16\12		
■	34\	35\24				24\	22\22			
\23				19\	6\24				29\	30\
\12			\10					12\17		
\10			14\31							
\30					\29					
\23				■	\16			\16		

45

■	↓16	↓36	↓17	■	↓3	↓12	■	■	↓20	↓24
→11				↓23 →4			↓10	→14		
→34								↓26 →17		
■	↓16 →24				↓6 →34					
→13			↓11 →8			↓7 →4			↓36	■
→22				↓14 →19						↓16
■	→20						↓24 →24			
■	↓6	↓7 →3			↓9 →12			↓24 →17		
→15						↓3 →23				↓17
→6			→35							
→3			■	→4			→17			

46

■	6\	4\	■	10\	3\	■	■	13\	34\	4\
\3			30\4			7\	\7			
\21							6\6			
■	29\	37\12			\11					26\
\26					3\	4\25				
\23				20\6				30\16		
\16			26\7				10\23			
\16					6\	\13				
■	4\18					3\12			6\	4\
\19				\21						
\13				■	\4			\3		

47

■	↓7	↓23	■	■	↓6	↓9	■	↓15	↓24	■
→4			↓11	↓17 →4			→16			↓14
→23							↓13 →22			
→16					→18					
■	↓17 →6			↓17	↓11	↓7 →3			↓21	↓4
→31								↓10 →7		
→14			↓15 →40							
■	↓16	↓23 →3			↓11	■	↓13 →8			↓7
→21						↓4 →11				
→22				→23						
■	→16			→3			■	→4		

48

\	3\	4\	\	\	38\	3\	\	22\	32\	7\
\3			11\	\7			\20			
\6				29\4			\19			
\	7\	34\21				\	\7			
\5			\17			21\	17\3			7\
\4			34\29							
\34								\5		
\	7\13			\	\12			17\4		
\19				\	3\17				16\	17\
\20				\8			\24			
\7				\4			\	\17		

49

\	10\	16\	19\	\	30\	16\	\	6\	28\	16\
\7				\17			6\11			
\23				15\33						
\21						3\17				6\
\	24\	32\13					29\	\6		
\27					4\9			24\3		
\14			\3			13\13				
\17			7\	10\11					9\	7\
\	17\8				4\32					
\24							\11			
\19				\3			\9			

50

■	↓29	↓30	■	↓4	↓20	■	■	■	↓16	↓11
→14			↓11 →7			↓24	■	↓4 →11		
→32							↓8 →7			
→23				↓4 →29						
→12			↓3 →13					↓3 →4		
■	■	↓18 →8				↓31	↓4 →4			■
■	↓20 →5			↓17	↓9 →8				↓11	↓10
→17			↓4 →14					↓4 →8		
→29							↓17 →7			
→7				→29						
→4			■	■	→16			→4		

51

■	11\	10\	4\	28\	■	25\	14\	■	35\	17\
\11					\17			16\16		
\10					21\35					
\4			\23				29\16			6\
\8			11\17					3\12		
■	17\	35\7				24\12				
\27					10\10				10\	11\
\16			16\18					\8		
■	16\16			7\16				4\4		
\34						\11				
\14			\3			\15				

52

■	■	7\	36\	■	4\	31\	■	16\	21\	■
■	7\4			\4			17\14			4\
\10				24\25						
\26					33\16			35\3		
■	4\	37\30					\4			12\
\35							23\23			
\10				\37						
■	16\4			3\25					24\	4\
\17			17\4			4\26				
\27							\11			
■	\13			\3			\8			■

53

■	↓16	↓32	■	↓10	↓4	↓10	■	↓15	↓4	↓3
→16			↓16 →7				→9			
→27							↓10 →7			
■	↓6 →24				↓12 →7				↓29	■
→6			■	↓25 →18						↓23
→3			↓33 →17			↓8 →18				
→10					↓30 →4			→13		
■	→33						↓19	↓3 →8		
■	↓14	↓17 →24				↓16 →7				↓3
→19				→29						
→24				→22				→6		

54

■	24\	22\	4\	■	■	■	■	16\	29\	30\
\7				16\	17\	34\	\23			
\29							23\24			
\4			20\28					24\16		
\23				■	34\32					
\24				6\30					28\	22\
■	10\	11\24					\24			
\15						14\	11\23			
\6			6\15					8\4		
\6				\31						
\7				■	■	■	\14			

55

\	17\	16\	18\	\	30\	29\	\	19\	17\	16\
\23				\12			\23			
\24				30\16			29\24			
\	21\	19\39							10\	11\
\3			4\29					4\4		
\24					\	\16				
\19					10\	11\10				
\4			12\10					23\8		
\	4\	3\26							17\	16\
\7				\4			\24			
\6				\8			\23			

56

■	21\	23\	■	19\	34\	16\	28\	■	27\	22\
\17			\18					\17		
\16			23\17					4\4		
\35						\16				
■	■	33\23				32\13				
■	28\16			\14			■	11\16		
\16			16\	20\16			21\4			■
\13					\7				7\	6\
\16					4\16					
\17			\27					\4		
\14			\20					\3		

57

■	■	38\	14\	23\	22\	■	16\	6\	4\	8\
■	\30					\10				
■	28\29					7\11				
\14			\16						35\	22\
\17			6\	\6				14\4		
\7				27\	7\34					
\18						24\	\23			
\16			13\16				23\	\10		
■	8\	6\26						8\3		
\11					\19					■
\10					\29					■

58

■	■	7\	34\	■	33\	6\	■	4\	21\	■
■	4\4			\4			16\6			3\
\7				\25						
\10				12\13				38\4		
■	13\	22\24				28\	\4			12\
\39							17\23			
\7				\35						
■	3\16			4\	16\22				6\	8\
\4			14\7				\14			
\24							\7			
■	\14			\4			\4			■

59

■	■	■	↓12	↓27	↓26	↓7	↓13	■	↓32	↓17
■	↓8	↓3 →30						→17		
→41								↓16 →16		
→4			↓3 →7				↓6 →17			↓4
■	■	↓37 →9				↓32 →13				
■	↓3 →6			↓16 →8				↓16 →3		
→3			↓17 →18				↓27 →12			■
→26					↓7 →23				↓8	↓4
■	↓16 →16			↓14 →7				↓12 →3		
→13			→42							
→17			→32						■	■

60

■	■	■	16\	32\	■	13\	17\	■	15\	4\
■	9\	8\16			3\16			\6		
\35								3\7		
\4			4\4			6\	30\3			6\
\11					19\15					
■	7\	15\17						3\3		
\3			3\23						7\	6\
\16						16\10				
■	4\4			13\	16\13			10\4		
\6			\35							
\4			\14			\16			■	■

61

■	↓7	↓25	■	■	↓28	↓7	↓4	■	↓29	↓30
→6			↓3	→7				→12 ↓14		
→6				→38 ↓6						
■	→10 ↓16					↓38	→23 ↓17			
→17			→16 ↓14					→14 ↓3		
→22				→15 ↓4					↓35	↓16
■	↓24	→27 ↓30					→14 ↓14			
→7			→23 ↓16					→14 ↓16		
→24				↓13	→29 ↓16					↓17
→39							→24			
→16			→23				■	→16		

62

	7\	14\		17\	18\	35\			24\	22\
\4	_	_	28\23	_	_	_		14\6	_	_
\33	_	_	_	_	_	_	30\24	_	_	_
\14	_	_	_	\38	_	_	_	_	_	_
	\17	_	_	30\15	_	_	_	\3	_	_
	34\	35\12	_	_	35\17	_	_	30\4	_	_
\10	_	_	\17	_	_	22\13	_	_	24\	
\14	_	_	14\19	_	_	_	\16	_	_	7\
\39	_	_	_	_	_	_	16\17	_	_	_
\23	_	_	_	\39	_	_	_	_	_	_
\12	_	_		\23	_	_	_	\4	_	_

63

			24 \	23 \		28 \	14 \	3 \	21 \	19 \
	11 \	29 \ 16			\ 28					
\ 27					16 \ 26					
\ 36								\ 4		
\ 13			4 \	3 \ 17			17 \	16 \ 3		
\ 15					28 \ 24				13 \	27 \
	21 \	19 \ 8				6 \ 28				
\ 17				\ 4			7 \	6 \ 4		
\ 16			17 \	14 \ 22						
\ 28						\ 20				
\ 26						\ 4				

64

\	17\	16\	21\	\	4\	26\	10\	\	38\	28\
\24				\7				12\15		
\23				22\35						
\	4\	36\16			17\26					
\3			16\24				\	16\16		
\33						17\	24\17			4\
\	12\17			\	28\27					
\5			11\	11\22				7\4		
\32						16\9			3\	4\
\24							\7			
\4			\24				\6			

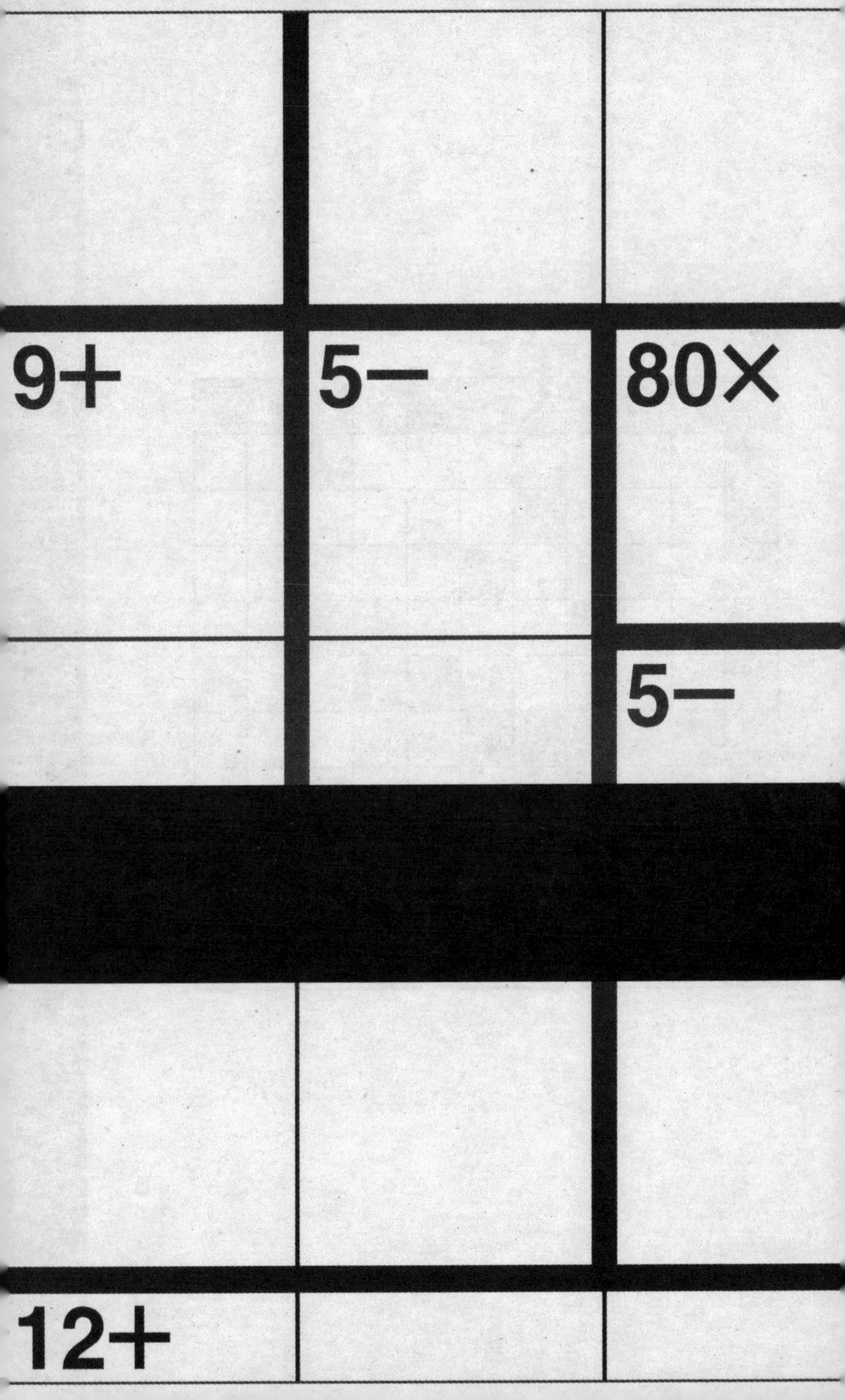
9+
5−
80×
5−
12+

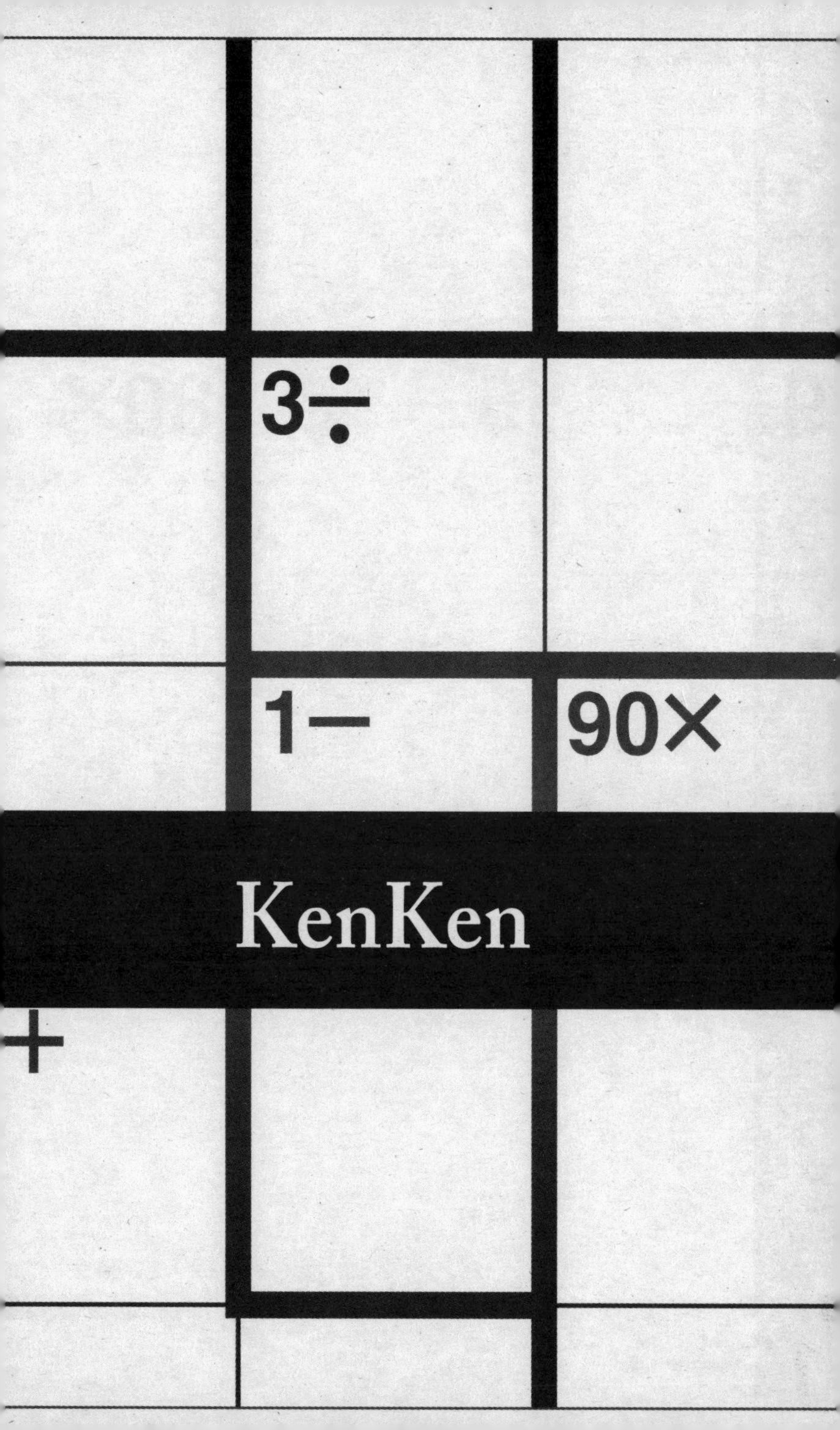
3÷
1−
90×
KenKen
+

How to Play

ill each cell with a number from 1-4 (1-5, 1-6 etc, depending on the dimensions of the grid).

o not repeat a number in any row or column.

he numbers in cages (heavily bordered regions) must combine in any order to produce the rget number in the top corner, using only the mathematical operator specified. Numbers can e repeated in a cage, but not in the same row or column.

he unusual name of this puzzle means 'cleverness squared' in Japanese.

lso known as: Calcudoku, CanCan, Hitoshii, Kendoku, MinuPlu, Square Wisdom

11+	2	40×	2÷	3÷	5+
9+	5−	80×		3÷	
		5−		1−	90×
			5+		
12+					

11+ 6	2 2	40× 5	2÷ 3	3÷ 1	5+ 4
5	4	2	6	3	1
9+ 3	5− 1	80× 4	5	3÷ 6	2
2	6	5− 1	4	1− 5	90× 3
1	3	6	5+ 2	4	5
12+ 4	5	3	1	2	6

1

2÷	120×		2÷	5+	5
	2				
3−		3+	5	2÷	
5−	12+		15+		
			1−	1−	
15×				24×	

Easy

2

3	5−		40×		
2÷		20×			24×
3−		5−			
1−	3+	3	3÷		5+
		11+		90×	
3−		1−			

Easy

3

72×	2−		3−	5−	
	3−			3÷	
	40×	18×		60×	
					2÷
2÷	11+		3÷		
	4−		20×		3

Easy

4

4−	3÷		8+		2−
	45×		9+		
2÷	20×				3+
		24×	5+		
2÷			90×		
	2	5−		8+	

Easy

5

1−	11+		3÷	1−	
	12×	2÷		5−	
			50×		2÷
6	5+	20×			
2÷			5−		80×
	3−		2		

Easy

6

90×	3÷		40×		7+
	3+		5−		
	6	72×		7+	
2÷	11+			6+	
		8+	10+		5−
1			1−		

Easy

7

10×		90×		5−	2÷
9+			4		
	3−		3÷		5−
	7+	3÷	11+		
5−			2÷		8+
	2−		3−		

Easy

8

2÷	2÷		2÷	15×	
	120×	3−			2÷
			3+	5	
3÷		3−		288×	
6+			20×		3÷
72×					

Easy

9

24×	15×			11+	6×
	11+	3+			
3			120×	3−	5−
14+					
4−	5−			2÷	
		2÷		8+	

Easy

10

30×			5−		20×
288×		3+		18×	
	11+				5−
	6+		6+		
2÷	7+	8+	5	14+	5+

Easy

11

90×			5+		10×
13+		3	5−	10×	
10×		10+			5−
	3+		5+	72×	
5+					
	3÷		60×		

Easy

12

11+	2	40×	2÷	3÷	5+
9+	5−	80×		3÷	
		5−		1−	90×
			5+		
12+					

Easy

13

2−	24×		6+		2
	1−		2−	15+	
5−	3+				
	12+		2÷	6×	1−
2÷	10×				
		2−		10+	

Easy

14

5+	1−		120×		
	1−	4−	2÷	2÷	2÷
11+					
	3÷	1−		72×	8+
		10×			
5	11+				

Medium

15

15×		11+		2−	
5−			3÷	2−	
20×				1−	
13+	9+			5−	
		6+		120×	4−
12×					

Medium

16

180×			1−		6+
5		7+	30×	11+	
2÷					
	72×	5	3÷		1−
		2÷		15+	
3−					

Medium

17

12×	4−		72×		7+
	3	10+			
	5−			1−	
3÷	1−	12×	4−	5−	
				1−	
3−		2−		3÷	

Medium

18

1−		5−	6×		1−
2−	2÷			2÷	
		1−			15+
7+	36×				
	5−	1−	60×		
			15×		

Medium

19

50×	1−		6	4−	
		2÷		15+	1−
12×		5−	10+		
	2−				5−
		180×		2	
			8+		

Medium

20

2−		15×	3	2−	5−
13+	9+		6+		
				1−	
	3÷	4	60×		7+
3÷		72×	2−		
				6+	

Medium

21

5−	2÷		20×		11+
	9+	2−			
		2÷		3−	
8+	24×			60×	
	7+		3+		
1−		3−		5−	

Medium

22

48×	20×			12+	
	4−		11+		
	5−	1−			11+
1		3÷	2÷	2−	
13+					
	13+			2÷	

Medium

23

1−	11+	3+		1−	
		36×		5−	
10+	3÷			20×	
		4	2−		
3−		1−		72×	
3÷		9+			

Medium

24

72×			1−	1−	
6+	72×			4−	
		4−	2÷	8+	2÷
	10+				
		5+		10+	2÷
1−		2÷			

Medium

25

6+			480×		
1−	4−	3÷			2÷
		24×	1−	15×	
6+	2−				
		13+		3÷	
3÷			12×		

Medium

26

10+	3÷		1−		10×
	12+				
	16+		13+	6	7+
40×	3÷				
			24×		5−
	2	6+			

Medium

27

60×			15×	7+	1−
6+		6			
	2−	60×			60×
2		3÷	11+		
15×	9+				11+
			3+		

Medium

28

60×			3÷	1−	
3÷	4−			12×	
	1	3−	20+		3÷
2−					
3−		3+		2−	1−
3−		2−			

Medium

29

5−		11+	2−		1−
4−	1−		15×		
		3−		2÷	10×
40×	6	1−	7+		
				1−	6×
1−		3−			

Medium

30

50×		3−		3	72×
	5−		2÷		
2−	30×			12+	2÷
		3			
10+	2÷		11+		8+
		1−			

Medium

31

4−		1−	48×		4−
11+	6×			6×	
		20×			15×
7+	2÷			4−	
		5−	1−		20×
1−					

Medium

32

240×			4	3÷	
2−			2−	5−	3÷
1−	2÷	10+			
				15×	
2−			3÷	2÷	1−
6	3÷				

Medium

33

3÷	2−		2−	3÷	
	2−	1−		1−	5−
11+			1−		
	36×	4		6+	
		9+			12×
4	5−		3−		

Medium

34

2÷	7+	12+	30×		
			90×		3−
100×	6			5−	
		2÷			2−
10+		30×	3−	12+	

Medium

35

2÷	2÷		90×		
	18+				5−
2−		11+	24×		
5−	2−				20×
			3		
6×		1−		3−	

Medium

36

3÷		8+		20×	
6+			4−		2−
11+	2÷		2÷	13+	
	10+				
7+			9+		2
11+				5−	

Medium

37

60×	3÷		10+		
		2÷		72×	2−
7+		1−			
10×			2−	5+	3÷
5−	2÷				
	2÷		60×		

Medium

38

1−	300×	2÷		3−	
			1	1−	
5−	12×		11+		2÷
		2÷			
2		7+		5−	1−
1−		30×			

Medium

39

2−		11+		2÷	12×
30×		8+			
5−	2−	3÷		2−	
			1−		9+
1−		4	6+		
4	8+		3÷		

Medium

40

13+	6×	1	12+	1−	
					5−
	10+	16+		2	
10×				4−	
		16+		3÷	1−
	3÷				

Medium

41

2−		4×		6	12+
24×	1−			3+	
		60×			
6×	2−			1−	3÷
	40×	3÷			
			6	4−	

Medium

42

2−	15×			2÷	
	4−		2−		90×
2−	5+		2÷		
	11+			5−	
2÷		6×	1−	1−	6×
	3				

Medium

43

72×			2÷		17+
	3	2÷			
5	3÷		13+		
5−	60×			2−	
		2−		1	6×
8×			1−		

Medium

44

1−		2÷		4−	3+
2÷		2÷			
4−	1−		6+		120×
	3−		14+		
1−	5−	20×			
				7+	

Medium

45

1−	1−		5+	150×	
	7+				2÷
5−		3−		13+	
8+		11+	5+		
	12+			2÷	
		2−		3÷	

Medium

46

2−	24×		6+		2
	1−		2−	15+	
5−	3+				
	12+		2÷	6×	1−
2÷	10×				
		2−		10+	

Medium

47

1−		60×			40×
11+		5+			
3+			5−	8+	
	16+			288×	
1−		8+		2÷	
	7+				

Medium

48

1−	6×		2−	3÷	
		24×		5+	
6+			24×	7+	2
6×	11+				
	15+	3+		30×	1−

Medium

49

3+		1−	11+		2−
36×	30×		3−		
		1−		3−	
		4−		2÷	2−
1−		6×	3÷		
20×				3÷	

Medium

50

24×		72×	100×	1−	
					2÷
9+			5−		
12+		11+		7+	
		6+			6
2−			30×		

Medium

51

4−		30×	3+	4−	12×
2−	5−				
			12+		12+
14+	2÷		1−		
	2÷			6+	
		5−			

Medium

52

3÷		60×			2÷
24×		60×			
2−		16+		4−	
			1−		5−
6+			3−	90×	
40×					

Difficult

53

6×		8+		4	36×
7+		2÷			
4−	2÷		5−		12×
		14+	8+		
2÷				10+	
1−					5

Difficult

54

6	24×		1−	8+	
12×		2		3−	5−
	4−		3−		
2−		2−		3÷	
2÷			90×	5+	1−
7+					

Difficult

55

3÷		1−		3÷	
15×	3−	7+		2÷	2−
		12×	1−		
24×				2−	
2÷	12×		9+		3÷
			30×		

Difficult

56

12×			1−		3÷
2÷	1−		19+		
	11+			3÷	
2÷		3	7+		
		12×		1−	
1−				12×	

Difficult

57

40×			5−		3÷
7+	1−		11+		
		4−		120×	
12+	5+		7+		
	6×	2÷			40×
		7+			

Difficult

58

24×		8+			36×
2÷	2−		3−		
	4−			2÷	
5	11+			3−	
24×			1−		6+
5−		9+			

Difficult

59

10×		18×			15+
1	12+	1−		1−	
		20×			
2÷		20×		2÷	
2−			3÷		9+
3−		4−			

Difficult

60

2−		30×			3
3−	1−	2÷	12+	180×	
90×	1−		1−		48×
	3÷				
	15+			2÷	

Difficult

61

6×			3−	2−	
3−		1−		3−	
9+			2÷	5	9+
	6+	96×			
13+				13+	1

Difficult

62

4−		2−		6×	
24×	2−	15×	9+		
				300×	
	2÷				5−
1−	3÷	11+	2	72×	

Difficult

63

2÷	3−	12×			12+
		10×	24×		
9+				1−	
		5−	2−	1−	4
6+	13+				2÷
			2÷		

Difficult

64

15×	15+	6	3−		36×
		7+			
		2÷		2−	
2÷		12+	48×		9+
2÷					
2−			1−		1

Difficult

65

60×			1−		10+
	96×		60×		
3÷					
1−		5	80×		36×
5+	14+				
				1−	

Difficult

66

120×			3÷		5+
10+		20×			
	36×			1−	
24×		5+	4−	1−	3−
	8+				
		3÷		1−	

Difficult

67

90×		3−		3−	
	15+	3÷	3−	6+	
1−				12+	
		1	2÷		60×
3−	2÷	1−			
			11+		

Difficult

68

3÷		72×		4−	
9+			11+		
	15+	6+	2÷	6×	
2÷				7+	3−
			1−		
1	15×			2÷	

Difficult

Brain Trainer | Cell Blocks | Futoshiki | Kakuro | **KenKen** | Set Square | Suko

69

4– 30× 1– 2÷
1– 6×
3– 7+ 15+ 12×
5– 10+
5+ 2÷
1– 12+

Difficult

70

216× 8× 5
13+ 3÷ 4– 10+
3–
15+
3– 6× 3– 2÷
120×

Difficult

71

2÷		24×	60×	2−	
8+				4−	
	5−			12+	
60×		24×			12×
3÷			1−		
	4−				6

Difficult

72

2÷	2÷		12×		9+
	1−	1−		3÷	
7+		1−			3÷
	1−		5+	2−	
	30×	1−			3÷
			5−		

Difficult

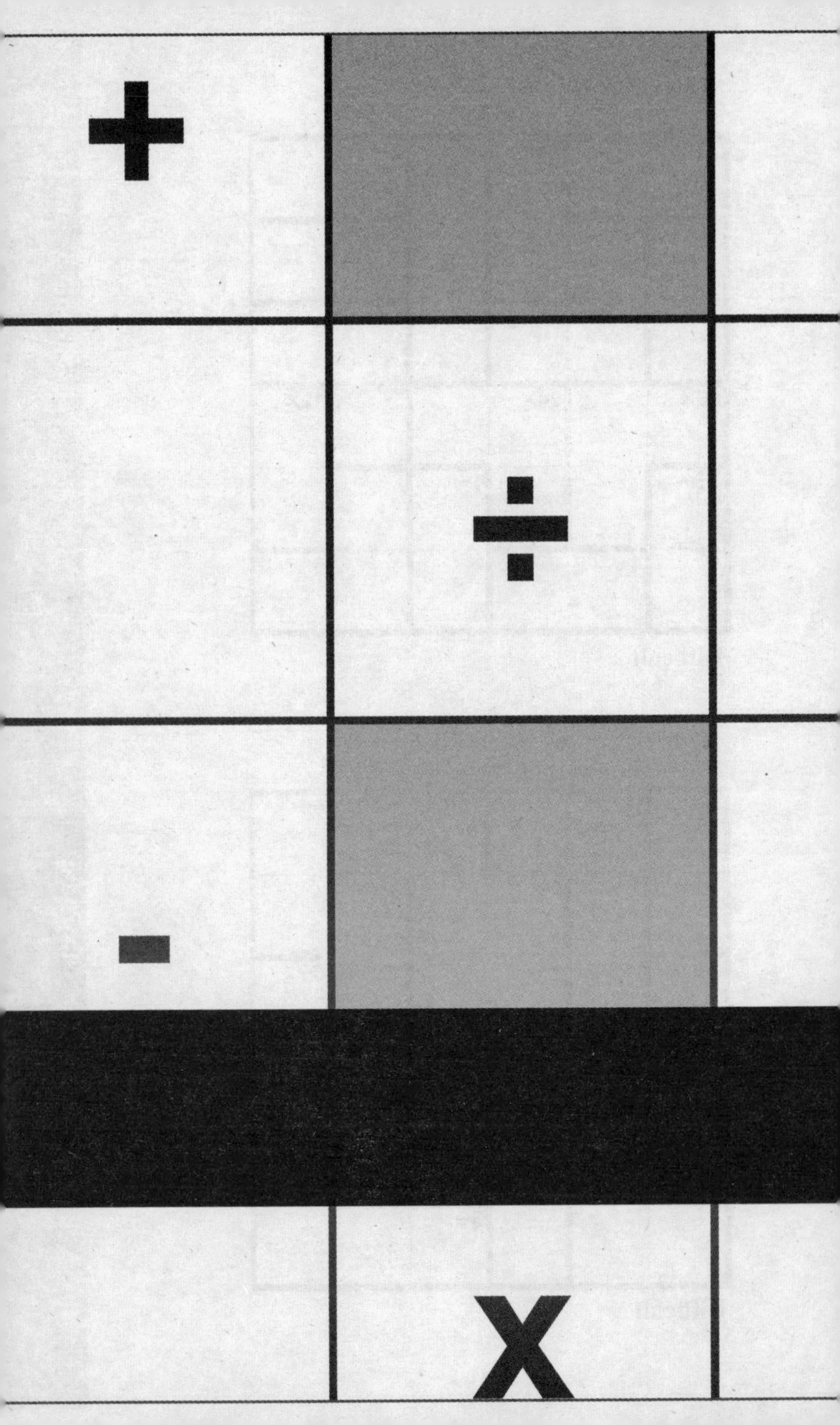

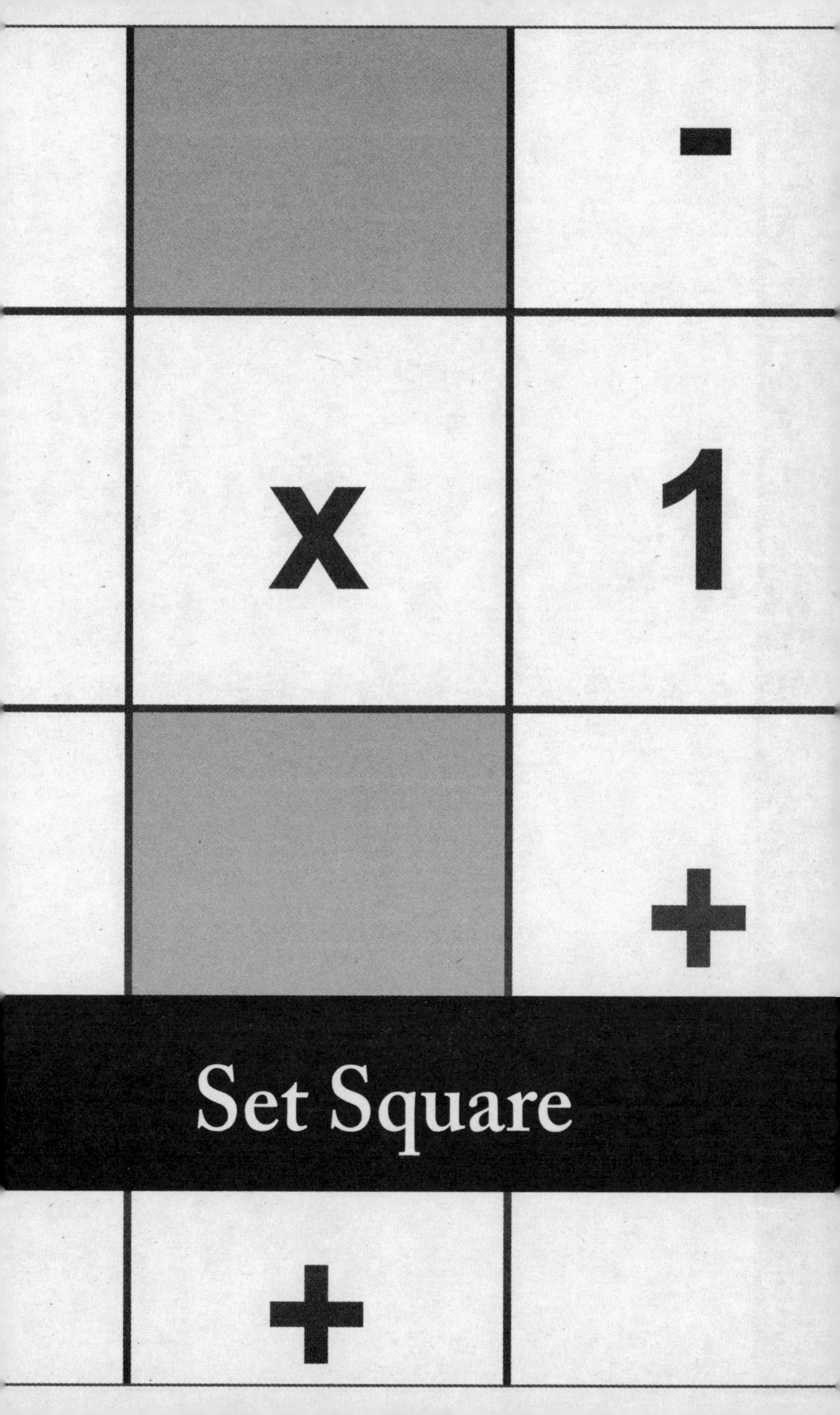
-
x
1
+
Set Square
+

How to Play

All the digits from 1-9 are used in each grid, but only once.

Can you work out their positions in the grid so that each of the six different sums works? We've put 2 numbers in to help you.

Do the sums left to right and top to bottom.

9	+		x		= 65
+		+		-	
	÷		x	1	= 4
-		x		+	
	x		+		= 27
=		=		=	
14		42		10	

9	+	4	x	5	= 65
+		+		-	
8	÷	2	x	1	= 4
-		x		+	
3	x	7	+	6	= 27
=		=		=	
14		42		10	

1

5	x		-		= 27
+		+		-	
	-		+		= 13
x		x		÷	
	x		x	1	= 12
=		=		=	
56		27		2	

2

	+		x	1	= 14
+		+		x	
	x		x		= 315
-		x		+	
4	+		+		= 9
=		=		=	
9		51		7	

3

4	-		+		= 9
-		-		x	
	-		+		= 6
x		+		+	
1	+		x		= 49
=		=		=	
2		4		79	

4

	+	4	x		= 72
÷		+		x	
	x		+		= 8
+		x		+	
	-	7	x		= 6
=		=		=	
14		42		51	

5

	x		x	4	= 192
+		x		-	
	-		x	1	= 1
-		+		x	
	-		+		= 3
=		=		=	
6		21		21	

6

	÷		+		= 17
+		+		-	
	x		÷	3	= 8
+		-		x	
7	x		-		= 9
=		=		=	
22		3		25	

7

	x		x	6	= 192
+		-		+	
	+		-	2	= 2
x		÷		x	
	+		+		= 21
=		=		=	
63		1		40	

8

	+		x		= 88
x		+		+	
6	+		+		= 18
-		÷		x	
	+		x	4	= 16
=		=		=	
9		16		52	

9

	+	7	x		= 36
x		-		+	
	-		x		= 27
+		+		x	
	+		-	2	= 12
=		=		=	
28		12		24	

10

	+		÷	2	= 8
-		x		x	
	x	3	-		= 13
x		+		-	
	-		-		= 3
=		=		=	
24		25		9	

11

	x	8	-		= 36
+	■	x	■	+	
	+		+	3	= 14
x	■	÷	■	÷	
	+		x		= 49
=		=		=	
84		16		1	

12

	x	8	+		= 22
+	■	x	■	+	
	÷		x		= 12
+	■	-	■	x	
	+		-	1	= 11
=		=		=	
18		19		10	

13

	x		+		= 36
x		+		x	
	x		x	6	= 90
-		+		+	
1	x		x		= 18
=		=		=	
20		11		57	

14

	x		-		= 41
x		+		x	
5	÷	1	x		= 45
x		x		+	
	x		-		= 2
=		=		=	
90		18		67	

15

	x		÷		= 16
+		x		+	
	x	7	x		= 210
+		x		x	
	x		x	3	= 108
=		=		=	
12		504		18	

16

	x	9	+		= 53
-		-		x	
	x	6	-		= 14
-		x		+	
	+		+		= 10
=		=		=	
1		21		34	

17

	x		x	7	= 105
-		x		x	
	+		x		= 27
+		x		x	
8	x		-		= 26
=		=		=	
11		12		378	

18

	x		-	9	= 55
+		-		+	
	x		+	2	= 26
x		x		-	
	-		x	5	= 10
=		=		=	
39		1		5	

19

1	x		x	2	= 16
+		x		+	
	-		x		= 21
x		+		-	
	x		-		= 31
=		=		=	
28		33		4	

20

	x		-		= 38
x		-		-	
6	+	1	+		= 10
-		+		+	
	x		+		= 43
=		=		=	
26		16		6	

21

	-	9	+		= 1
+		+		-	
	x	3	-		= 6
x		x		x	
	+		x		= 12
=		=		=	
42		60		2	

22

	÷		+	9	= 16
-		+		x	
	+		x		= 18
x		x		+	
	+	5	-		= 9
=		=		=	
32		35		22	

23

	x		x		= 336
-		-		+	
	+	2	x		= 28
-		+		x	
	x	3	x		= 27
=		=		=	
2		7		99	

24

8	+		x		= 28
x		+		x	
	-		÷		= 1
x		-		x	
5	+		+		= 15
=		=		=	
280		1		6	

25

	x		x	8	= 224
x		x		+	
	+		x	3	= 30
x		+		+	
	x		+		= 17
=		=		=	
378		6		16	

26

	x	8	+	5	= 77
x		+		+	
	÷		-		= 3
+		x		÷	
	÷		÷		= 1
=		=		=	
69		18		3	

27

	x	4	+		= 9
x		+		x	
	x	9	+		= 74
x		+		-	
	x		+		= 45
=		=		=	
48		20		7	

28

	x		-		= 15
-		+		+	
	-	5	-		= 1
+		x		-	
	+		+	6	= 12
=		=		=	
3		32		4	

29

	x		÷		= 4
x		+		x	
	+	7	+	6	= 14
+		+		+	
	-		+		= 7
=		=		=	
5		20		33	

30

8	+		x		= 17
÷		x		+	
	+		x		= 30
x		x		x	
7	+		-		= 10
=		=		=	
14		108		18	

Brain Trainer | Cell Blocks | Futoshiki | Kakuro | KenKen | Set Square | Suko

31

	x	5	÷		= 10
+	■	+	■	÷	
	+	9	+		= 14
-	■	÷	■	x	
	x		x		= 112
=		=		=	
2		7		21	

32

8	+		÷		= 15
x	■	-	■	x	
	x		-		= 13
+	■	x	■	+	
9	+		+		= 19
=		=		=	
33		12		6	

33

	x	2	x	8	= 112
x		+		+	
	÷		+		= 14
+		+		x	
	-		x		= 12
=		=		=	
41		6		68	

34

	+		÷		= 12
x		x		-	
	-		÷		= 1
x		÷		+	
7	-		+	5	= 10
=		=		=	
252		24		3	

35

2	x		+		= 20
+		+		x	
	-		x		= 30
-		+		+	
	÷		x	4	= 28
=		=		=	
4		10		44	

36

8	x		-		= 33
+		-		-	
6	x		-		= 4
+		+		x	
	+		-		= 8
=		=		=	
17		13		20	

37

	÷	4	x		= 2
+		+		+	
	+		x		= 99
÷		+		+	
	-		+	2	= 6
=		=		=	
2		12		12	

38

	x		-		= 13
÷		+		x	
	x	9	x	7	= 63
-		+		x	
	+		x		= 44
=		=		=	
2		16		84	

39

	x	6	+		= 10
+		+		÷	
8	+		-		= 15
-		÷		+	
	x		x		= 105
=		=		=	
2		3		5	

40

8	x		+		= 39
+		x		x	
	x	1	+		= 11
+		+		x	
	x		-		= 25
=		=		=	
16		13		84	

Brain Trainer | Cell Blocks | Futoshiki | Kakuro | KenKen | Set Square | Suko

41

7	x	8	-		= 54
+		+		-	
	+		x		= 45
+		-		+	
	+		-		= 2
=		=		=	
17		9		3	

42

	-		x		= 9
x		+		x	
7	+		+		= 20
÷		x		x	
1	+		+		= 9
=		=		=	
56		84		24	

43

	x	6	÷		= 2
+		-		x	
	-		x		= 5
+		x		x	
	x	7	÷		= 14
=		=		=	
13		35		180	

44

9	x		+		= 38
+		x		+	
	+		-		= 13
-		-		+	
	x	5	+		= 22
=		=		=	
12		27		10	

Brain Trainer | Cell Blocks | Futoshiki | Kakuro | KenKen | Set Square | Suko

45

	-		+		= 1
+		+		+	
6	x		x		= 48
-		x		-	
	x		x	2	= 40
=		=		=	
9		85		2	

46

2	+		x		= 45
x		x		-	
	x		x	1	= 20
-		+		x	
	-		+		= 7
=		=		=	
2		22		64	

47

	+	8	÷	1	= 10
x		÷		x	
	x		-		= 25
+		+		x	
	+		+		= 20
= 19		= 8		= 27	

48

	x		÷		= 24
+		x		x	
7	+	2	x		= 81
+		x		-	
	+		÷		= 1
= 14		= 60		= 1	

49

2	x		x		= 80
x		-		+	
	+		x	9	= 90
x		x		+	
	+		x		= 10
=		=		=	
36		28		15	

50

6	x	5	-		= 22
-		x		-	
	+		x		= 77
+		+		x	
	x		-		= 11
=		=		=	
1		13		1	

51

	+		+		= 11
+		-		x	
	÷		-	6	= 1
-		x		÷	
	+		x	3	= 51
=		=		=	
3		8		8	

52

4	x		-		= 19
+		+		+	
	x	2	x		= 48
x		-		-	
	+		-		= 2
=		=		=	
42		8		12	

Brain Trainer | Cell Blocks | Futoshiki | Kakuro | KenKen | **Set Square** | Suko

53

	-		+		= 9
+	■	x	■	+	
	-		x		= 4
+	■	-	■	+	
4	x		-	6	= 22
=		=		=	
16		3		15	

54

	+		x	8	= 128
-	■	-	■	+	
	+		x		= 20
+	■	-	■	x	
2	x		+		= 16
=		=		=	
6		2		52	

55

	x	7	x		= 224
x		-		-	
	+		+		= 13
+		+		+	
2	+		x		= 40
=		=		=	
6		4		10	

56

	x	8	-	9	= 15
+		x		+	
	-		x		= 15
-		x		x	
	+		-		= 5
=		=		=	
9		192		28	

57

	-		+		= 1
-		x		+	
	x		+	8	= 50
+		+		+	
	÷		÷	1	= 3
=		=		=	
4		33		13	

58

	x	8	+		= 65
x		+		-	
	+		+		= 11
x		+		+	
	+		x	6	= 24
=		=		=	
35		15		13	

59

	x	3	x		= 30
x		x		x	
	-		÷	1	= 2
-		+		x	
	+		x		= 99
=		=		=	
12		25		45	

60

	x		-		= 23
x		+		-	
	+		x	1	= 8
+		x		x	
	+		-	7	= 6
=		=		=	
59		40		21	

Brain Trainer | Cell Blocks | Futoshiki | Kakuro | KenKen | Set Square | Suko

61

	x		x		= 189
x	■	+	■	÷	
	-	5	x	1	= 3
-	■	+	■	-	
	-		÷		= 1
=		=		=	
50		12		7	

62

	x	2	-		= 9
x	■	+	■	-	
	+		x		= 54
x	■	x	■	x	
1	x		-		= 6
=		=		=	
32		63		3	

63

	x		+		= 21
x	■	+	■	+	
	x	3	x		= 168
-	■	+	■	x	
	x	4	÷		= 20
=		=		=	
9		13		17	

64

	x		-		= 30
+	■	+	■	-	
5	+		+	1	= 8
-	■	x	■	+	
	+		-		= 2
=		=		=	
7		18		13	

Brain Trainer | Cell Blocks | Futoshiki | Kakuro | KenKen | Set Square | Suko

65

	x		+	8	= 36
x		x		+	
	÷	2	-		= 2
+		+		x	
	x		x		= 135
=		=		=	
45		17		45	

66

	x	6	+		= 57
-		+		x	
	x		-		= 51
÷		-		+	
	+	4	+		= 7
=		=		=	
1		10		16	

67

	x	6	-		= 47
÷		x		x	
	+		+		= 12
+		÷		+	
	+		+	2	= 11
=		=		=	
4		3		37	

68

	x		x	5	= 140
x		+		-	
	+		+	8	= 13
-		÷		+	
	x		+		= 15
=		=		=	
5		7		3	

69

	x	5	+		= 34
+		+		-	
	-		÷		= 6
x		x		x	
	+	9	+		= 19
=		=		=	
42		63		21	

70

	+	9	x		= 120
÷		+		-	
	x		+	5	= 11
x		+		+	
	x		÷		= 28
=		=		=	
21		16		4	

71

	x		+		= 18
x	■	+	■	÷	
	+	8	+		= 15
-	■	-	■	-	
7	+		x		= 16
=		=		=	
13		2		2	

72

9	+		x		= 65
+	■	+	■	-	
	÷		x	1	= 4
-	■	x	■	+	
	x		+		= 27
=		=		=	
14		42		10	

19
14

30
21
Suko

How to Play

Place the numbers 1 to 9 in the spaces so that the number in each circle is equal to the sum of the four surrounding spaces, and each shade total is correct.

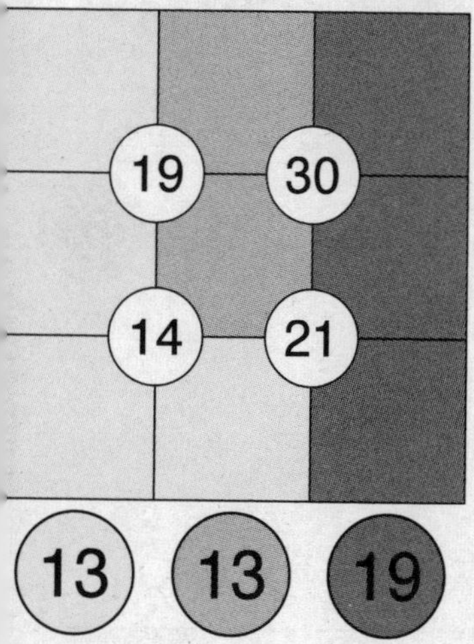

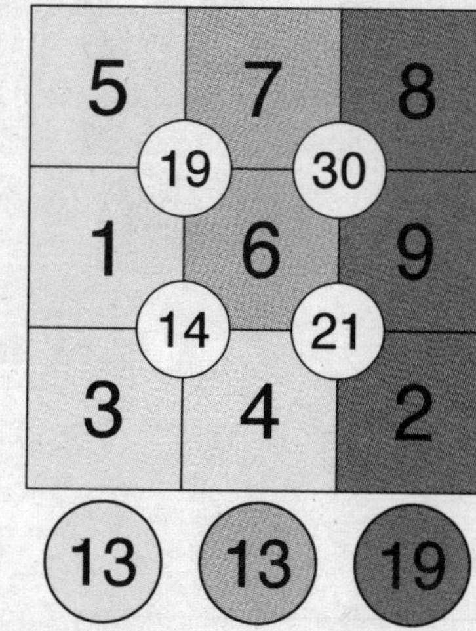

1

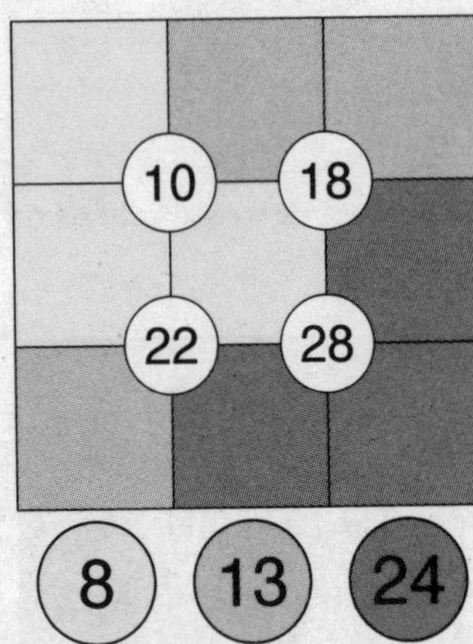
10
18
22
28
8
13
24

2

30
17
21
15
16
11
18

3

27
14
25
18
22
9
14

4

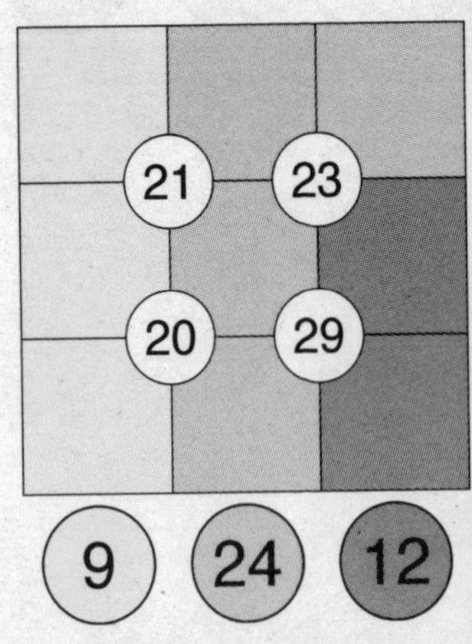
21
23
20
29
9
24
12

5

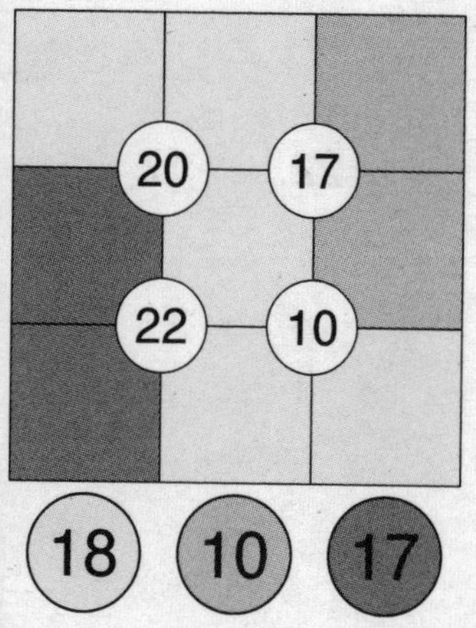
20
17
22
10
18
10
17

6

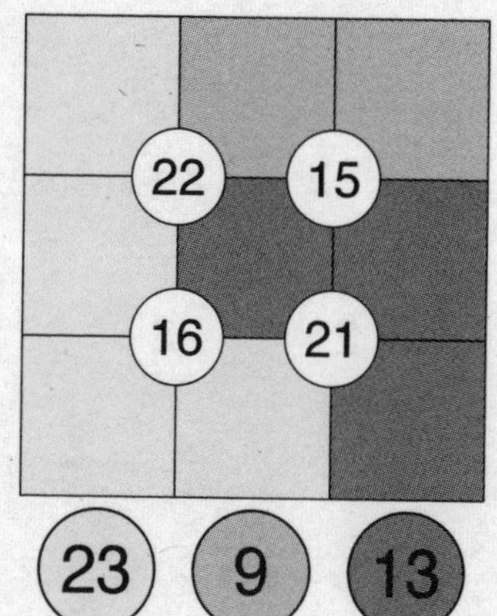
22
15
16
21
23
9
13

7

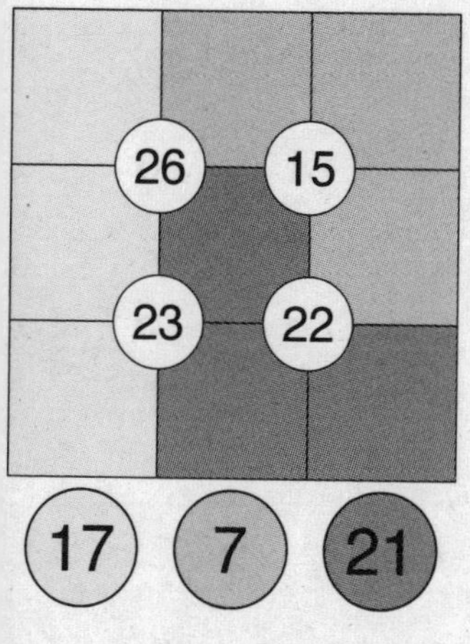
26
15
23
22
17
7
21

8

20
24
15
17
22
13
10

9

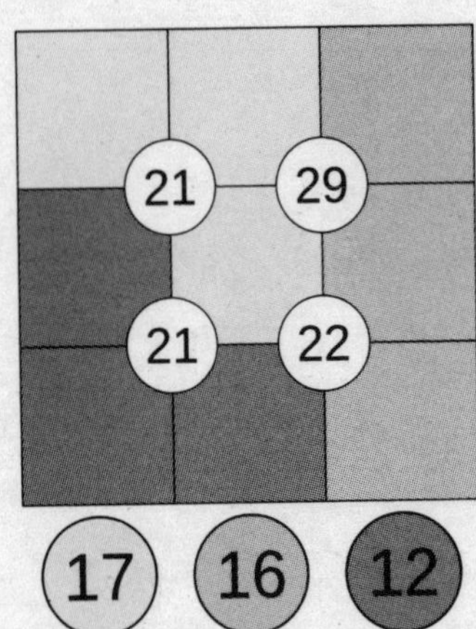
21
29
21
22
17
16
12

10

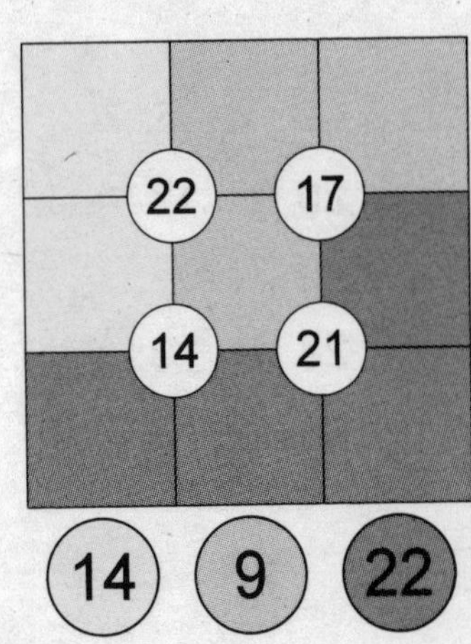
22
17
14
21
14
9
22

11

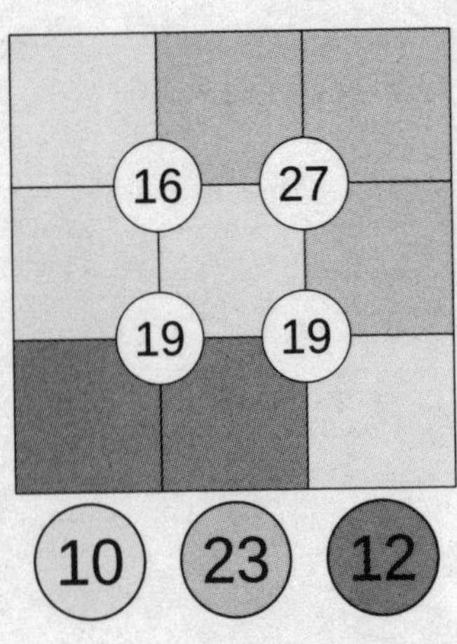
16
27
19
19
10
23
12

12

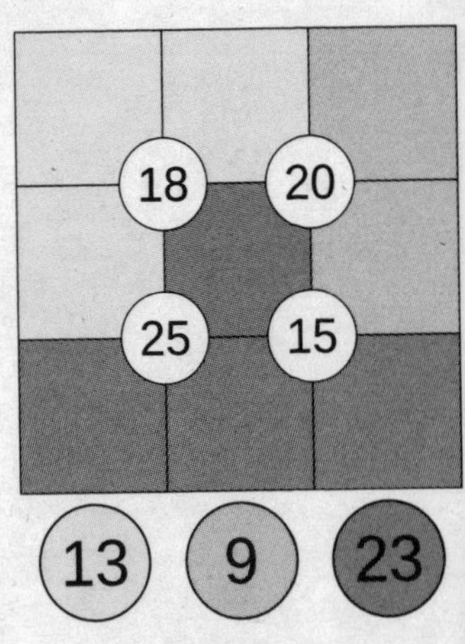
18
20
25
15
13
9
23

13

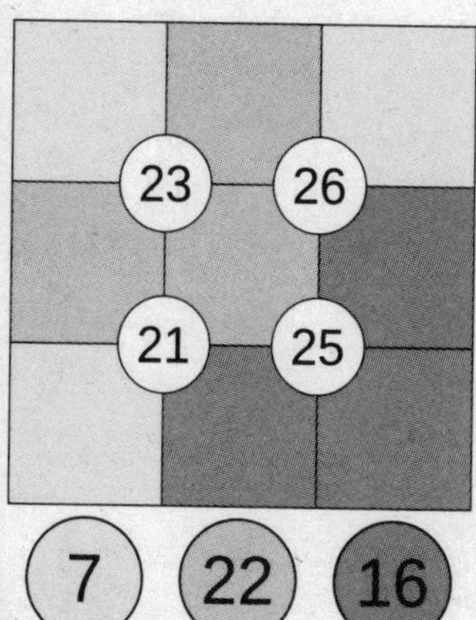
23
26
21
25
7
22
16

14

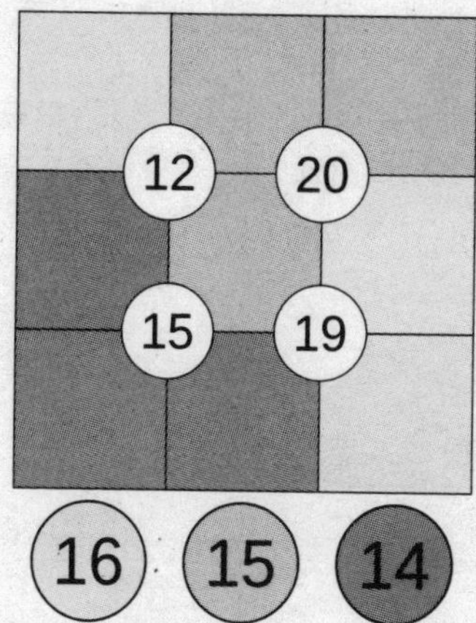
12
20
15
19
16
15
14

15

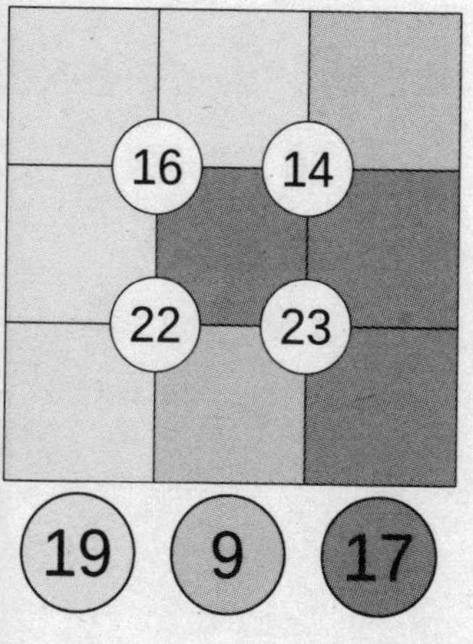
16
14
22
23
19
9
17

16

19
18
23
14
11
14
20

17

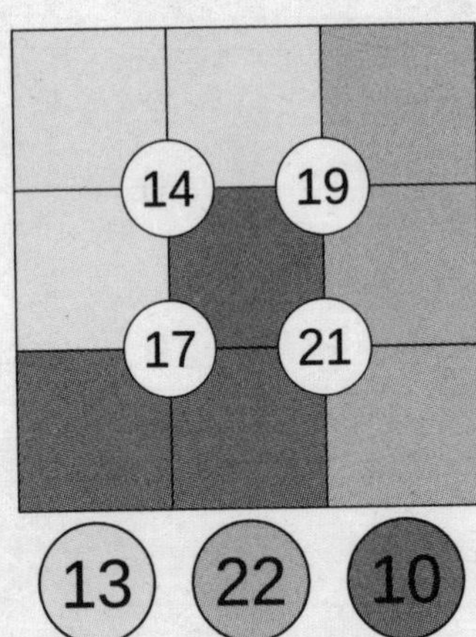
14
19
17
21
13
22
10

18

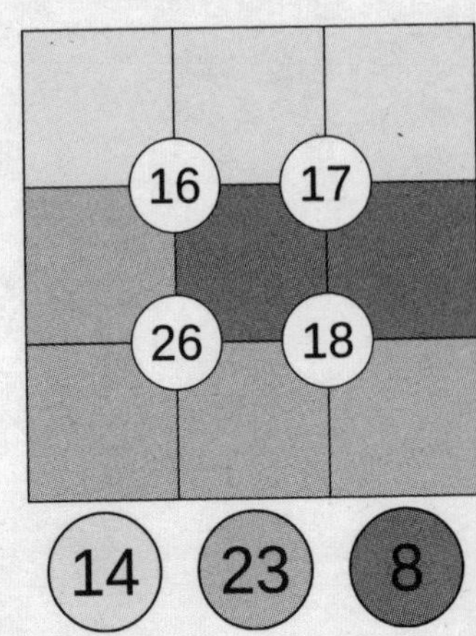
16
17
26
18
14
23
8

19

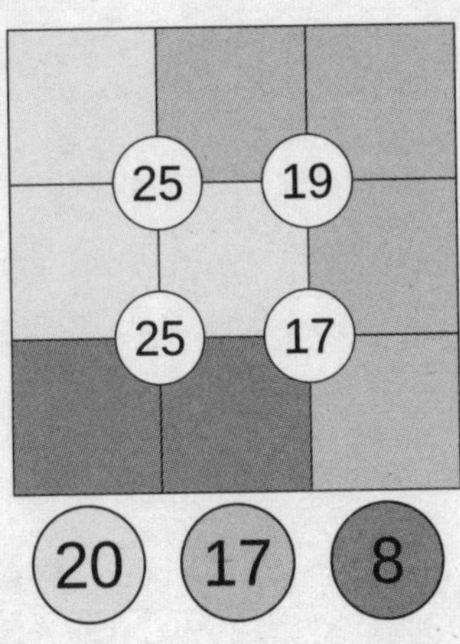
25
19
25
17
20
17
8

20

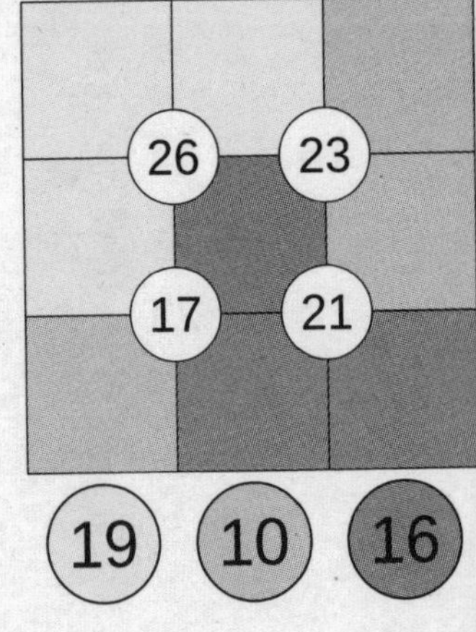
26
23
17
21
19
10
16

21

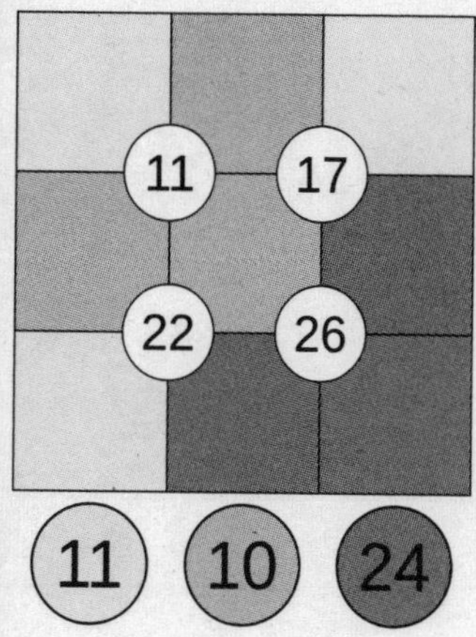
11
17
22
26
11
10
24

22

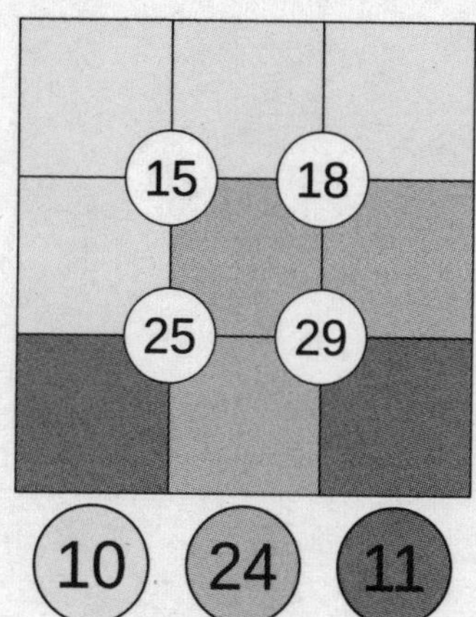
15
18
25
29
10
24
11

23

18
18
21
30
10
19
16

24

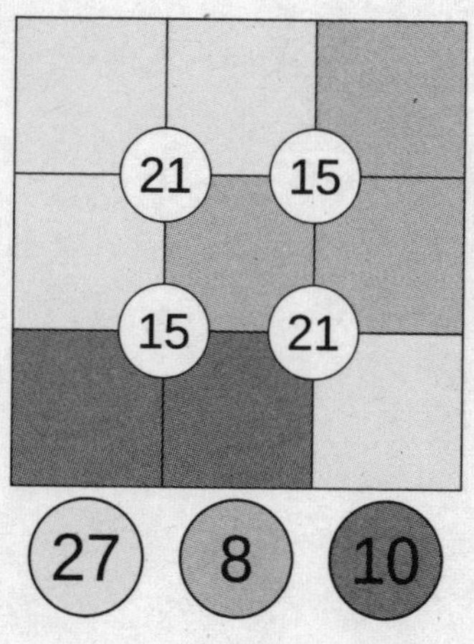
21
15
15
21
27
8
10

25

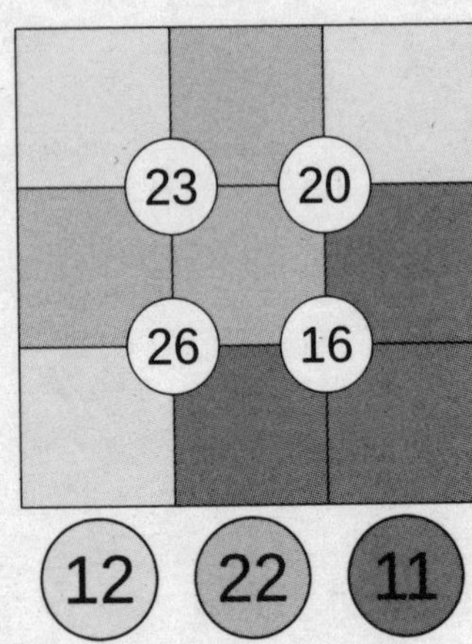
23
20
26
16
12
22
11

26

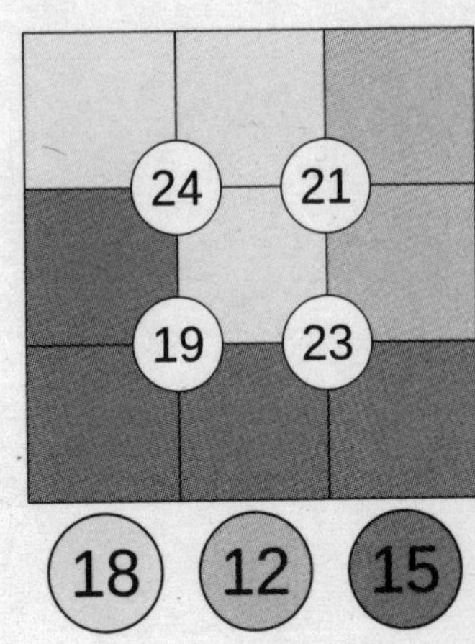
24
21
19
23
18
12
15

27

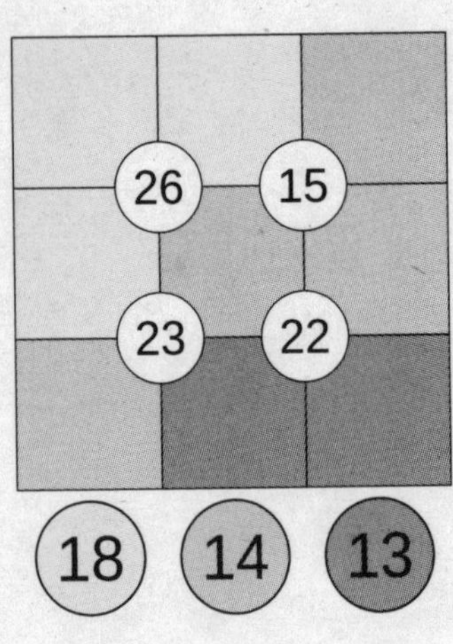
26
15
23
22
18
14
13

28

27
15
20
18
15
11
19

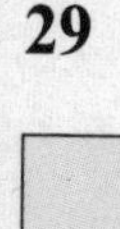

29

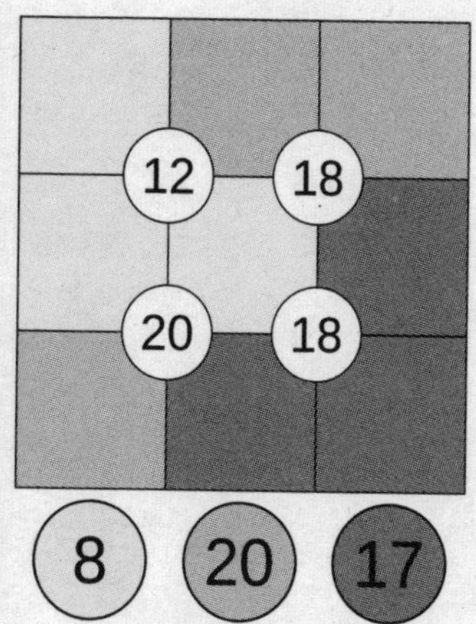
12
18
20
18
8
20
17

30

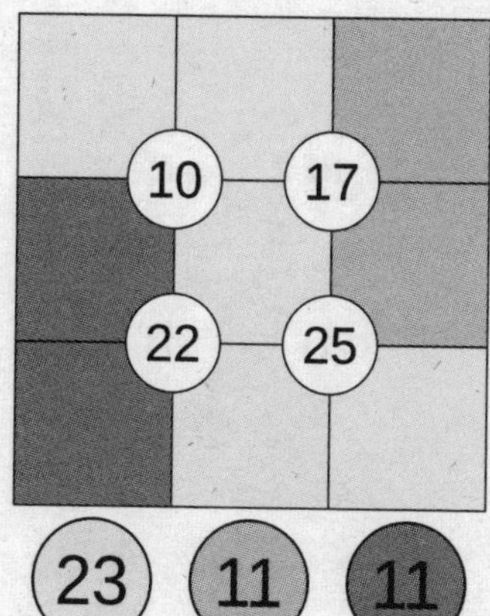
10
17
22
25
23
11
11

31

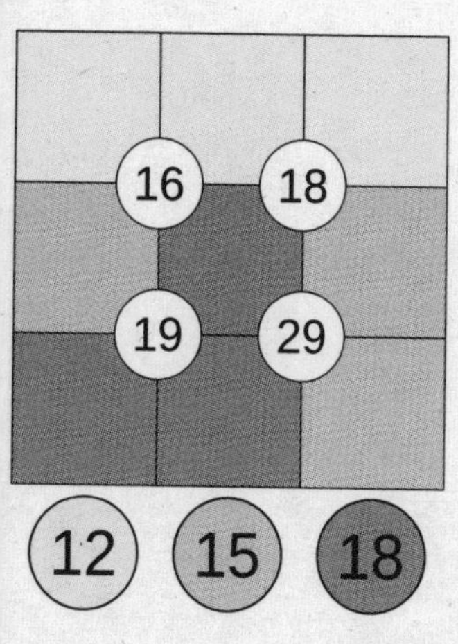
16
18
19
29
12
15
18

32

22
15
16
21
14
13
18

33

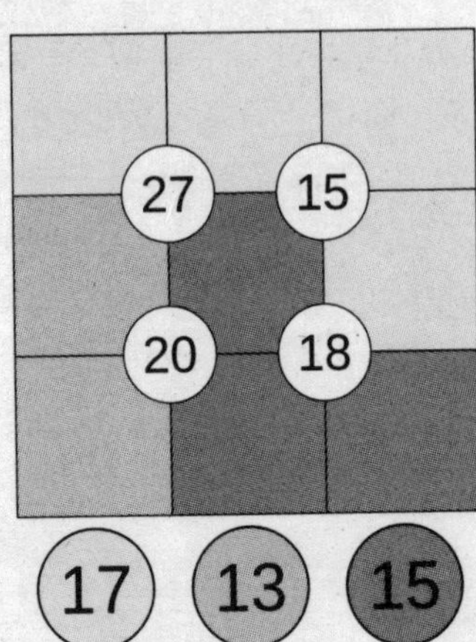
27
15
20
18
17
13
15

34

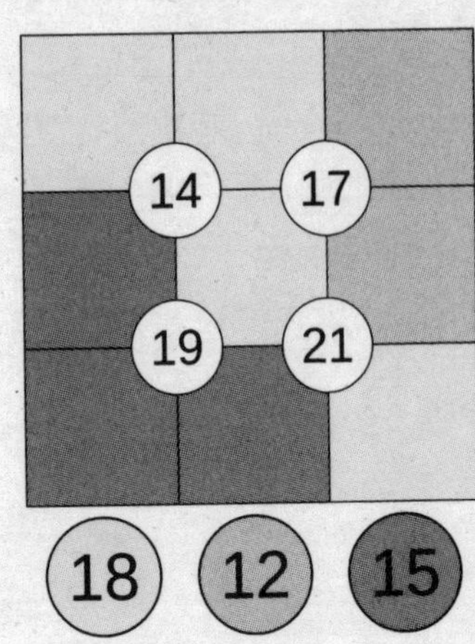
14
17
19
21
18
12
15

35

17
20
23
17
18
19
8

36

19
23
19
19
10
18
17

37

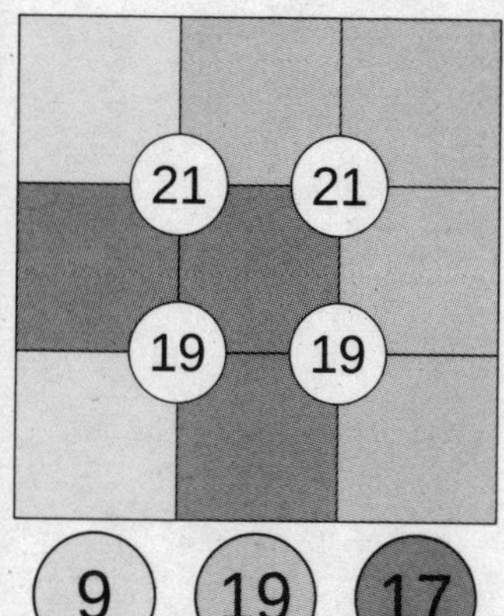
21
21
19
19
9
19
17

38

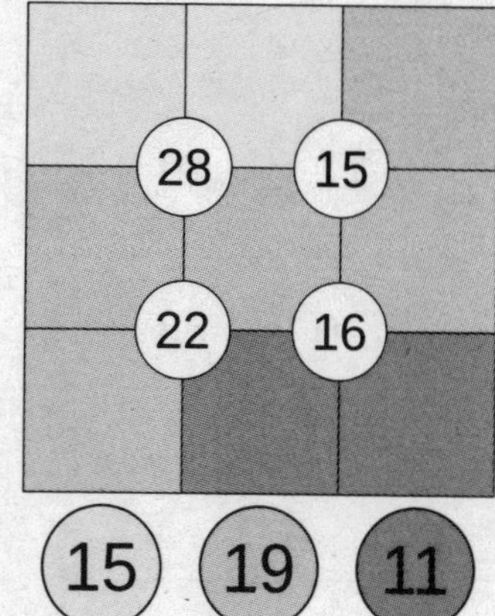
28
15
22
16
15
19
11

39

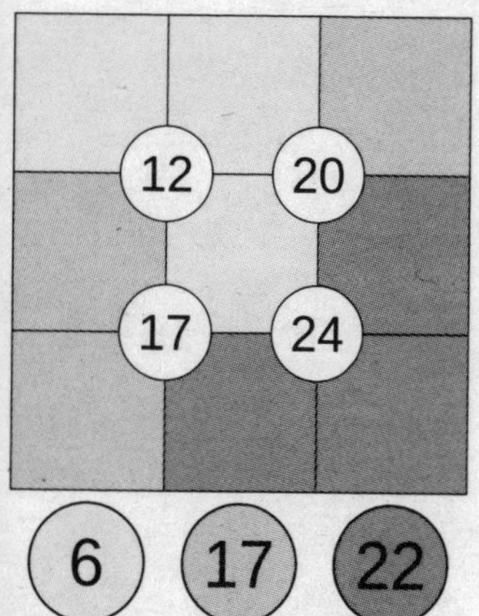
12
20
17
24
6
17
22

40

15
15
19
24
11
23
11

41

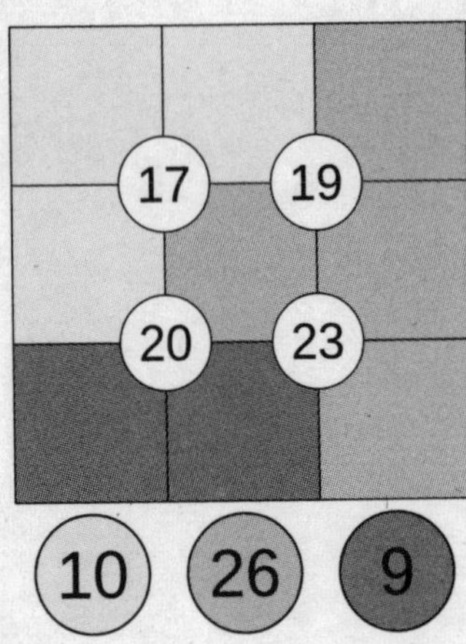
17
19
20
23
10
26
9

42

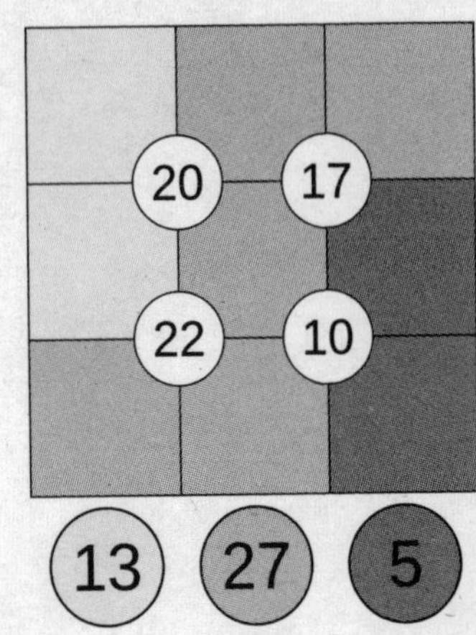
20
17
22
10
13
27
5

43

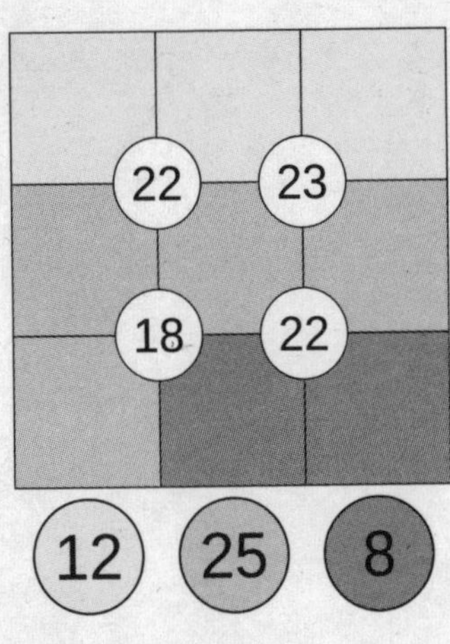
22
23
18
22
12
25
8

44

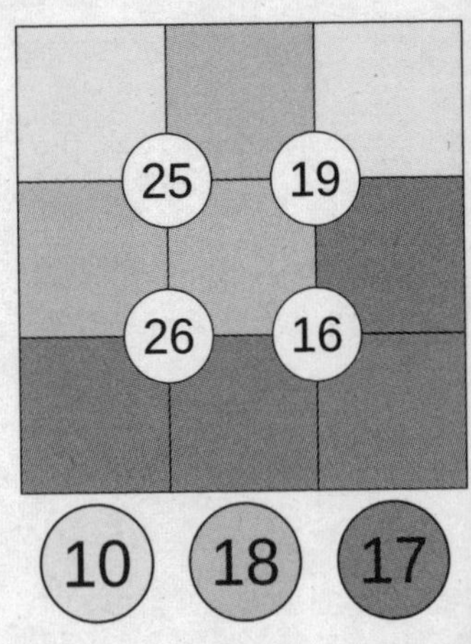
25
19
26
16
10
18
17

45

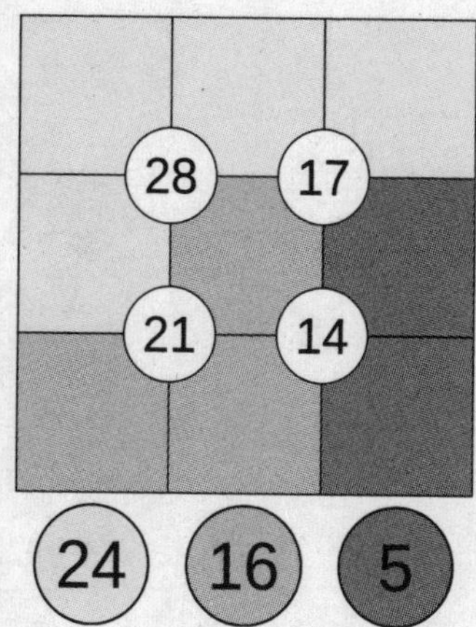

28
17
21
14
24
16
5

46

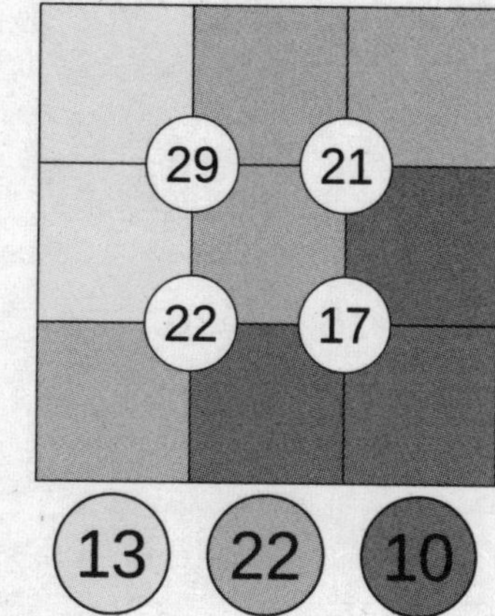

29
21
22
17
13
22
10

47

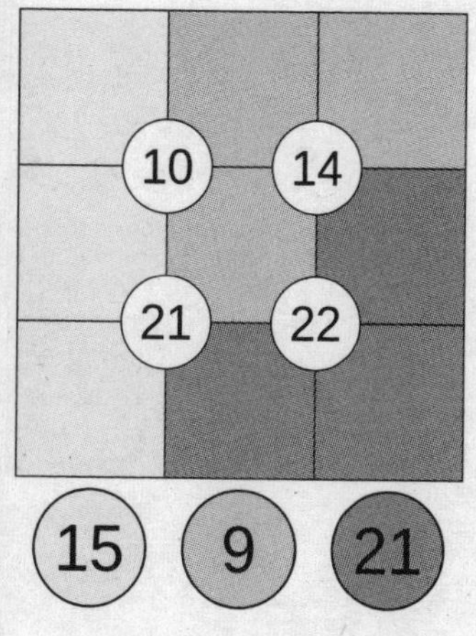

10
14
21
22
15
9
21

48

11
20
17
19
14
18
13

49

12
16
18
20
21
14
10

50

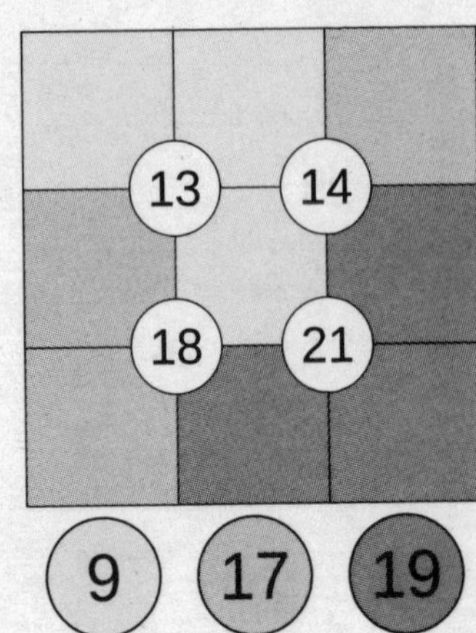
13
14
18
21
9
17
19

51

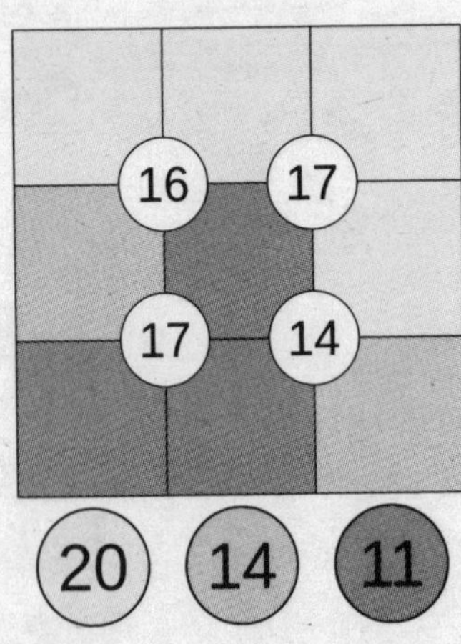
16
17
17
14
20
14
11

52

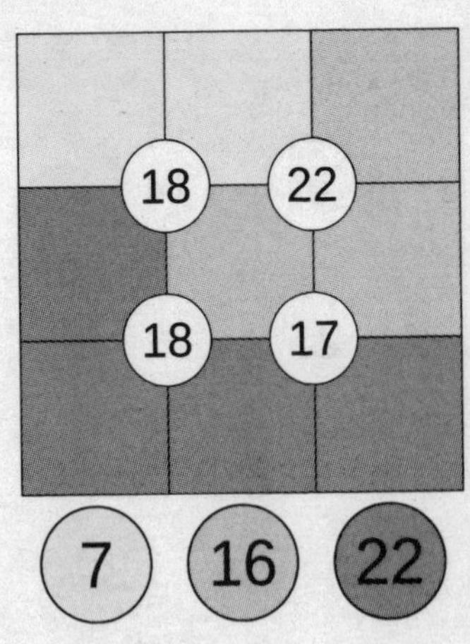
18
22
18
17
7
16
22

53

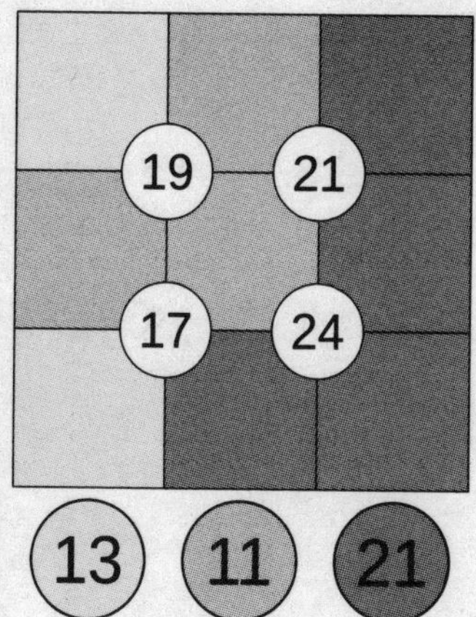
19
21
17
24
13
11
21

54

21
11
29
19
19
10
16

55

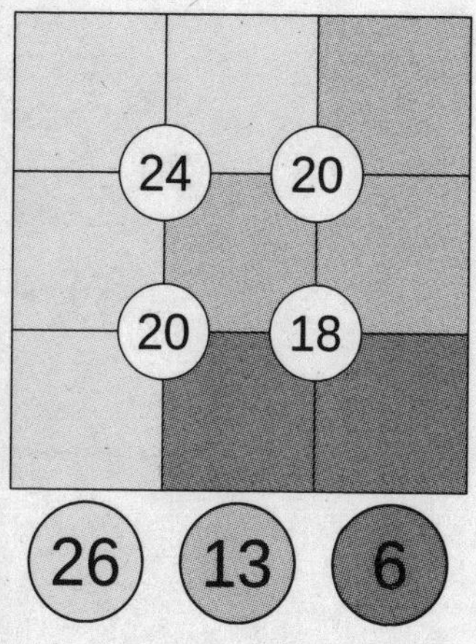
24
20
20
18
26
13
6

56

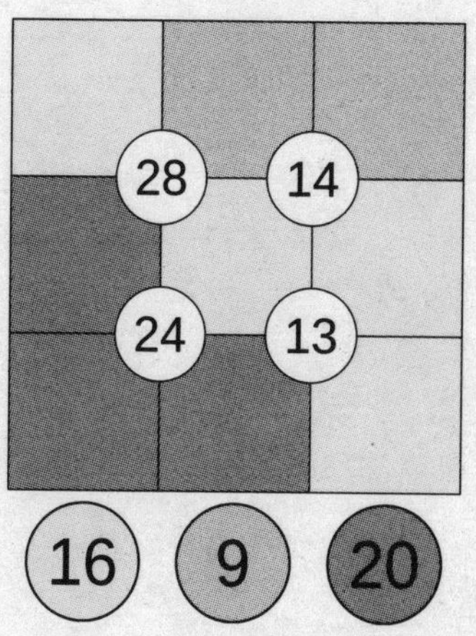
28
14
24
13
16
9
20

Brain Trainer | Cell Blocks | Futoshiki | Kakuro | KenKen | Set Square | Suko

57

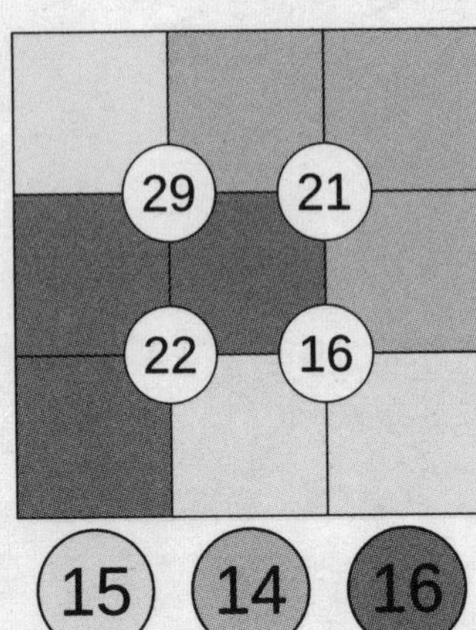

58

59

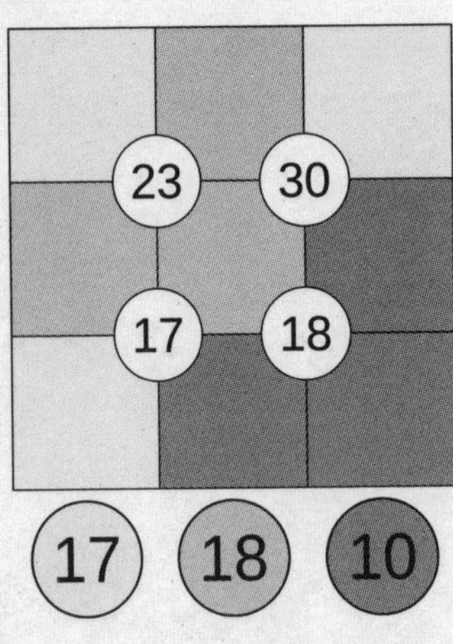

60

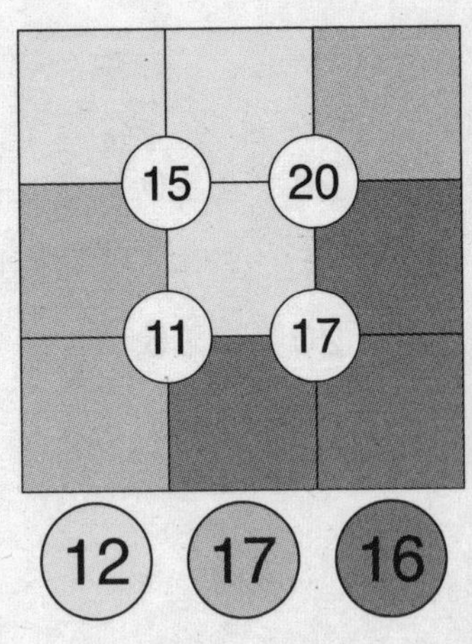

61

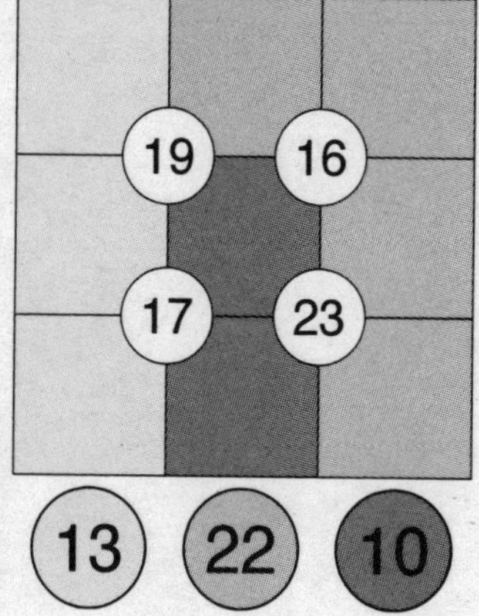
19
16
17
23
13
22
10

62

21
15
15
21
21
10
14

63

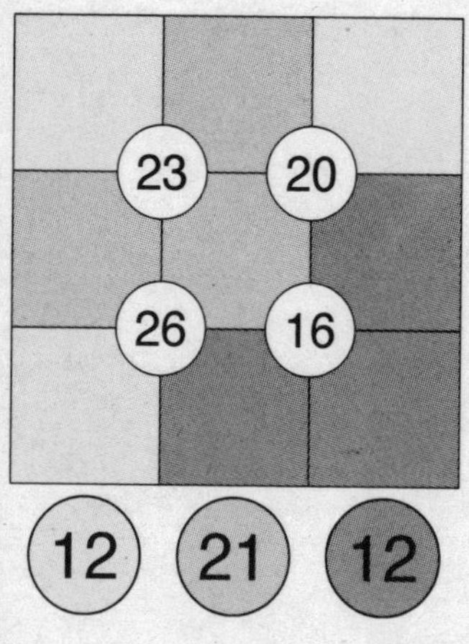
23
20
26
16
12
21
12

64

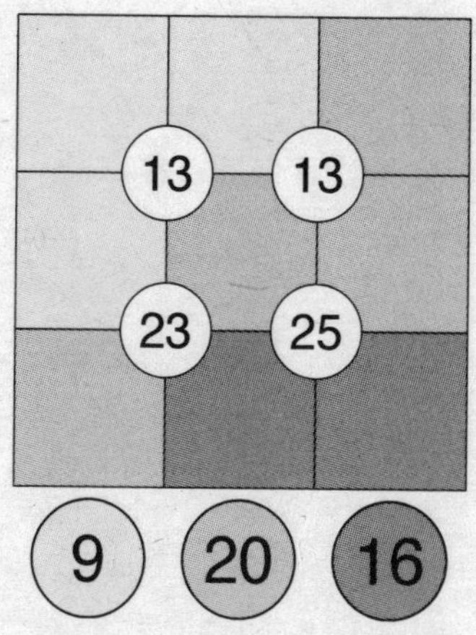
13
13
23
25
9
20
16

65

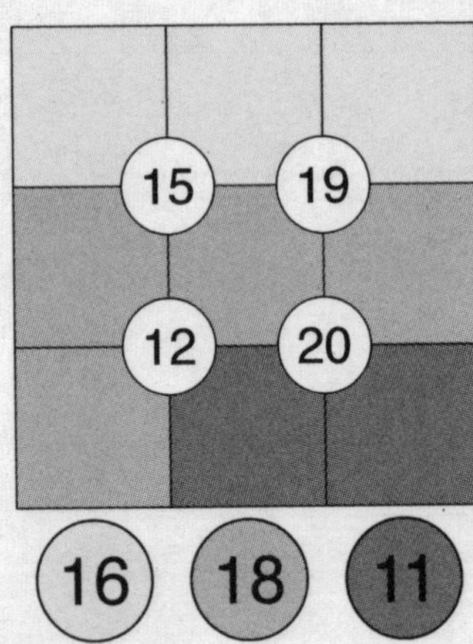
15
19
12
20
16
18
11

66

22
17
18
16
19
5
21

67

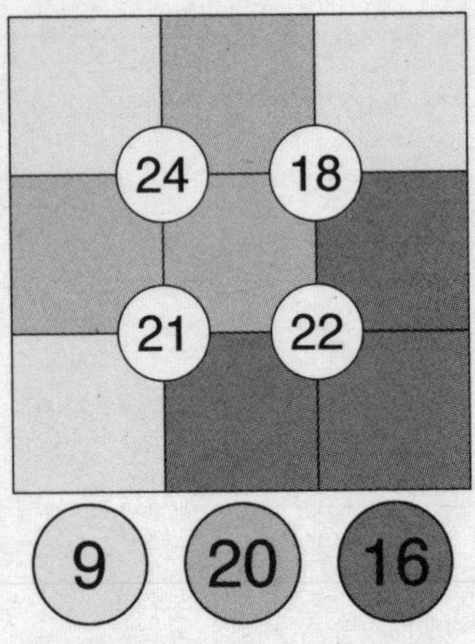
24
18
21
22
9
20
16

68

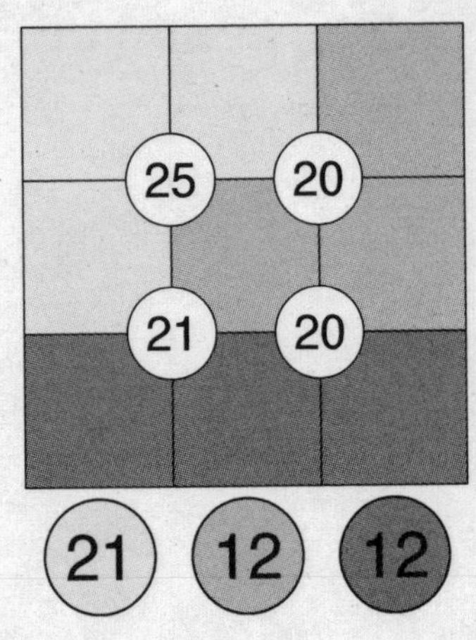
25
20
21
20
21
12
12

69

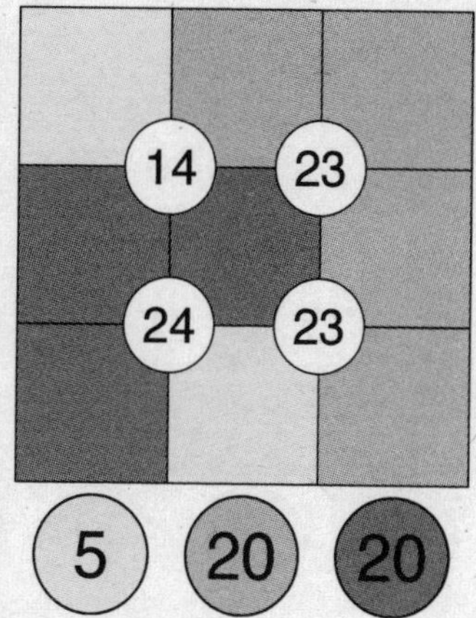
14
23
24
23
5
20
20

70

17
15
18
15
16
17
12

71

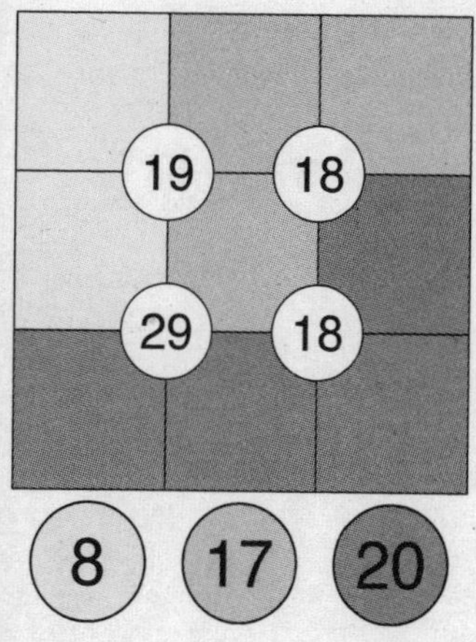
19
18
29
18
8
17
20

72

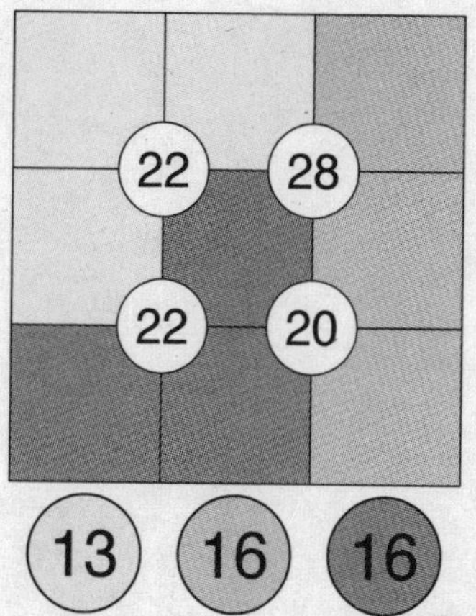
22
28
22
20
13
16
16

73

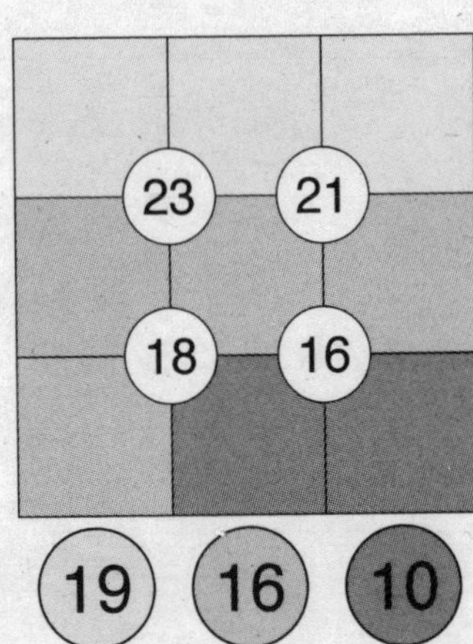
23
21
18
16
19
16
10

74

25
16
17
21
13
20
12

75

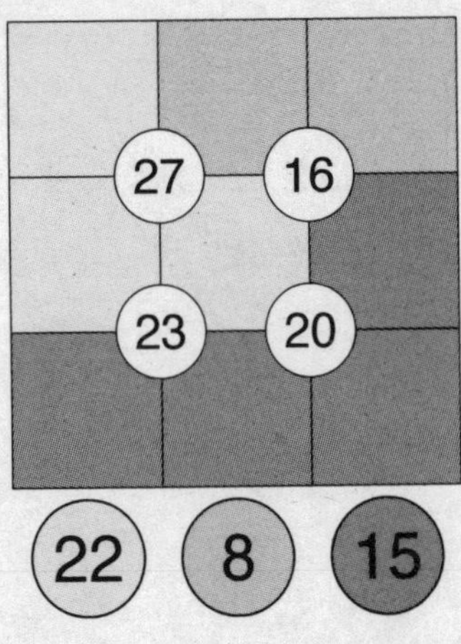
27
16
23
20
22
8
15

76

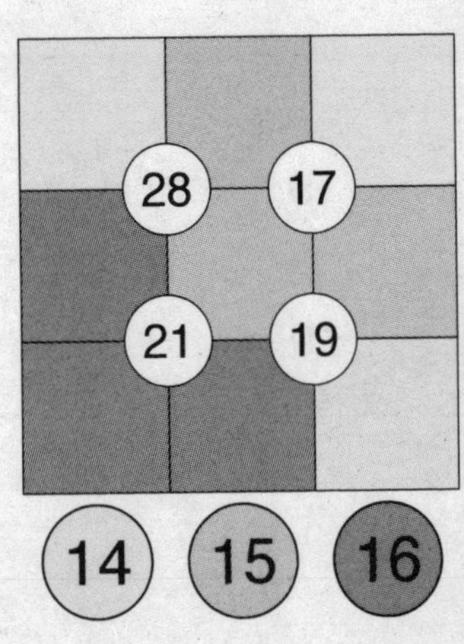
28
17
21
19
14
15
16

77

29
18
20
19
27
10
8

78

11
20
17
19
10
21
14

79

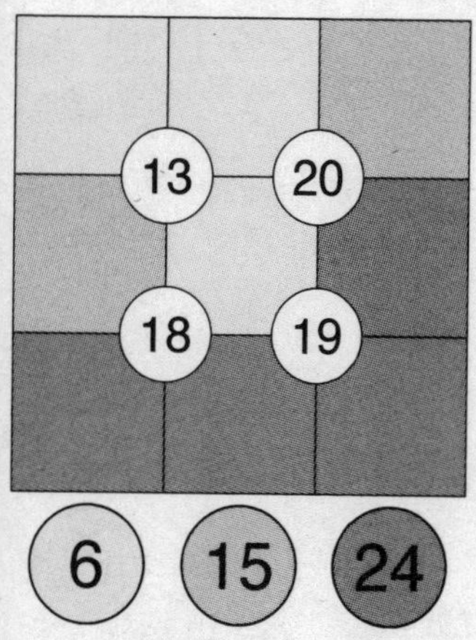
13
20
18
19
6
15
24

80

15
16
17
27
12
18
15

81

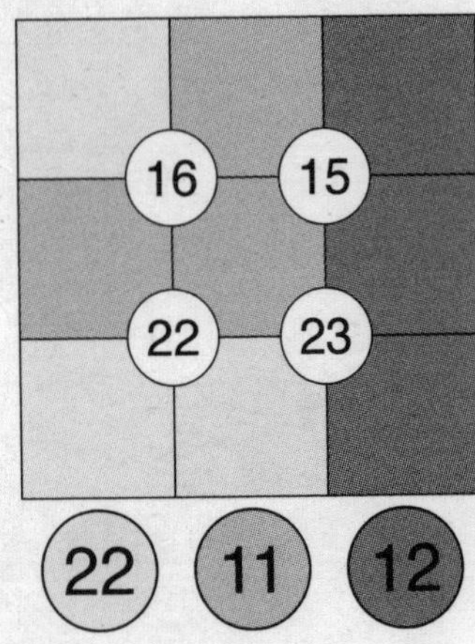
16
15
22
23
22
11
12

82

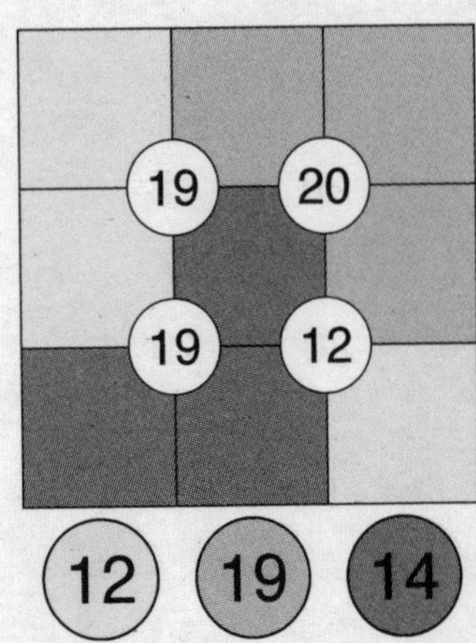
19
20
19
12
12
19
14

83

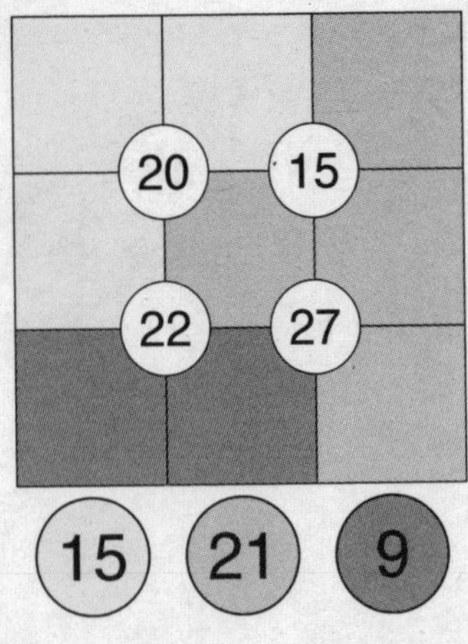
20
15
22
27
15
21
9

84

24
19
15
23
28
10
7

85

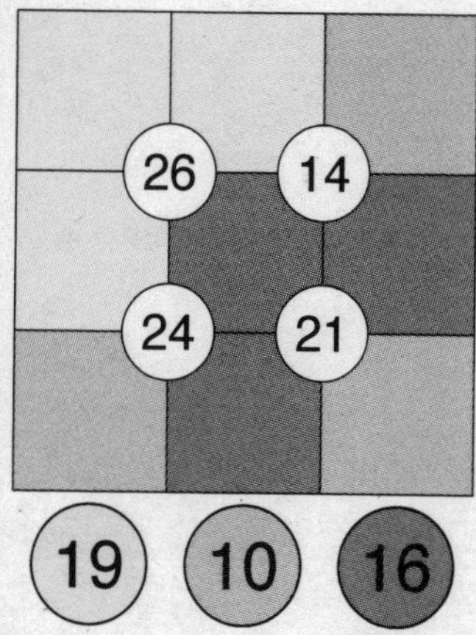
26
14
24
21
19
10
16

86

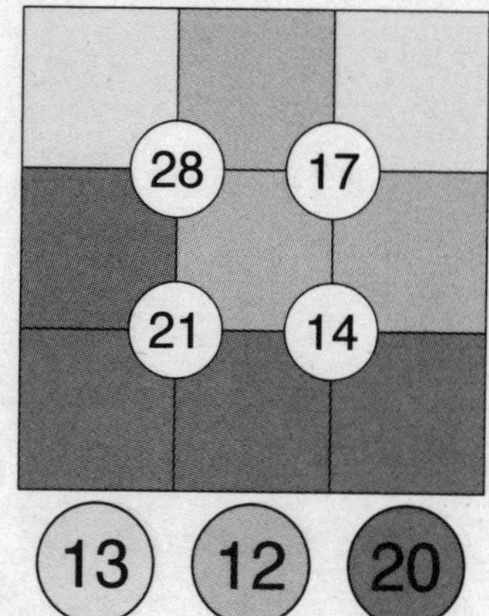
28
17
21
14
13
12
20

87

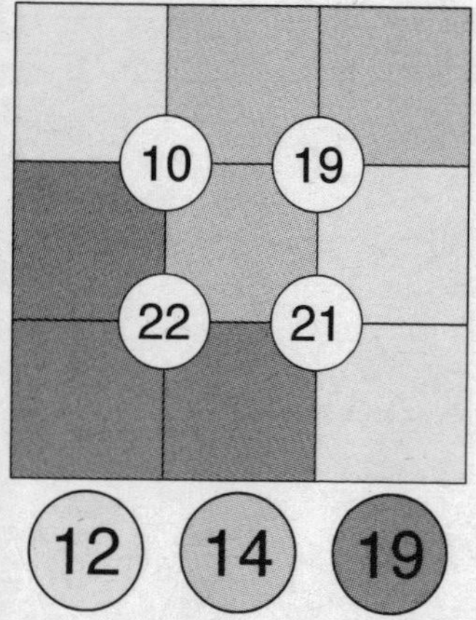
10
19
22
21
12
14
19

88

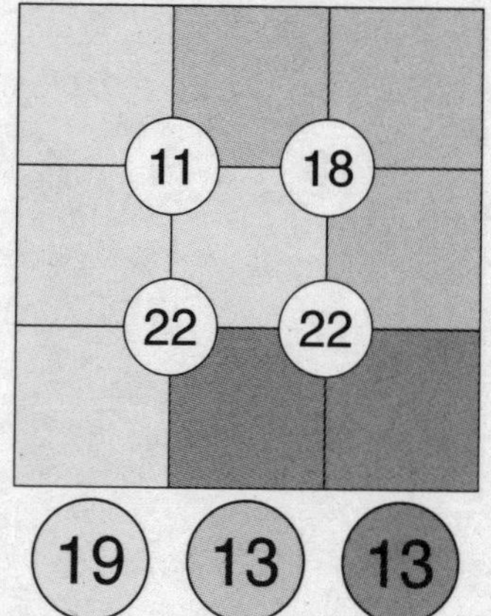
11
18
22
22
19
13
13

89

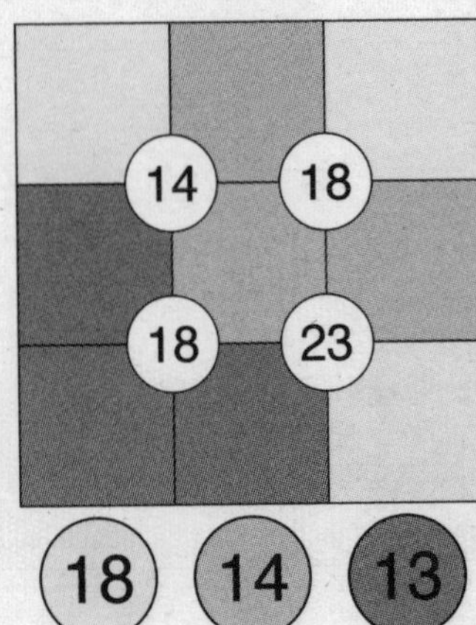
14
18
18
23
18
14
13

90

16
15
20
28
13
19
13

91

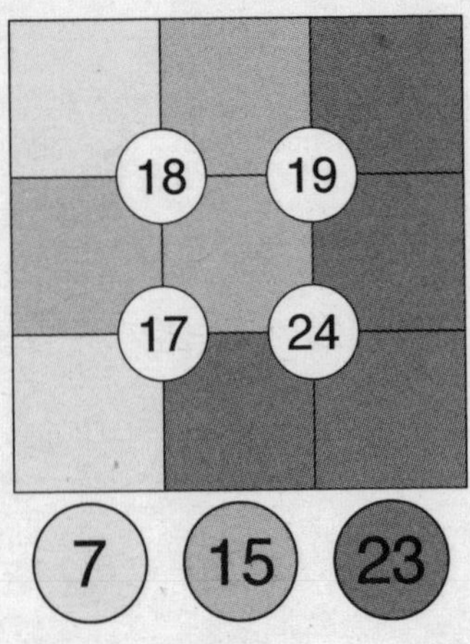
18
19
17
24
7
15
23

92

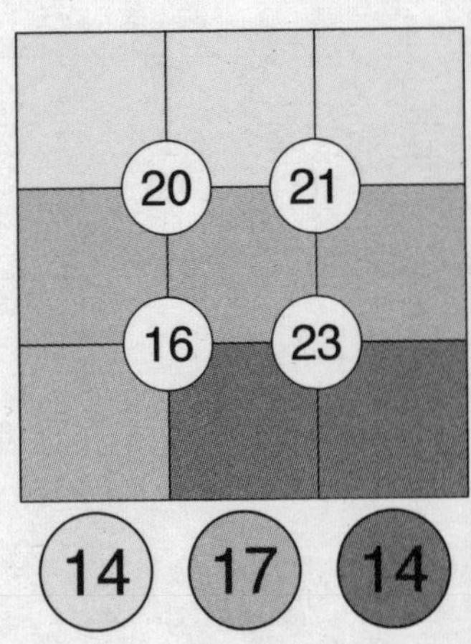
20
21
16
23
14
17
14

93

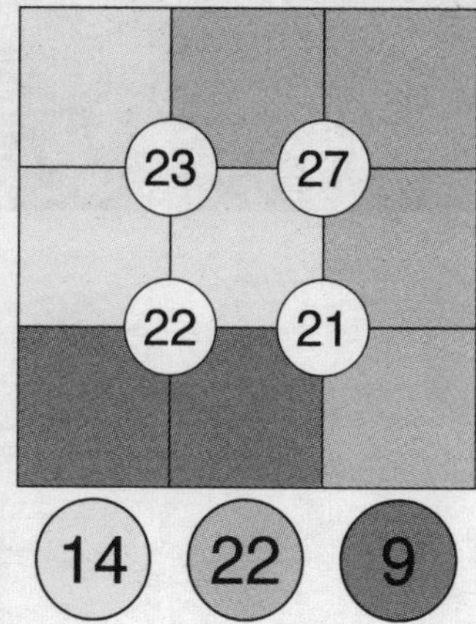
23
27
22
21
14
22
9

94

24
18
19
21
16
12
17

95

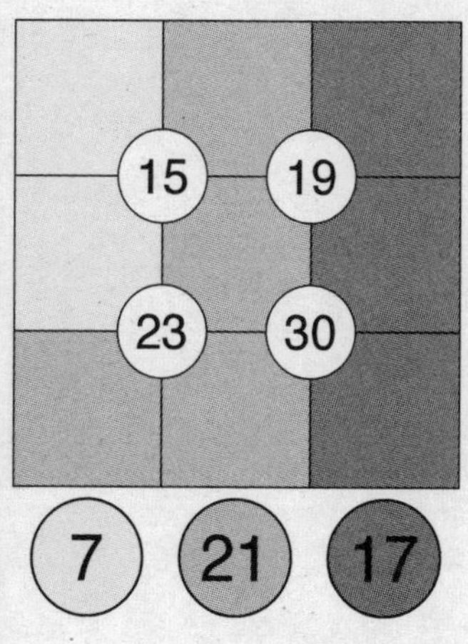
15
19
23
30
7
21
17

96

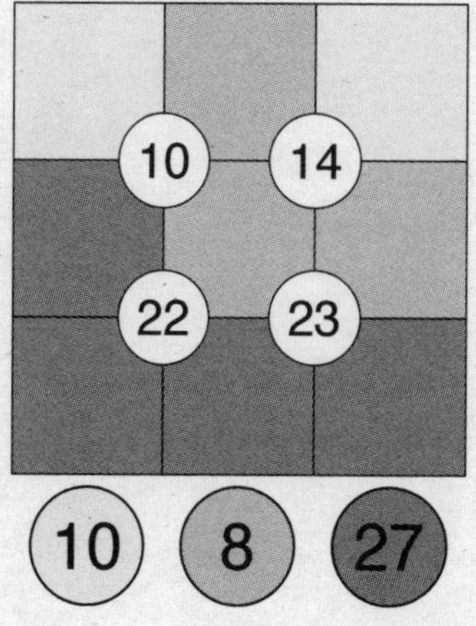
10
14
22
23
10
8
27

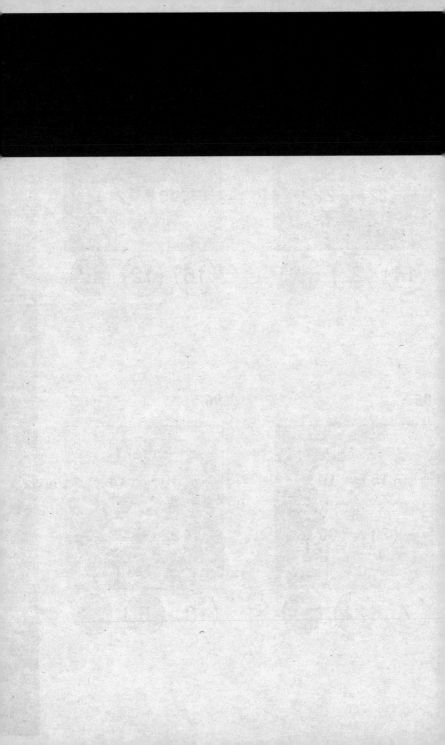

Solutions

1 Easy: 46
Medium: 732
Harder: 6516

2 Easy: 29
Medium: 711
Harder: 6173

3 Easy: 44
Medium: 599
Harder: 3953

4 Easy: 28
Medium: 978
Harder: 2419

5 Easy: 54
Medium: 684
Harder: 7016

6 Easy: 14
Medium: 389
Harder: 7182

7 Easy: 106
Medium: 803
Harder: 3135

8 Easy: 27
Medium: 534
Harder: 6663

9 Easy: 66
Medium: 382
Harder: 1530

10 Easy: 39
Medium: 877
Harder: 5889

11 Easy: 16
Medium: 330
Harder: 4656

12 Easy: 45
Medium: 696
Harder: 6705

13 Easy: 18
Medium: 597
Harder: 9902

14 Easy: 92
Medium: 511
Harder: 3433

15 Easy: 79
Medium: 246
Harder: 3960

16 Easy: 9
Medium: 895
Harder: 5661

17 Easy: 41
Medium: 557
Harder: 4302

18 Easy: 68
Medium: 1032
Harder: 4550

19 Easy: 88
Medium: 834
Harder: 5679

20 Easy: 21
Medium: 373
Harder: 4110

21 Easy: 31
Medium: 288
Harder: 4632

22 Easy: 94
Medium: 743
Harder: 3736

23 Easy: 75
Medium: 630
Harder: 5943

24 Easy: 18
Medium: 407
Harder: 3386

25 Easy: 15
Medium: 711
Harder: 5577

26 Easy: 23
Medium: 870
Harder: 4396

27 Easy: 20
Medium: 838
Harder: 3412

28 Easy: 71
Medium: 670
Harder: 3668

29 Easy: 12
Medium: 265
Harder: 2607

30 Easy: 35
Medium: 138
Harder: 8582

31 Easy: 15
Medium: 846
Harder: 8891

32 Easy: 56
Medium: 723
Harder: 6009

33 Easy: 64
Medium: 930
Harder: 2551

34 Easy: 4
Medium: 846
Harder: 4880

35 Easy: 23
Medium: 485
Harder: 5929

36 Easy: 77
Medium: 1245
Harder: 3320

Brain Trainer Solutions

Cell Blocks Solutions

Futoshiki Solutions

Kakuro Solutions

KenKen Solutions

Set Square Solutions

Suko Solutions

37 Easy: 43
Medium: 161
Harder: 2010

38 Easy: 5
Medium: 616
Harder: 1440

39 Easy: 5
Medium: 638
Harder: 5309

40 Easy: 73
Medium: 667
Harder: 2362

41 Easy: 5
Medium:1442
Harder: 669

42 Easy: 33
Medium: 108
Harder: 1795

43 Easy: 75
Medium: 377
Harder: 3795

44 Easy: 36
Medium: 915
Harder: 1331

45 Easy: 42
Medium: 327
Harder: 1359

46 Easy: 23
Medium: 958
Harder: 3609

47 Easy: 101
Medium: 129
Harder: 2823

48 Easy: 26
Medium: 1026
Harder: 1803

49 Easy: 104
Medium: 501
Harder: 7778

50 Easy: 31
Medium: 209
Harder: 1472

51 Easy: 56
Medium: 672
Harder: 4210

52 Easy: 9
Medium: 921
Harder: 2472

53 Easy: 6
Medium: 362
Harder: 6181

54 Easy: 63
Medium: 406
Harder: 2698

55 Easy: 85
Medium: 543
Harder: 6659

56 Easy: 71
Medium: 498
Harder: 2956

57 Easy: 51
Medium: 611
Harder: 2565

58 Easy: 68
Medium: 694
Harder: 4039

59 Easy: 27
Medium: 996
Harder: 8322

60 Easy: 28
Medium:270
Harder: 6328

61 Easy: 64
Medium: 620
Harder: 4595

62 Easy: 44
Medium: 522
Harder: 2304

63 Easy: 99
Medium: 742
Harder: 7843

64 Easy: 54
Medium: 387
Harder: 3509

65 Easy: 64
Medium: 594
Harder: 8089

66 Easy: 102
Medium: 4
Harder: 558

67 Easy: 448
Medium: 12
Harder: 84

68 Easy: 19
Medium: 510
Harder: 3744

69 Easy: 94
Medium: 1251
Harder: 361

70 Easy: 54
Medium: 330
Harder: 5733

71 Easy: 14
Medium: 321
Harder: 7262

72 Easy: 64
Medium: 144
Harder: 4266

1

			4			3
5					5	
	2	3				
	3				4	
	2	4		3		6
5						

2

3			5			
		3				2
						5
	4		4			
4					6	
	3		6			2
						2

3

		5				
	4					
3			2			4
					3	
		6	4			
3			4			
		5				6

4

	3				4	
4			4			4
		3				
	3			2		
		3			3	
			3			
4				5		4

5

	6					3
4				4		
		5				
			5			6
6						
4						
						6

6

2			2	2		
	2				3	
				4		3
	4	6				
				2		4
6			4			
	5					

7

	3				2	
4			4			3
		3				
			6			
	2			3		4
3		4			3	
			5			

8

3						
4		2	6			6
		4				
		4				
	6					
4				6		4

9

10

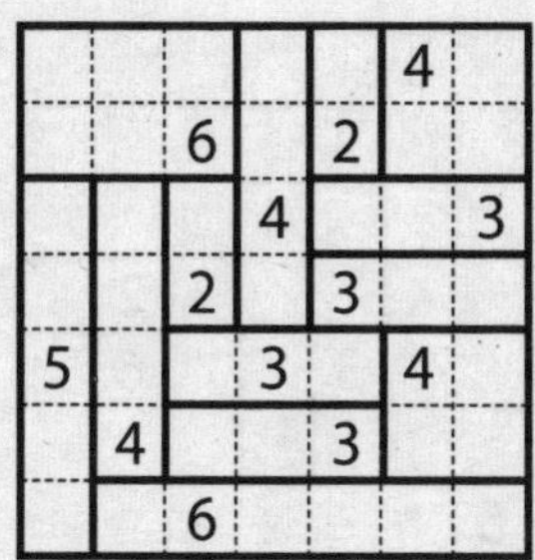

11

4				4		
			4		2	
		3				6
4						
	3			3	3	
		6				
2			5			

12

	6					2
			3			
2					8	
		6				
4						
	6				4	
			5			3

13

5				4		
		4		4		
	5			4		
			4			
					5	
			2			
6						6

14

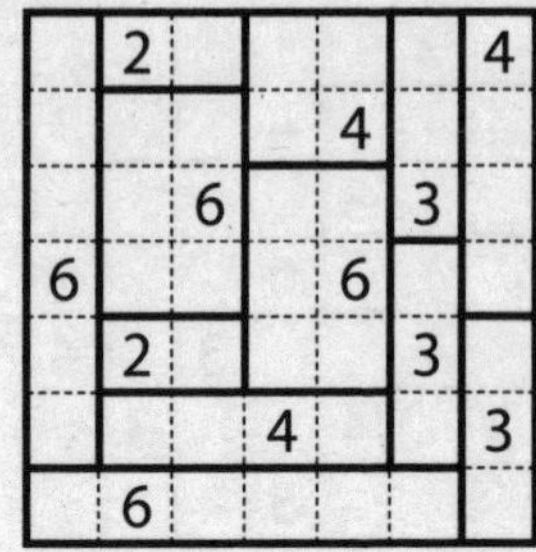

15

	6					5
		2		6		
			4			
	4			3	2	
		3			6	
	3					
5						

16

17

					6	
			4	4		
5						5
			4			
	3					
	2	6		2		2
					6	

18

	4				3	
		3				4
			4		3	
		3				
	3		6			3
5					4	
	2					2

19

		3			4	
2	4		3			
				4	3	
	3					6
	5					
					4	
2			6			

20

		4				4
6					3	
			6			
			2			
	6			9		
2			3			
		4				

21

	6					2
2						
		4		4		6
	3					
6		3	4	3		
				6		

22

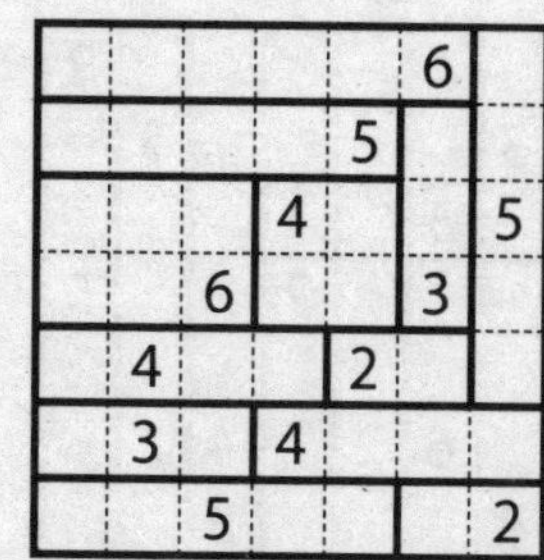

23

	4					
4					8	
		4		2		
			2			
3		2		4		
	5		3		2	
		2				4

24

		6				
4		5	2	3		6
					3	
3			4			4
	5		4			

Brain Trainer Solutions
Cell Blocks Solutions
Futoshiki Solutions
Kakuro Solutions
KenKen Solutions
Set Square Solutions
Suko Solutions

25

	2					
		2				8
2	2					
	4	4		3		
			2		6	
	3			4		2
		3				2

26

			4			4
6				2		
		5	2		3	
						2
				6		
				4		
6						5

27

						2
3		8			5	
	3					
			2	2		5
	6	2		4		
4				3		

28

	6					
6		2				3
				6		
	5	2		3		
			2			6
	2	2			4	

29

4				5		
			2			4
6					6	
		5				
				2		
2			3			6
	4					

30

4		4				
				2	2	3
	2		2		3	
			2	2		2
2	2		3			
		4			3	
	3					4

31

	3			2		
			4			
6				4	6	
6			2			4
	4				3	
		2		3		

32

		2		3		
		3				5
	6		2		4	
5						
			2		6	
		2				2
	4				3	

33

	2			4		
		2			4	
			4			
	3					
6				3	4	
			6			6
5						

34

35

6				3		
			3			4
		2			3	
	6			3		
			4	2		
4		3				3
				3		

36

					6	
			3			4
	3					
4		4			3	
		4				4
2				5		
	3		4			

37

4					5	
				4		
		6				2
				4	3	
3		2	2			
	3				3	
		4				4

38

				6		
		3			3	
	6					4
			8			
5						6
	4			4		

39

4				4		
			3		4	
	4		4			
		4			2	
5						3
				4		
3			3			2

40

			4			3
		3		3		
	4			6		
						6
	6		6			
					3	
			5			

41

	6			4		
			2			6
		4				
			4			4
5		4	4			
					6	

42

		6			3	
			3			4
	2			3		
5		3			3	
			4			4
			4			
				5		

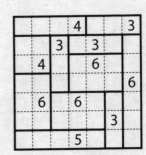

43

		4				3
	3			4		
		4				
				9		
6						
			2			4
		6			4	

44

5					4	
	6		2			3
		6				
				5		
	4		2		3	
5						4

45

			5			4
		3				
					5	
6			2	6		3
		6				
3						
			6			

46

4				3		4
		3	6			
5					5	
	3					5
		2				
				3		
	6					

47

			4		3	
		6		2		
5				4		5
			3			
				3		2
8					4	

48

		6				4
4				4		
3						5
	3		4		2	
	4				4	
		6				

49

	3					3
			4			
		4				3
	4		2			3
5		2			3	
		4				2
2				5		

50

3				6		
	4					4
6					2	
			6			
		3			2	
	3	2				2
					6	

51

	3				3	
		5				
6						3
				4		
			4			3
	4	4				
4						6

52

53

			6			
6						4
		5				
2				4		
						4
				3	4	
	6		5			

54

		3			4	
	3					
6				6		
	4		3		6	
		2				
	3		2			2
				5		

55

		5				
	4				4	
			2			
6			4			3
					3	
	4			3		
3		5				3

56

			6			4
	4					
	3				8	
	4		3			
4						
		6		4		3

57

3						3
	3		4			
	3				4	
	3					6
			2	2		
				3	3	
6			4			

58

		6		3		
			2			4
	3				2	
			4		2	
				3		4
5					3	
	4			4		

59

4				2		
	4		4		4	
		2				
			6			
5						5
	3				6	
4						

60

				4		
3			2			4
3		6				6
	4			4		
			4			
3					6	

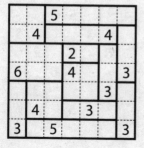

61

6				4		
		3				8
8			6			
			4			
				6		4

62

4			5			
		3				5
	6				2	
				6		
	3				3	
			5			
2						5

63

				6		
		3			4	
			6			
5	3					4
		3			6	
			6			3

64

		4				3
	3					
				8		
6						
		6				4
	4	2			4	
			5			

65

3					4	
			3			6
4		4				
	2			2		
			3	3		
						4
	6				5	

66

				6		
6		3				2
					3	
	6			4		
			3			
						6
4		4			2	

67

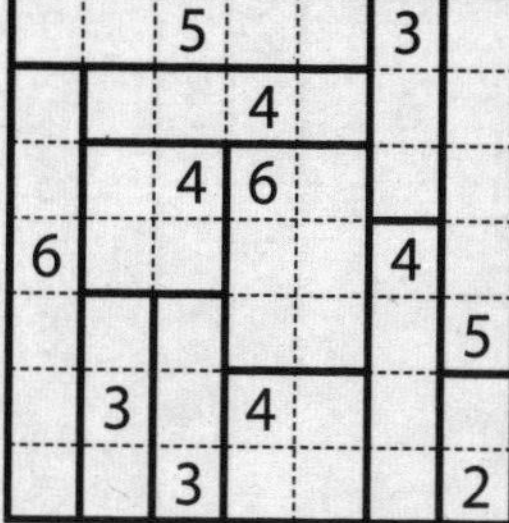

68

5			3	3		
	2				6	
		4				
			4			
						5
	4				3	
2				6		2

69

	2		3			
		4			4	
				5		2
			2		4	
		3				3
	4				3	
6				4		

70

		5				
4					3	
2		3				3
			4			
		2				6
6				4		
	5				2	

71

4					5	
				3		
4	4					5
			3			
		5			6	
			3		4	
	3					

72

2						3
		4			6	
		3	3	2		
					4	
8						4
			3		2	
				5		

73

	4		4			
4				4		
					2	
	4	4				4
		4		4		
						4
3			4			

74

			2			2
	6			3		
						6
	2		3			
		5				6
6				4		
		4				

75

2					5	
	6			5		2
6			3			
		4				6
					2	
		4		4		

76

3				2		
	2		3		4	
	2					
6			3			4
		3			4	
				6		
	3					4

77

		3		3		
	4				3	
3			4		3	
		3				3
			3			3
	3	2			3	
3				3		

78

	6				4	
						5
		3		4		
2			5			
	3			4		
		2		3		
4			4			

79

	4		3			
		3				
			2		6	
	6		3		4	
		2				
	2			6		
		4			4	

80

			4		2	
		3		3		
	4					5
6			4		3	
			2			
	6			3		
						4

81

				5		
4		3			4	
						6
	3			4		
			2			
		6		2		2
5					3	

82

			6			3
			4			
		4			4	
	2					3
5						
		4		6		2
			6			

83

	2					5
					6	
4		9				
			3		4	
		2				5
4				5		

84

				5		4
	3					
	2	2	2			2
	2			5		
3			3		3	
		3				4
	2			4		

85

	3			4		
4					2	
				4		
	6				4	
				4		
		2				5
6				5		

86

5					4	
	4			6		
						5
			8			
	2			2		
3					3	
		3		4		

87

	5					
			3		4	
6				4		
	2	6				5
	4			4		
6						

88

	4					6
		2		2		
4			3			
						3
		6				
			4			4
3		4	4			

89

			5			4
2				4		
		6			4	
4						
			3	4		4
	2				2	2
		3				

90

			3			3
5						
	4	3		6	6	
			3			
				4		
6					6	

91

	5				4	
3				3		
		2				3
	5		3			
3						
		6				6
	6					

92

4			6		2	
				3		
4						6
			3			
3		4			3	
	4			3		
			4			

93

		4				3
			3			
5		2		4		
	2				2	
		6				4
	3				4	
2				5		

94

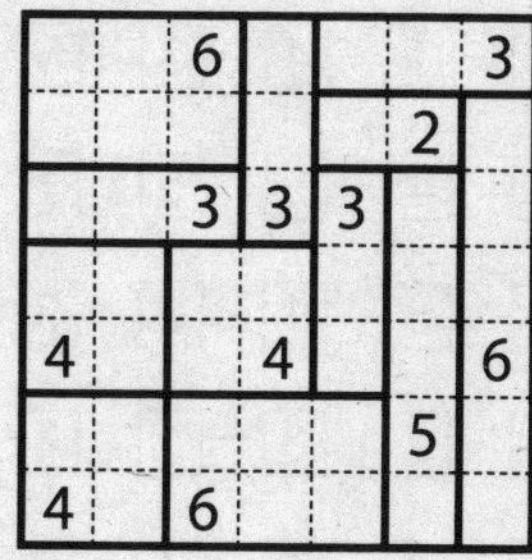

		6				3
					2	
		3	3	3		
4			4			6
					5	
4		6				

95

	4				4	
			3			
6					2	
	3			6		
			5			3
	3					4
		4		2		

96

	2					5
4						
			3			
	6			4		
			3		5	
						5
4		6			2	

1

```
5 > 4   1   2 < 3
    v
3 > 2   5   1   4
    ^   v       v
1   3   4   5   2
    ^   v
4   5   2   3   1
        ^
2   1   3 < 4   5
```

2

```
1 < 2 < 3 < 5 > 4

2   3   5   4   1
        v
4   5   2   1 < 3

3 > 1   4   2   5

5 > 4   1   3   2
```

3

```
2   1   4   3 < 5
^   ^
3   4   2   5   1
^   ^           ^
4   5   1   2   3
            v
5   2   3   1   4
v   ^
1   3   5   4   2
```

4

```
3   2   1   5 > 4
    ^
1   3 < 4   2   5
        ^   v
2   4   5   1   3
^
4   5 > 2   3   1

5   1   3   4   2
```

5

```
5   4   1   2   3
        ^       ^
2   3   4   1   5
        v
1   2 < 3   5 > 4

4   1   5   3 > 2
v       v       v
3   5   2   4   1
```

6

```
5 > 4   1   3 > 2
    v
2   1   3   4   5
v           v
1   5   4   2   3

3 > 2   5   1   4
^           ^
4   3   2   5   1
```

7

```
4   5   1   3 > 2
^
5   2 < 4   1   3
    v
2   1   3 < 4   5
        ^
3   4   5   2   1
    v
1 < 3   2   5 > 4
```

8

```
4   5   3 > 1   2
                v
2   4   5   3   1
    v
5   3   1   2   4

3   1 < 2   4   5
v       ^       v
1   2 < 4   5   3
```

9

```
2   1   3   4 < 5
    ^
3   2   1   5   4
^
4   3   5   2   1
    ^       ^   ^
1   5   4 > 3   2

5 > 4   2 > 1   3
```

10

```
3   4   1   5 > 2

4 > 2   3   1 < 5

5 > 3 > 2   4   1

1   5   4   2   3
        ^   ^   ^
2   1   5   3   4
```

11

```
5   3   4 > 1   2
v   v
4   1   5   2   3
            ^   ^
1   2   3   4   5
^           ^
3   4   2   5   1
v       v
2   5   1   3   4
```

12

```
3 < 5 > 4 > 2   1
                ^
2   1   5   3   4
                v
4   3   1   5   2
        ^
1   2   3 < 4   5
^
5   4   2 > 1   3
```

13

```
4   2 > 1   5   3
v           v
3 > 1   5   4   2

1   5   2   3 < 4
^
2 < 3   4   1   5
        v
5   4   3   2   1
```

14

```
2 < 5   3   1   4
                v
4   1   5   3   2
    ^       ^   ^
5   2   1   4   3

3   4   2   5   1
    v
1   3   4   2 < 5
```

15

```
2 < 4 < 5   3   1
    ^
4   5   2   1   3
v
1   3   4 > 2   5

3   2   1   5   4
    v       v   v
5   1   3   4 > 2
```

16

```
4   3   2   5 > 1
    ^
3   5   1 < 2   4

1 < 4   5   3   2
        v
5   2 < 4   1   3
    v   v
2   1   3   4   5
```

17

```
5   4   1   2 < 3
    v   ^       v
3   2   4   5   1
^       ^
4   1   5   3 > 2

2   5 > 3 > 1   4
    v
1 < 3   2   4   5
```

18

```
5   1   4   3   2
v           v
3   4   5   2   1
v
2   5 > 3   1   4
^           ^
4   2   1   5   3

1   3   2 < 4 < 5
```

19

1		4		5	>	3		2
^								
3		2		1		5		4
								v
4		5		2	>	1		3
5		3		4	>	2		1
2		1	<	3	<	4	<	5

20

1		4	<	5		2		3
		v						^
5	>	3	>	2		1		4
3		5		1		4		2
^								
4		2	<	3		5	>	1
2		1		4	>	3		5

21

1		4		3	>	2		5
				^				
5		3		4		1		2
v								
2	>	1		5		4		3
4	<	5		2		3		1
v								
3	>	2		1	<	5		4

22

2		1		5		4		3
		^		v				
5	>	2		4		3	>	1
				v				
4		5		3		1		2
1		3		2		5		4
				v		v		
3		4		1		2		5

23

1		5		4		2	<	3
4		3		5		1		2
3		1		2		4	<	5
				v		v		
5	>	2		1		3		4
2		4	>	3		5	>	1

24

5		4	>	2		3		1
		^		v		^		
2		5		1		4		3
				^		v		
4		2		3		1		5
		v		^				
3		1		5		2		4
1	<	3		4		5		2

25

2   3 < 4   1   5

^   ^

4 > 2   5 > 3   1

1   4   2   5   3

    ^   v

3   5   1   4   2

                ^

5 > 1   3 > 2   4

26

2   4   5   3 > 1

    v

3   2   1   5 > 4

5 > 3   4   1   2

            ^

4   1   3   2   5

        v   ^   v

1   5   2   4   3

27

5   4 > 1   3 > 2

4   1   3   2   5

            v   v

2   5   4   1   3

^   ^

3   2   5   4   1

1 < 3 > 2   5   4

28

2 > 1   4   5   3

        v

3   5   2   4   1

4 > 2 < 3   1   5

1   4   5   3   2

    v

5   3   1 < 2 < 4

29

5   3   2   1   4

v   ^   v

4   1   5   2 < 3

3   5   1   4   2

    v

1   2   4 > 3   5

^

2   4   3   5   1

30

1 < 2   4 > 3 < 5

5   1   2   4 > 3

                v

3   4 < 5   2   1

2   5   3   1   4

4 > 3 > 1   5   2

31

```
2 > 1   4 > 3   5
            v
1   5   3   2   4
^
5   4 > 2   1   3
                v
3 > 2   5   4   1
^   ^       ^   ^
4   3   1   5   2
```

32

```
4   2   1   5   3
            v   v
5   1 < 3 < 4   2
    ^
2   3   5   1   4
    ^           ^
1   4   2   3   5

3   5   4   2   1
```

33

```
2   3   5   1   4
    ^
1   4   3 < 5   2
        v
4   1   2   3   5
            v
3   5   4   2 > 1

5   2 > 1   4 > 3
```

34

```
1   4   2   5   3
        v       ^
5   3   1   2   4
v
2   1   3   4 < 5
            v
3   5 > 4   1   2
^
4   2   5   3   1
```

35

```
4   5   3 > 1   2
^               ^
5   2 > 1   4 > 3

3 > 1   5   2   4

2   3   4 < 5   1
        v
1   4   2   3   5
```

36

```
1   3   2 < 5   4
    ^   v
2   5   1   4   3
^
3   2   4   1 < 5

5   4   3 > 2   1
v
4   1   5   3   2
```

37

```
2   5   3   1   4

4   2   5   3   1
    ^           ^
1   3 < 4   5   2
    v       v
3   1   2   4   5
            v
5   4   1 < 2   3
```

38

```
3   2   1   4   5
        ^
4   1 < 2   5 > 3
        ^
2   3   5   1   4
v       v       v
1   5   4   3   2
        v
5   4   3   2 > 1
```

39

```
3   1   4   5   2
^
4   2 > 1   3   5

5 > 4 > 2 > 1   3

2 < 3   5   4   1
    ^           ^
1   5   3 > 2   4
```

40

```
5   3   1   4   2

3   1   5   2 < 4
^   ^
4   2 < 3   5   1
        ^
2 < 5   4   1   3
            ^
1   4   2   3   5
```

41

```
5   4   3 > 1   2
        v
4   2   1   5   3
    v
2   1   5   3 < 4

3   5   4   2 > 1
            ^
1   3   2   4 < 5
```

42

```
2   5   4   3   1
v
1   4   2   5   3

3 > 1   5   4   2

5   2   3   1 < 4
    ^       ^   ^
4 > 3   1   2   5
```

43

5		3	<	4		2		1
1		4		2		5		3
		^				v		
4		5		1		3	>	2
v								
2		1		3		4		5
		^						
3		2		5	>	1		4

44

2	<	3		5		1	<	4
5		4		2		3		1
1		5		4		2	<	3
^								^
3		2		1	<	4		5
		v						
4		1		3		5		2

45

2	>	1		5		4	>	3
^								
4	>	3		1		2		5
		v						v
5		2		3		1		4
				v				
3		4		2		5		1
								^
1		5		4		3	>	2

46

1		4		2		3		5
				^				
4	>	3		5	>	2		1
				v		v		^
5		2	<	3		1		4
v								
2		5		1		4		3
				^				
3	>	1		4		5		2

47

2		4	<	5		3		1
				v				
3	>	2		4		1		5
^								
4		3		1		5	>	2
				^				
1		5		2	<	4		3
5		1	<	3		2		4

48

1		4		2		3		5
						v		v
3		1		5		2		4
2		5	>	1	<	4		3
4		2		3	<	5		1
		^						
5	>	3		4		1		2

49

```
1   5   2 < 3   4

5 > 4   1 < 2   3
            ^
3   1   5   4   2
        v
2   3 < 4   5   1
    v           ^
4   2   3   1   5
```

50

```
2 < 4   3 > 1   5

4   5   2   3   1

5   1   4 > 2 < 3

1 < 3   5   4   2
            ^   ^
3   2   1   5   4
```

51

```
4   2 > 1   3   5
v
2   3   5 > 4   1
    ^
5 > 4   2   1 < 3

3 > 1   4   5   2
        v       ^
1   5   3 > 2   4
```

52

```
1   3   4 > 2   5

3 < 4   1   5   2

5   1 < 2   3   4
            v   v
4   2   5   1   3
v               v
2   5   3   4   1
```

53

```
4   1   5 > 2   3
^           v   ^
5   2   3   1   4
                ^
2 < 4   1   3   5

3   5   2   4   1
    v           ^
1   3 < 4   5   2
```

54

```
4   1   5   3   2
v
3   5   1   2   4

1   2 < 3   4   5

5 > 4   2 > 1   3
                v
2 < 3 < 4   5   1
```

55

1		5	>	4	>	2		3
^								
4		3	>	2	>	1		5
v				^				
3		2		5		4		1
v		v						
2		1		3		5	>	4
^								
5		4		1		3		2

56

4		5	>	2		1		3
v						^		
2	>	1		4		3		5
						^		
5		2	<	3		4		1
						v		
1		3		5		2		4
3		4		1		5		2

57

3		4		1		5		2
						v		
2		1		3		4		5
		^		^				
5		3		4		2		1
v		v						^
4	>	2		5		1		3
1		5		2		3	<	4

58

1		5	>	4		2		3
^								
5		2	>	1	<	3		4
		^						
4	>	3		2	<	5		1
3		1		5		4	>	2
2		4		3		1		5

59

5		2		3		4		1
		^				v		^
1		3		5		2		4
				v		v		
3		5		4		1		2
								^
4		1	<	2		3		5
								v
2	<	4		1	<	5		3

60

5		2		4		1		3
								^
3		5	>	1	<	2		4
4		1		5		3	>	2
						^		
2		4	>	3		5		1
1		3	>	2	<	4		5

61

2	<	3	<	4	<	5		1
4		5		2	>	1		3
∨								
1		4	<	5		3		2
								∧
3		2		1		4		5
∧		∨						
5		1		3	>	2		4

62

2		5		1		4	>	3
		∨						∨
4		3		2		5		1
		∧						
3		4		5		1		2
∧								
5		1		3		2		4
								∧
1	<	2		4		3		5

63

1	<	2		5		4	>	3
3	>	1		4		2		5
						∧		
5	>	4		2		3		1
		∨						
2		3	>	1		5		4
4		5		3		1		2

64

3		2		5	>	4	>	1
∨								
2		4		3		1		5
4		3		1	<	5		2
5		1	<	2		3		4
						∨		
1		5		4	>	2		3

65

1		4	>	2		5	>	3
5		3	<	4		2		1
		∨						
4		2	>	1		3		5
3		1		5		4	>	2
				∨				
2		5		3		1	<	4

66

3		4		1		5		2
∧								∨
5		2	<	3		4		1
∨								
2		1		5		3	<	4
		∧						
4	<	5		2		1	<	3
		∨						
1		3		4	>	2		5

67

```
5   4   3   2   1

1   5   2 < 4   3
^           ^   ^
2 < 3   1   5   4

4   1   5 > 3 > 2

3   2   4   1   5
```

68

```
1   4   3   5 > 2
        ^
4   1   5   2   3

5 > 3   2 < 4   1
        v
2   5   1   3   4
^
3 > 2   4   1   5
```

69

```
1   5   2   4   3
                ^
3 > 2 > 1   5   4
^   ^
5   4   3 > 2   1

2   1   4   3 < 5
    ^   ^
4 > 3   5   1 < 2
```

70

```
1   5   3   4   2
    v       v   v
4   3   5   2   1

5   2   4   1 < 3
    ^
2   4   1   3   5
^   v
3   1   2   5   4
```

71

```
1   5   4   2 < 3
^               ^
3   2   1   4   5
            ^
4   3   2   5   1

2   1   5 > 3 < 4
            v
5   4   3   1   2
```

72

```
5   1   3 < 4   2
        v
3   4   2 > 1   5
    v
4   2   5   3   1
        v
2 < 3   1   5   4
    ^
1   5   4   2   3
```

1

2	1			1	3			9	7
1	3		1	4	2	6		8	9
	8	7	3	2	1	5	4	6	
		9	5			9	7		
8	9	6					5	7	9
9	7	8					6	9	8
		3	1			5	8		
	7	4	5	1	2	3	9	6	
9	8		3	2	4	1		3	1
7	9			3	1			1	2

2

8	9					7	9		
5	7	6	8	9		6	8	4	
		5	4	7	8	9		7	9
8	9	7		5	6	8	9	3	1
1	3		6	8		3	5	1	2
4	2	1	3		2	5		9	8
2	1	3	5	7	4		9	8	6
9	7		1	2	3	6	5		
	6	3	4		1	4	2	5	3
		1	2					2	1

3

9	7				1	3		2	1
8	9	6	7		2	1	3	9	4
		5	9	1			1	8	2
2	1	3		3	8	1	2	6	
4	2	1	6		9	6	8		
		8	9	4		7	9	6	8
	4	2	8	1	3		7	8	9
1	8	4			1	9	5		
3	7	9	6	8		7	6	8	9
7	9		7	9				9	7

4

	3	1	6	2	7			7	9
3	1	2	8	4	9		7	9	8
1	2	4	9		5	7	9	8	
2	4			5	2	9	8	6	
4	9	8	2	7		8	6		
		7	5		2	6	1	8	3
	4	2	1	9	3			5	2
	2	1	3	4		9	2	7	1
1	5	3		7	6	8	3	9	5
3	1			3	2	6	1	4	

5

	8	7	9				5	6	8
	6	9	8	4		4	7	8	9
2	4		6	2		1	3		
1	3			9	8	2	6	4	1
	9	7		8	6		8	9	3
5	1	3		7	9		9	7	
4	2	1	3	5	7			6	7
		2	1		1	3		8	9
3	1	4	2		5	4	1	2	
1	2	6				2	3	1	

6

		7	4	9		5	3	1	2
9	2	8	6	7		3	1	2	4
7	1	3			6	9		3	1
	7	9		7	5		1	5	
1	3		7	8	9	4	3	6	2
2	4	3	9	6	8	1		9	7
	5	1		9	7		9	7	
7	9		9	5			8	4	7
9	8	7	5		3	5	6	8	9
8	6	9	7		8	9	7		

7

		3	1		1	2		3	1
9	1	2	4		3	1	7	4	2
6	3	1	2	7	8	4	9		
	9	7		9	5		8	4	3
	5	4	1		2	7		5	1
1	2		2	4		9	8	3	
3	4	1		2	1		3	1	
		9	8	3	5	6	4	2	1
3	2	4	6	1		8	9	6	3
5	1		9	7		9	7		

8

7	5			2	4	1		8	9
6	8		4	5	6	3	7	2	1
9	7	8	5			8	9	1	3
8	9	6	7		1	2		4	2
			6	9	8			9	7
7	9			3	5	6			
9	8		7	8		1	3	8	9
3	1	9	8			2	1	9	7
1	2	7	5	6	3	4		6	8
8	6		9	7	8			7	5

9

9	7	4		8	9	7		6	7
6	5	1		6	8	9		8	9
8	9	6		9	7		8	9	
	6	2	1		4	1	9	7	8
		3	5	7	1	2		5	9
9	8		8	9	3	7	2		
7	5	9	6	8		9	4	8	
	9	7		3	1		3	7	1
8	6		4	1	2		5	9	4
9	7		8	6	4		1	4	2

10

5	3		8	9	7		1	4	2
1	2		6	8	9	7	3	2	1
	6	8	9		8	9		5	3
4	1	7	2						
8	4	9	7	6	5			3	1
9	7			7	9	3	1	5	2
						8	3	9	6
9	7		8	3		1	2	4	
6	8	5	4	1	3	2		7	5
8	9	7		2	1	4		8	9

11

1	2			9	6			7	9
3	1	2		7	9		1	3	8
	6	9	7	5	8	3	2	1	
		8	9			1	5		
6	8	5					4	5	1
8	9	7					3	1	2
		3	1			9	8		
	3	1	2	5	4	7	9	8	
9	8	4		3	1		7	9	8
7	9			1	2			7	9

12

2	1		8	9	4			1	3
1	3		6	4	1	2	3	5	7
4	2	1		6	2	4	1	3	
		3	8		3	1		8	6
4	2		9	7	6			9	8
2	1			9	5	8		7	9
1	3		1	3		1	2		
	7	3	4	2	1		1	4	2
4	9	5	2	1	3	7		1	3
6	8			5	2	9		2	1

13

		2	1			9	8		
	8	9	2	1	3	7	6	5	
8	9	7		4	2		7	9	8
9	7			2	1			7	9
	5	9	7			7	9	8	
	6	8	9			9	8	6	
1	3			5	9			1	3
2	1	6		9	8		5	2	1
	2	9	8	6	7	5	1	3	
		7	9			3	2		

14

1	2	3	5		9	7		8	3
2	4	1	3	5	8	6		3	1
3	1		1	2		8	7	9	5
5	3	8			9	3	1	6	2
		5	7		7	1	2	4	
	1	4	6	2		9	5		
3	6	9	8	7			3	5	7
1	3	7	9		2	3		8	6
2	9		5	2	6	1	3	9	8
5	8		3	1		2	1	7	9

15

1	3		9	1	2	7		3	1
2	1		8	3	1	9		1	2
	2	6		5	7		3	2	
		1	3	2	8	5	7		
2	1	7	9			7	9	8	5
1	3	9	8			9	8	6	7
		2	1	3	5	8	6		
	2	3		1	3		5	7	
1	3		1	4	2	3		9	7
2	1		3	2	1	5		8	9

16

2	4		6	9	8			3	1
1	3	5	8	7	9		1	2	4
	6	8			5	4	3	1	2
6	8	9	3		1	3			
8	9	7	1	4	2			7	9
9	7			8	6	5	7	9	4
			3	1		7	9	8	6
1	2	3	4	5			8	6	
2	4	1		3	6	1	5	4	2
3	1			2	4	3		3	1

17

1	2	3	5				2	1	3
2	4	1	8	5			4	2	1
3	1		9	7	2	1	3		
	7	9	6	8	4	2		3	1
5	8	6			5	3	1	2	4
7	9	8	5	6			3	5	2
1	3		7	9	1	3	2	4	
		1	9	8	2	4		7	9
2	1	4			4	1	9	8	6
1	3	2				6	7	9	8

18

5	1		9	8	6	7		3	1
1	2		7	9	8	5	4	1	2
4	3	2	1	7		1	2		
	9	4	5		4	3	1	5	2
6	8	1	3	4	2			7	1
8	5			9	7	5	1	8	4
9	7	1	8	6		7	4	9	
		7	9		1	3	2	6	4
9	8	3	7	1	4	2		1	2
7	9		5	3	2	1		3	1

19

		2	1			7	9		
	1	5	3	2	4	9	8	7	
2	3	1		3	1		5	9	7
1	5		3	1	2	5		8	9
	4	1	2			9	7	5	
	2	3	1			8	9	6	
9	8		5	8	9	7		1	2
7	9	5		9	7		5	3	1
	7	3	4	6	8	5	1	2	
		1	2			3	2		

20

		7	9		1	3		6	8
	8	6	5		2	1	3	9	7
	6	3		5	4	2	1	8	9
4	7	9	8	6					
2	9	8	4	7	1		8	6	9
1	4	2		9	4	3	2	1	8
					2	5	1	3	6
9	7	3	4	8	5		6	2	
6	3	1	2	4		1	3	4	
8	9		1	3		2	4		

21

		9	8		3	1		3	7
8	6	7	9		1	2		9	8
7	9		4	1	2		8	7	9
9	8		6	3	5	7	1	2	4
	5	9				9	3	1	6
4	2	1	7				9	5	
6	1	3	9	8	7	5		6	1
9	7	8		6	9	8		4	2
8	4		9	7		7	9	8	4
7	3		8	9		9	8		

22

	4	6	7	9	8			5	2
2	6	8	5	7	9		4	2	1
4	2				5	2	7	1	3
1	3	4		5	7	6	9	4	8
	1	2	7	9		1	3		
		7	9		9	3	8	6	
7	9	3	8	5	6		1	2	6
2	7	1	6	3				1	9
9	8	6		1	2	4	3	5	8
1	6			2	4	6	1	3	

23

	1	3	9		1	4	2		
	2	1	7		3	2	1	6	8
4	9	7		9	7		5	9	7
2	8	9	7	5	6		6	8	9
1	6	8	9		2	1			
			8	5		5	1	2	7
1	3	7		6	7	9	3	1	8
2	1	4		8	9		6	8	9
4	2	9	8	7		3	4	9	
		8	6	9		1	2	4	

24

7	9			3	1			2	1
9	8		6	1	2	4		1	3
8	6	7	9			3	1	4	2
		9	8	5	7	1	2		
9	7	8		9	8		4	5	1
8	9	6		7	9		3	1	2
		1	3	8	6	7	9		
5	3	2	1			9	8	6	7
4	2		4	2	1	8		5	9
2	1			1	3			9	8

25

7	9			7	5			9	7
9	8	6		9	7		7	8	9
		3	9	6	8	7	5		
1	2		7	8	9	5		1	3
9	7	1	2			9	1	4	2
8	9	3	4			4	3	2	1
3	1		3	4	2	1		3	5
		7	5	2	1	3	4		
1	3	2		1	3		2	3	1
2	1			3	5			1	2

26

		3	1			1	2		
	1	6	2	8	9	3	4	5	
1	3	2		6	8		3	1	2
5	2			9	7			3	1
	5	1	3			3	1	2	
	4	2	1			1	2	4	
9	7			5	1			9	7
8	9	7		1	2		5	8	9
	8	2	1	4	3	5	9	7	
		1	3			7	8		

27

3	1			1	3			1	3
1	2		5	2	1	3		2	1
	6	7	9	4	2	1	3	5	
		9	8			2	1		
8	9	6					2	1	3
9	7	8					4	2	1
		3	1			5	9		
	8	4	5	1	2	3	7	6	
1	3		3	2	4	1		2	1
2	1			3	1			1	3

28

	3	1			1	6	7		
1	2	4		1	2	8	9	6	7
3	1	2	5	4	8	9		9	8
2	4		7	9			8	5	9
5	7		8	6	3	5	9		
		7	9	8	4	2		2	5
2	1	4			2	1		6	8
1	3		2	6	1	3	4	9	7
4	2	1	3	9	5		2	8	9
		2	1	8			1	3	

29

9	7							1	2
8	9	7	4			9	2	3	1
		5	2			8	4		
	5	3	1	2	4	6	7	9	
8	7	9		5	3		9	8	7
6	9	8		3	1		8	6	9
	8	6	9	1	2	4	5	7	
		1	7			1	3		
1	3	2	8			2	6	1	3
2	1							2	1

30

3	1			9	8			2	1
4	2	1		7	9		2	4	3
	9	5	8	4	6	2	1	3	
		3	9			1	3		
2	1	4					5	3	1
1	3	2					4	1	2
		8	9			4	8		
	8	9	7	5	4	2	6	1	
8	9	7		3	1		9	6	8
9	7			1	2			2	4

31

		3	1			9	7		
	9	7	2	1	3	8	6	4	
7	8	9		4	2		8	9	7
9	5			2	1			8	9
	6	5	9			5	9	6	
	7	9	8			9	8	7	
1	2			6	8			1	3
3	1	6		9	7		3	2	1
	3	2	4	8	9	6	1	5	
		1	3			4	2		

32

				1	2				
			1	8	9	3			
		4	2	9	7	1	5		
	1	2		3	1		1	2	
1	9	7	2			1	8	9	3
3	8	9	1			2	9	7	1
	3	1		1	2		3	1	
		8	2	9	7	1	6		
			1	8	9	3			
				3	1				

33

2	1							9	8
1	3	4	2			6	8	7	9
		2	1			9	7		
	6	1	3	2	5	8	9	4	
8	7	9		7	3		2	1	3
6	9	8		1	2		4	2	1
	8	6	7	4	1	2	5	3	
		5	9			1	3		
7	9	3	8			4	1	2	3
9	8							5	1

34

	7	9	1	3				5	9
6	4	7	2	1	3		9	4	7
8	9		4	2	1	9	7	3	
			6	4		8	3	1	6
4	8	9	3	5			8	6	9
1	2	4			9	6	4	2	8
2	9	7	3		6	4			
	4	8	1	9	5	3		1	3
9	7	6		8	2	1	3	5	4
8	6				4	2	1	3	

35

	3	1			1	3		3	1
7	2	4		6	5	1	3	4	2
9	1	6	2	8			1	2	
		9	7		1	3		1	7
2	7	3	1		5	4	6	9	8
6	9	8	3	7		2	1	7	9
1	3		5	9		1	7		
	8	9			8	7	9	4	6
8	6	7	5	9	4		5	2	1
9	4		9	7			3	1	

36

8	9	5		8	9		6	9	8
5	3	1	2	6	4		8	7	9
		3	1			4	9		
2	1	4			3	1		9	5
1	3	2		9	4	2	7	3	1
4	6	9	8	7	2		4	1	2
7	9		9	5			9	8	7
		1	7			9	8		
3	1	2		2	1	7	6	9	8
1	2	4		1	3		5	7	9

37

9	7		3	1			4	2	
8	9	7	4	2	1		7	5	
6	8	9		4	3	5	2	1	7
4	5		1	3		9	1	3	8
		3	2	5	1		8	6	9
1	4	2		9	6	8	5		
2	7	9	1		7	9		3	5
4	9	8	6	7	5		1	4	2
	6	7		9	8	6	3	2	1
	8	4			9	7		1	3

38

	3	4	2	1		3	1	2	5
6	8	9	1	3		1	2	4	3
8	9		4	7	1	9	3		
9	7			9	4	8		7	9
	4	9			2	7	1	5	8
7	6	8	4	9			3	4	
9	5		6	8	9			1	5
		4	2	6	7	9		2	1
3	4	2	1		1	2	8	3	4
5	2	1	3		3	1	9	8	

39

7	1	2	3	9			9	6	8
9	2	4	1	8		8	7	4	9
	3	5			8	9		2	6
		8	7	6	9		1	3	
6	8	9	5	4	7		3	7	1
2	7	1		8	5	3	7	9	6
	9	7		5	3	1	2		
1	3		7	9			6	8	
4	2	1	3		1	2	8	9	6
2	5	3			3	1	9	7	8

40

8	6		1	2		4	3	1	2
9	7		3	5	7	9	1	2	4
	1	2	4		9	8		3	1
	3	1	2	5		1	3		
7	9	4		9	8	5	4	2	1
9	8	6	2	3	1		2	1	3
		3	1		6	1	5	3	
7	9		9	7		3	9	7	
9	8	7	5	6	3	4		5	1
8	6	9	7		1	2		4	3

41

8	9			8	9		2	9	7
9	7	8		5	7	6	3	8	9
		3	1	2		2	1	6	4
3	5	1	2		3	1		3	1
9	8	2		1	2		9	7	
	9	7		3	1		8	2	9
8	4		3	2		8	6	1	7
7	2	9	1		8	9	7		
9	7	8	6	3	5		4	1	2
3	1	6		1	2			3	1

42

	1	3	2				1	8	3
7	2	1	4	3		8	4	9	6
9	4	6		6	4	5	2	3	1
	3	5	1		7	9		6	2
		2	3	6	1		7	5	
	2	4		4	2	1	3		
3	8		2	1		2	4	5	
2	1	9	4	3	5		6	8	9
5	9	8	7		1	2	8	9	7
1	3	6				1	9	7	

43

		3	2	1			1	3	
2	3	4	1	5		6	2	1	3
3	1	6		3	8	9	4	2	5
		2	1		9	7		8	9
2	4	1	3	9	7			9	7
6	9			5	4	9	7	6	8
4	6		9	7		8	9		
1	2	4	8	3	5		8	9	7
3	1	2	5		7	3	6	8	9
	3	1			4	1	2		

44

9	8		8	9			8	9	7
5	7	2	1	3		7	6	8	9
8	6	5	4	2	1	3		6	5
7	9		2	1	3	5		4	8
		8	9	7			9	7	6
6	8	9			8	9	7		
7	5		4	2	1	3		9	8
4	6		9	4	2	1	3	5	7
9	7	8	6		4	2	9	8	6
8	9	6			9	7		7	9

45

7	1	3		1	3			5	9
9	5	6	8	2	1	3		9	8
	7	8	9		8	4	9	6	7
7	6		6	2		1	3		
9	8	5		3	1	2	6	7	
	9	3	5	1	2		8	9	7
		1	2		4	8		8	9
3	1	2	4	5		9	8	6	
2	4		3	1	2	7	9	5	8
1	2			3	1		7	1	9

46

2	1		3	1			2	4	1
4	3	6	1	2	5		1	2	3
		8	4		2	1	3	5	
9	8	7	2			3	7	9	6
8	6	9		1	3	2		7	9
7	9		4	2	1		9	6	8
5	1	3	7			2	7	1	3
	2	6	9	1		4	8		
3	7	9		5	2	1	6	4	3
1	4	8			1	3		2	1

47

1	3			1	3		7	9	
2	1	3	8	5	4		5	8	9
4	2	1	9		2	3	1	7	5
	4	2				1	2		
9	7	5	4	3	1	2		4	3
8	6		9	8	6	7	4	5	1
		2	1				2	6	
7	6	1	3	4		5	3	1	2
9	8	5		5	3	8	1	2	4
	9	7		2	1			3	1

48

2	1			5	2		7	9	4
1	3	2		3	1		9	8	2
		9	5	7			2	4	1
4	1		9	8			1	2	
1	3		8	6	4	1	3	5	2
2	4	8	7	9	1	3		1	4
	7	6			5	7		3	1
2	8	9			2	6	9		
4	9	7		2	6		8	7	9
1	2	4		1	3			9	8

49

1	2	4		8	9		1	3	7
6	8	9		6	7	1	2	8	9
3	6	2	1	9		5	3	9	
		1	3	7	2			5	1
7	8	3	9		1	8		1	2
9	5		2	1		7	1	2	3
8	9			3	1	5	2		
	3	1	4		6	9	8	5	4
8	1	2	6	3	4		7	3	1
9	6	4		1	2		6	1	2

50

8	6		3	4				6	5
7	9	5	1	2	8		1	4	2
9	8	6		8	9	6	3	2	1
5	7		3	1	7	2		1	3
		2	1	5			1	3	
	4	1			5	1	2		
9	8		8	1	2	3		5	3
6	1	3	9	2	8		1	2	4
4	2	1		6	9	8	3	1	2
1	3				7	9		3	1

51

1	2	3	5		9	8		7	9
2	4	1	3		7	6	9	5	8
3	1		6	9	8		7	9	
5	3		2	8	1	6		8	4
		2	1	4		3	1	6	2
8	6	9	4		7	1	2		
9	7		7	1	8	2		3	5
	9	7		3	9	4		1	3
7	8	9	6	4		5	3	2	1
9	5		1	2		8	1	4	2

52

	1	3		3	1		9	5	
1	2	7		1	2	8	7	4	3
6	4	9	7		7	9		2	1
		8	9	7	6		3	1	
3	9	6	8	5	4		9	6	8
1	7	2		6	8	9	7	3	4
	3	1		9	3	8	5		
9	8		1	3		6	8	9	3
7	6	8	2	1	3		2	8	1
	4	9		2	1		1	7	

53

7	9		2	1	4		5	3	1
9	5	7	1	3	2		4	1	2
	8	9	7		1	4	2		
2	4			4	3	2	1	8	
1	2		9	8		1	3	6	8
3	1	4	2		1	3		4	9
	3	8	6	9	7			2	6
		9	8	7		4	2	1	
6	8	5		8	9	6	1	3	2
8	9	7		6	7	9		5	1

54

4	2	1					9	8	6
2	1	3	9	8	6		7	9	8
1	3		7	9	4	8		7	9
8	9	6			8	9	3	5	7
9	7	8		8	9	6	7		
		5	3	9	7		8	9	7
3	5	1	2	4			6	8	9
4	2		1	6	5	3		1	3
1	3	2		7	9	8	1	4	2
2	1	4					7	6	1

55

8	9	6		7	5		6	8	9
9	7	8		9	7		8	9	7
		4	9	6	8	7	5		
1	2		7	8	9	5		1	3
8	9	3	4			9	1	4	2
9	7	1	2			4	3	2	1
3	1		3	4	2	1		3	5
		6	5	2	1	3	9		
1	2	4		1	3		8	9	7
3	1	2		3	5		6	8	9

56

9	8		2	1	7	8		8	9
7	9		1	3	9	4		1	3
5	6	8	7	9		9	1	4	2
		6	9	8		7	3	2	1
	7	9		6	8			9	7
7	9			7	9		1	3	
3	1	7	2		2	1	4		
1	2	9	4		1	3	6	4	2
9	8		8	3	7	9		1	3
8	6		6	1	5	8		2	1

57

	7	6	8	9		4	2	1	3
	5	8	9	7		2	1	3	5
8	6		6	4	2	1	3		
9	8			2	1	3		3	1
1	2	4			4	6	8	9	7
3	1	2	8	4			6	8	9
7	9		9	2	5			7	3
		9	7	1	3	6		1	2
5	2	3	1		7	9	1	2	
3	4	1	2		9	8	7	5	

58

	1	3		1	3		1	5	
1	4	2		6	1	9	3	4	2
3	2	5		4	2	7		3	1
		8	7	9			3	1	
9	4	6	5	8	7		9	6	8
4	2	1		5	9	8	7	2	4
	7	9			5	9	8		
1	3		1	4	2		6	1	7
2	1	5	3	9	4		4	2	1
	5	9		3	1		1	3	

59

		4	8	9	2	7		9	8
5	2	8	9	7	4	6		7	9
3	1		4	2	1		9	8	
		2	6	1		2	7	1	3
	5	1		3	1	4		2	1
1	2		9	4	5		7	5	
2	9	8	7		8	6	9		
	7	9		1	2	4		2	1
7	6		8	4	7	9	5	6	3
9	8		6	2	9	8	7		

60

		7	9		7	9		5	1
1	4	9	5	2	6	8		4	3
3	1		3	1			2	1	
5	3	1	2		2	4	1	3	5
		3	4	7	1	2		2	1
1	2		8	9	3	1	2		
6	4	2	1	3		3	1	4	2
	3	1			7	6		1	3
1	5		8	7	9	5	3	2	1
3	1		5	9		9	7		

61

5	1			4	2	1		5	7
2	3	1		6	5	3	8	7	9
	4	2	1	3			6	9	8
9	8		5	2	1	8		8	6
7	9	6		1	3	9	2		
		8	3	7	9		1	6	7
1	6		1	5	8	9		5	9
8	9	7			7	5	9	8	
6	8	9	5	7	4		7	9	8
9	7		8	9	6			7	9

62

1	3		8	6	9			4	2
2	1	6	9	8	7		8	9	7
4	2	8		3	5	7	6	8	9
	8	9		1	6	8		2	1
		5	7		8	9		1	3
4	6		8	9		6	7		
6	8		9	7	3		9	7	
9	7	8	6	5	4		6	9	2
8	9	6		6	9	7	8	5	4
7	5			8	6	9		3	1

63

		7	9		3	8	1	9	7
3	7	9	8		1	6	2	8	9
1	5	8	6	7	9			3	1
5	8			9	8			1	2
2	9	3	1		7	8	9		
		1	2	5		9	7	4	8
8	9			3	1			1	3
9	7			4	5	2	1	3	7
3	1	9	8	7		4	2	5	9
1	2	8	6	9		1	3		

64

9	7	8		1	2	4		7	8
8	9	6		3	9	5	8	6	4
		7	9		7	1	4	5	9
1	2		7	9	8			9	7
3	9	7	6	8			9	8	
	8	9			8	9	7	2	1
4	1			6	9	7		1	3
5	7	8	3	9		8	1		
2	6	3	1	5	7		4	2	1
1	3		7	8	9		2	1	3

1

2÷ 2	120× 4	6	2÷ 3	5+ 1	5 5
4	2 2	5	6	3	1
3− 3	6	3+ 1	5 5	2÷ 4	2
5− 1	12+ 3	2	15+ 4	5	6
6	5	4	1− 1	1− 2	3
15× 5	1	3	2	24× 6	4

2

3 3	5− 6	1	40× 4	2	5
2÷ 6	3	20× 4	5	1	24× 2
3− 2	5	5− 6	1	4	3
1− 5	3+ 1	3 3	3÷ 2	6	5+ 4
4	2	11+ 5	6	90× 3	1
3− 1	4	1− 2	3	5	6

3

72× 4	2− 3	5	3− 2	5− 6	1
3	3− 1	4	5	3÷ 2	6
6	40× 2	18× 3	1	60× 4	5
5	4	1	6	3	2÷ 2
2÷ 2	11+ 5	6	3÷ 3	1	4
1	4− 6	2	20× 4	5	3 3

4

4− 5	3÷ 6	2	8+ 1	3	2− 4
1	45× 3	5	9+ 2	4	6
2÷ 6	20× 4	3	5	2	3+ 1
3	5	24× 6	5+ 4	1	2
2÷ 2	1	4	90× 3	6	5
4	2 2	5− 1	6	8+ 5	3

5

1− 4	11+ 5	6	3÷ 1	1− 3	2
5	12× 4	2÷ 2	3	5− 6	1
3	1	4	50× 5	2	2÷ 6
6 6	5+ 2	20× 1	4	5	3
2÷ 2	3	5	5− 6	1	80× 4
1	3− 6	3	2 2	4	5

6

90× 6	3÷ 3	1	40× 5	2	7+ 4
5	3+ 1	2	5− 6	4	3
3	6 6	72× 4	1	7+ 5	2
2÷ 4	11+ 2	6	3	6+ 1	5
2	5	8+ 3	10+ 4	6	5− 1
1 1	4	5	1− 2	3	6

7

10× 5	2	90× 6	3	5− 1	2÷ 4
9+ 3	1	5	4 4	6	2
4	3− 5	2	3÷ 1	3	5− 6
2	7+ 4	3÷ 3	11+ 6	5	1
5− 6	3	1	2÷ 2	4	8+ 5
1	2− 6	4	3− 5	2	3

8

2÷ 4	2÷ 2	1	2÷ 6	15× 3	5
2	120× 5	3− 6	3	1	2÷ 4
6	4	3	3+ 1	5 5	2
3÷ 1	3	3− 5	2	288× 4	6
6+ 5	1	2	20× 4	6	3÷ 3
72× 3	6	4	5	2	1

9

24× 4	15× 5	1	3	11+ 6	6× 2
6	11+ 4	3+ 2	1	5	3
3 3	2	5	120× 4	3− 1	5− 6
14+ 2	3	6	5	4	1
4− 5	5− 1	3	6	2÷ 2	4
1	6	2÷ 4	2	8+ 3	5

10

30× 5	3	2	5− 6	1	20× 4
288× 6	4	3+ 1	2	18× 3	5
4	11+ 5	6	3	2	5− 1
3	6+ 2	4	6+ 1	5	6
2÷ 1	7+ 6	8+ 3	5 5	14+ 4	5+ 2
2	1	5	4	6	3

11

90× 3	5	6	5+ 4	1	10× 2
13+ 6	4	3 3	5− 1	10× 2	5
10× 2	3	10+ 4	6	5	5− 1
5	3+ 2	1	5+ 3	72× 4	6
5+ 4	1	5	2	6	3
1	3÷ 6	2	60× 5	3	4

12

11+ 6	2 2	40× 5	2÷ 3	3÷ 1	5+ 4
5	4	2	6	3	1
9+ 3	5− 1	80× 4	5	3÷ 6	2
2	6	5− 1	4	1− 5	90× 3
1	3	6	5+ 2	4	5
12+ 4	5	3	1	2	6

13

2− 3	24× 4	6	6+ 5	1	2 2
5	1− 3	4	2− 2	15+ 6	1
5− 6	3+ 1	2	4	5	3
1	12+ 6	5	2÷ 3	6× 2	1− 4
2÷ 4	10× 2	1	6	3	5
2	5	2− 3	1	10+ 4	6

14

5+ 1	1− 2	3	120× 6	5	4
4	1− 6	4− 5	2÷ 2	2÷ 1	2÷ 3
11+ 3	5	1	4	2	6
2	3÷ 1	1− 4	3	72× 6	8+ 5
6	3	10× 2	5	4	1
5 5	11+ 4	6	1	3	2

15

15× 3	5	11+ 6	1	2− 2	4
5− 6	1	4	3÷ 2	2− 5	3
20× 1	4	5	6	1− 3	2
13+ 5	9+ 2	3	4	5− 1	6
2	6	6+ 1	3	120× 4	4− 5
12× 4	3	2	5	6	1

16

180× 6	5	2	1− 4	3	6+ 1
5 5	3	7+ 1	30× 6	11+ 4	2
2÷ 1	2	4	5	6	3
2	72× 6	5 5	3÷ 3	1	1− 4
3	4	2÷ 6	1	15+ 2	5
3− 4	1	3	2	5	6

17

12× 4	4− 1	5	72× 3	6	7+ 2
1	3 3	10+ 2	6	4	5
3	5− 6	1	2	1− 5	4
3÷ 2	1− 4	12× 3	4− 5	5− 1	6
6	5	4	1	1− 2	3
3− 5	2	2− 6	4	3÷ 3	1

18

1− 6	5	5− 1	6× 2	3	1− 4
2− 5	2÷ 4	6	1	2÷ 2	3
3	2	1− 5	4	1	15+ 6
7+ 1	36× 3	2	6	4	5
4	5− 1	1− 3	60× 5	6	2
2	6	4	15× 3	5	1

19

50× 2	1− 3	4	6 6	4− 1	5
5	1	2÷ 2	4	15+ 6	1− 3
12× 1	5	5− 6	10+ 3	4	2
3	2− 4	1	2	5	5− 6
4	6	180× 3	5	2 2	1
6	2	5	8+ 1	3	4

20

2− 4	2	15× 5	3 3	2− 6	5− 1
13+ 2	9+ 5	3	6+ 1	4	6
6	4	1	5	1− 3	2
5	3÷ 1	4 4	60× 6	2	7+ 3
3÷ 1	3	72× 6	2− 2	5	4
3	6	2	4	6+ 1	5

21

5− 6	2÷ 1	2	20× 5	4	11+ 3
1	9+ 2	2− 4	6	3	5
2	5	2÷ 6	3	3− 1	4
8+ 3	24× 6	1	4	60× 5	2
5	7+ 4	3	3+ 1	2	6
1− 4	3	3− 5	2	5− 6	1

22

48× 2	20× 4	5	1	12+ 3	6
4	4− 2	6	11+ 5	1	3
6	5− 1	1− 2	3	5	11+ 4
1 1	6	3÷ 3	2÷ 2	2− 4	5
13+ 3	5	1	4	6	2
5	13+ 3	4	6	2÷ 2	1

23

1− 5	11+ 6	3+ 2	1	1− 3	4
4	5	36× 3	2	5− 1	6
10+ 2	3÷ 3	1	6	20× 4	5
6	2	4 4	2− 3	5	1
3− 1	4	1− 6	5	72× 2	3
3÷ 3	1	9+ 5	4	6	2

24

72× 6	3	4	1− 5	1− 2	1
6+ 3	72× 2	6	4	4− 1	5
2	6	4− 1	2÷ 3	8+ 5	2÷ 4
1	10+ 4	5	6	3	2
5	1	5+ 3	2	10+ 4	2÷ 6
1− 4	5	2÷ 2	1	6	3

25

6+ 2	3	1	480× 4	6	5
1− 3	4− 5	3÷ 2	6	4	2÷ 1
4	1	24× 6	1− 3	15× 5	2
6+ 5	2− 6	4	2	1	3
1	4	13+ 3	5	3÷ 2	6
3÷ 6	2	5	12× 1	3	4

26

10+ 1	3÷ 6	2	1− 3	4	10× 5
6	12+ 4	3	5	1	2
3	16+ 5	1	13+ 2	6 6	7+ 4
40× 2	3÷ 1	4	6	5	3
5	3	6	24× 4	2	5− 1
4	2 2	6+ 5	1	3	6

27

60× 6	5	2	15× 3	7+ 4	1− 1
6+ 4	1	6 6	5	3	2
1	2− 4	60× 5	6	2	60× 3
2 2	6	3÷ 3	11+ 1	5	4
15× 3	9+ 2	1	4	6	11+ 5
5	3	4	3+ 2	1	6

28

60× 5	3	4	3÷ 6	1− 1	2
3÷ 6	4− 5	1	2	12× 3	4
2	1 1	3− 6	20+ 4	5	3÷ 3
2− 4	2	3	5	6	1
3− 3	6	3+ 2	1	2− 4	1− 5
3− 1	4	2− 5	3	2	6

29

5− 6	1	11+ 5	2− 2	4	1− 3
4− 1	1− 2	6	15× 3	5	4
5	3	3− 1	4	2÷ 6	10× 2
40× 2	6 6	1− 4	7+ 1	3	5
4	5	3	6	1− 2	6× 1
1− 3	4	3− 2	5	1	6

30

50× 2	5	3− 1	4	3 3	72× 6
5	5− 1	6	2÷ 2	4	3
2− 4	30× 3	5	1	12+ 6	2÷ 2
6	2	3 3	5	1	4
10+ 3	2÷ 4	2	11+ 6	5	8+ 1
1	6	1− 4	3	2	5

31

4− 1	5	1− 2	48× 3	4	4− 6
11+ 5	6× 6	3	4	6× 1	2
6	1	20× 4	2	3	15× 5
7+ 4	2÷ 2	5	1	4− 6	3
3	4	5− 6	1− 5	2	20× 1
1− 2	3	1	6	5	4

32

240× 2	6	5	4 4	3÷ 3	1
2− 1	3	4	2− 5	5− 6	3÷ 2
1− 5	2÷ 4	10+ 2	3	1	6
4	2	6	1	15× 5	3
2− 3	5	1	3÷ 6	2÷ 2	1− 4
6 6	3÷ 1	3	2	4	5

33

3÷ 1	2− 5	3	2− 4	3÷ 6	2
3	2− 4	1− 2	6	1− 5	5− 1
11+ 5	2	1	1− 3	4	6
6	36× 3	4 4	2	6+ 1	5
2	6	9+ 5	1	3	12× 4
4 4	5− 1	6	3− 5	2	3

34

2÷ 1	7+ 4	12+ 6	30× 5	3	2
2	3	4	90× 6	5	3− 1
100× 5	6 6	2	3	5− 1	4
4	5	2÷ 1	2	6	2− 3
10+ 6	1	30× 3	3− 4	12+ 2	5
3	2	5	1	4	6

35

2÷ 4	2÷ 1	2	90× 6	5	3
2	18+ 5	3	4	6	5− 1
2− 5	3	11+ 1	24× 2	4	6
5− 6	2− 4	5	1	3	20× 2
1	6	4	3 3	2	5
6× 3	2	1− 6	5	3− 1	4

36

3÷ 2	6	8+ 3	1	20× 5	4
6+ 1	5	4	4− 6	2	2− 3
11+ 6	2÷ 1	2	2÷ 4	13+ 3	5
5	10+ 3	1	2	4	6
7+ 3	4	6	9+ 5	1	2 2
11+ 4	2	5	3	5− 6	1

37

60× 3	3÷ 2	6	10+ 1	5	4
5	4	2÷ 1	2	72× 6	2− 3
7+ 4	3	1− 5	6	2	1
10× 2	5	4	2− 3	5+ 1	3÷ 6
5− 1	2÷ 6	3	5	4	2
6	2÷ 1	2	60× 4	3	5

38

1− 4	300× 5	2÷ 1	2	3− 3	6
5	6	2	1 1	1− 4	3
5− 6	12× 3	5	11+ 4	2	2÷ 1
1	4	2÷ 3	6	5	2
2 2	1	7+ 4	3	5− 6	1− 5
1− 3	2	30× 6	5	1	4

39

2− 2	4	11+ 5	6	2÷ 1	12× 3
30× 5	6	8+ 1	3	2	4
5− 6	2− 1	3÷ 2	4	2− 3	5
1	3	6	1− 5	4	9+ 2
1− 3	2	4 4	6+ 1	5	6
4 4	8+ 5	3	3÷ 2	6	1

40

13+ 6	6× 3	1 1	12+ 2	1− 4	5
3	2	4	1	5	5− 6
4	10+ 5	16+ 6	3	2 2	1
10× 5	1	3	4	4− 6	2
2	4	16+ 5	6	3÷ 1	1− 3
1	3÷ 6	2	5	3	4

41

2− 5	3	4× 2	1	6 6	12+ 4
24× 4	1− 6	5	2	3+ 1	3
6	1	60× 3	4	2	5
6× 1	2− 4	6	5	1− 3	3÷ 2
2	40× 5	3÷ 1	3	4	6
3	2	4	6 6	4− 5	1

42

2− 6	15× 5	3	1	2÷ 2	4
4	4− 6	2	2− 3	1	90× 5
2− 5	5+ 1	4	2÷ 2	3	6
3	11+ 2	5	4	5− 6	1
2÷ 2	4	6× 1	1− 6	1− 5	6× 3
1	3 3	6	5	4	2

43

72× 3	6	1	2÷ 2	4	17+ 5
4	3 3	2÷ 2	1	5	6
5 5	3÷ 2	6	13+ 4	3	1
5− 1	60× 5	3	6	2− 2	4
6	4	2− 5	3	1 1	6× 2
8× 2	1	4	1− 5	6	3

44

1− 4	5	2÷ 6	3	4− 1	3+ 2
2÷ 6	3	2÷ 2	4	5	1
4− 5	1− 4	3	6+ 1	2	120× 6
1	3− 2	5	14+ 6	3	4
1− 3	5− 1	20× 4	2	6	5
2	6	1	5	7+ 4	3

45

1− 2	1− 4	3	5+ 1	150× 6	5
3	7+ 6	1	4	5	2÷ 2
5− 6	1	3− 2	5	13+ 3	4
8+ 1	3	11+ 5	5+ 2	4	6
4	12+ 5	6	3	2÷ 2	1
5	2	2− 4	6	3÷ 1	3

46

2− 3	24× 4	6	6+ 5	1	2 2
5	1− 3	4	2− 2	15+ 6	1
5− 6	3+ 1	2	4	5	3
1	12+ 6	5	2÷ 3	6× 2	1− 4
2÷ 4	10× 2	1	6	3	5
2	5	2− 3	1	10+ 4	6

47

1− 3	4	60× 2	5	6	40× 1
11+ 6	3	5+ 1	4	5	2
3+ 1	2	4	5− 6	8+ 3	5
2	16+ 6	5	1	288× 4	3
1− 4	5	8+ 3	2	2÷ 1	6
5	7+ 1	6	3	2	4

48

1− 4	6× 1	3	2− 5	3÷ 2	6
5	2	24× 6	3	5+ 4	1
6+ 1	5	4	24× 6	7+ 3	2 2
6× 2	11+ 6	5	4	1	3
3	15+ 4	3+ 1	2	30× 6	1− 5
6	3	2	1	5	4

49

3+ 1	2	1− 3	11+ 5	6	2− 4
36× 3	30× 5	2	3− 4	1	6
6	1	1− 4	3	3− 5	2
2	6	4− 5	1	2÷ 4	2− 3
1− 4	3	6× 1	3÷ 6	2	5
20× 5	4	6	2	3÷ 3	1

50

24× 1	2	72× 6	100× 5	1− 4	3
2	6	3	4	5	2÷ 1
9+ 5	3	4	5− 1	6	2
12+ 3	1	11+ 5	6	7+ 2	4
4	5	6+ 2	3	1	6 6
2− 6	4	1	30× 2	3	5

51

4− 1	5	30× 3	3+ 2	4− 6	12× 4
2− 4	5− 6	5	1	2	3
6	1	2	12+ 3	4	12+ 5
14+ 2	2÷ 3	6	1− 4	5	1
3	2÷ 2	4	5	6+ 1	6
5	4	5− 1	6	3	2

52

3÷ 3	1	60× 5	6	2	2÷ 4
24× 1	6	60× 3	5	4	2
2− 6	4	16+ 2	3	4− 1	5
4	5	6	1− 2	3	5− 1
6+ 2	3	1	3− 4	90× 5	6
40× 5	2	4	1	6	3

53

6× 6	1	8+ 2	5	4 4	36× 3
7+ 2	5	2÷ 6	1	3	4
4− 5	2÷ 4	3	5− 6	1	12× 2
1	2	14+ 4	8+ 3	5	6
2÷ 3	6	5	4	10+ 2	1
1− 4	3	1	2	6	5 5

54

6 6	24× 4	1	1− 2	8+ 3	5
12× 4	6	2 2	3	3− 5	5− 1
3	4− 1	5	3− 4	2	6
2− 5	3	2− 4	1	3÷ 6	2
2÷ 1	2	6	90× 5	5+ 4	1− 3
7+ 2	5	3	6	1	4

55

3÷ 1	3	1− 5	4	3÷ 6	2
15× 3	3− 5	7+ 6	1	2÷ 2	2− 4
5	2	12× 4	1− 3	1	6
24× 6	4	1	2	2− 3	5
2÷ 2	12× 6	3	9+ 5	4	3÷ 1
4	1	2	30× 6	5	3

56

12× 1	3	4	1− 5	6	3÷ 2
2÷ 4	1− 1	2	19+ 3	5	6
2	11+ 4	5	6	3÷ 1	3
2÷ 6	5	3 3	7+ 4	2	1
3	2	12× 6	1	1− 4	5
1− 5	6	1	2	12× 3	4

57

40× 4	5	2	5− 6	1	3÷ 3
7+ 2	1− 3	4	11+ 5	6	1
3	2	4− 5	1	120× 4	6
12+ 6	5+ 4	1	7+ 2	3	5
5	6× 1	2÷ 6	3	2	40× 4
1	6	7+ 3	4	5	2

58

24× 6	4	8+ 1	5	2	36× 3
2÷ 4	2− 5	3	3− 1	6	2
2	4− 1	5	4	2÷ 3	6
5 5	11+ 3	6	2	3− 1	4
24× 3	2	4	1− 6	5	6+ 1
5− 1	6	9+ 2	3	4	5

59

10× 5	2	18× 3	1	6	15+ 4
1 1	12+ 6	1− 2	3	1− 4	5
2	4	20× 1	5	3	6
2÷ 6	3	20× 5	4	2÷ 1	2
2− 3	5	4	3÷ 6	2	9+ 1
3− 4	1	4− 6	2	5	3

60

2− 2	4	30× 6	1	5	3 3
3− 4	1− 2	2÷ 1	12+ 3	180× 6	5
1	3	2	5	4	6
90× 6	1− 5	4	1− 2	3	48× 1
5	3÷ 1	3	6	2	4
3	15+ 6	5	4	2÷ 1	2

61

6× 2	3	1	3− 5	2− 4	6
3− 3	6	1− 5	2	3− 1	4
9+ 1	4	6	2÷ 3	5 5	9+ 2
4	6+ 1	96× 3	6	2	5
13+ 6	5	2	4	13+ 3	1 1
5	2	4	1	6	3

62

4− 1	5	2− 6	4	6× 2	3
24× 3	2− 4	15× 5	9+ 6	1	2
2	6	3	1	300× 4	5
4	2÷ 2	1	3	5	5− 6
1− 5	3÷ 3	11+ 4	2 2	72× 6	1
6	1	2	5	3	4

63

2÷ 6	3− 2	12× 4	1	3	12+ 5
3	5	10× 2	24× 4	1	6
9+ 4	1	5	6	1− 2	3
2	3	5− 1	2− 5	1− 6	4 4
6+ 1	13+ 4	6	3	5	2÷ 2
5	6	3	2÷ 2	4	1

64

15× 3	15+ 5	6 6	3− 1	4	36× 2
1	4	7+ 2	5	3	6
5	6	2÷ 4	2	2− 1	3
2÷ 6	3	12+ 1	48× 4	2	9+ 5
2÷ 2	1	5	3	6	4
2− 4	2	3	1− 6	5	1 1

65

60× 6	2	1	1− 3	4	10+ 5
5	96× 4	6	60× 1	2	3
3÷ 3	1	4	6	5	2
1− 2	3	5 5	80× 4	1	36× 6
5+ 4	14+ 5	3	2	6	1
1	6	2	5	1− 3	4

66

120× 4	5	6	3÷ 3	1	5+ 2
10+ 6	3	20× 5	4	2	1
1	36× 6	3	2	1− 4	5
24× 2	4	5+ 1	4− 5	1− 6	3− 3
3	8+ 2	4	1	5	6
5	1	3÷ 2	6	1− 3	4

67

90× 6	3	3− 5	2	3− 1	4
5	15+ 4	3÷ 6	3− 1	6+ 2	3
1− 3	6	2	4	12+ 5	1
2	5	1 1	2÷ 3	4	60× 6
3− 1	2÷ 2	1− 4	6	3	5
4	1	3	11+ 5	6	2

68

3÷ 6	2	72× 4	3	4− 1	5
9+ 3	1	6	11+ 4	5	2
5	15+ 4	6+ 3	2÷ 2	6× 6	1
2÷ 4	5	2	1	7+ 3	3− 6
2	6	1	1− 5	4	3
1 1	15× 3	5	6	2÷ 2	4

69

4− 1	30× 5	6	1− 3	2÷ 4	2
5	1− 4	3	2	6× 6	1
3− 6	7+ 2	5	15+ 4	1	12× 3
3	5− 6	1	5	10+ 2	4
5+ 4	1	2÷ 2	6	3	5
1− 2	3	4	12+ 1	5	6

70

216× 3	6	8× 1	4	2	5 5
6	2	13+ 3	3÷ 1	4− 5	10+ 4
3− 5	4	6	3	1	2
2	15+ 5	4	6	3	1
3− 4	6× 1	3− 5	2	2÷ 6	3
1	3	2	120× 5	4	6

71

2÷ 1	2	24× 3	60× 5	2− 6	4
8+ 3	4	2	6	4− 1	5
5	5− 6	1	2	12+ 4	3
60× 4	3	24× 6	1	5	12× 2
3÷ 6	5	4	1− 3	2	1
2	4− 1	5	4	3	6 6

72

2÷ 6	2÷ 1	2	12× 3	4	9+ 5
3	1− 5	1− 1	2	3÷ 6	4
7+ 1	4	1− 6	5	2	3÷ 3
2	1− 6	5	5+ 4	2− 3	1
4	30× 2	1− 3	1	5	3÷ 6
5	3	4	5− 6	1	2

Brain Trainer Solutions | Cell Blocks Solutions | Futoshiki Solutions | Kakuro Solutions | KenKen Solutions | Set Square Solutions | Suko Solutions

1

5	x	7	-	8
+		+		-
9	-	2	+	6
x		x		÷
4	x	3	x	1

2

6	+	8	x	1
+		+		x
7	x	9	x	5
-		x		+
4	+	3	+	2

3

4	-	3	+	8
-		-		x
2	-	5	+	9
x		+		+
1	+	6	x	7

4

5	+	4	x	8
÷		+		x
1	x	2	+	6
+		x		+
9	-	7	x	3

5

8	x	6	x	4
+		x		-
3	-	2	x	1
-		+		x
5	-	9	+	7

6

9	÷	1	+	8
+		+		-
6	x	4	÷	3
+		-		x
7	x	2	-	5

7

4	x	8	x	6
+		-		+
3	+	1	-	2
x		÷		x
9	+	7	+	5

8

2	+	9	x	8
x		+		+
6	+	7	+	5
-		÷		x
3	+	1	x	4

9

5	+	7	x	3
x		-		+
4	-	1	x	9
+		+		x
8	+	6	-	2

10

9	+	7	÷	2
-		x		x
6	x	3	-	5
x		+		-
8	-	4	-	1

11

5	x	8	-	4
+		x		+
9	+	2	+	3
x		÷		÷
6	+	1	x	7

12

2	x	8	+	6
+		x		+
9	÷	3	x	4
+		-		x
7	+	5	-	1

13

7	x	4	+	8
x		+		x
3	x	5	x	6
-		+		+
1	x	2	x	9

14

6	x	8	-	7
x		+		x
5	÷	1	x	9
x		x		+
3	x	2	-	4

15

2	x	8	÷	1
+		x		+
6	x	7	x	5
+		x		x
4	x	9	x	3

16

5	x	9	+	8
-		-		x
3	x	6	-	4
-		x		+
1	+	7	+	2

17

5	x	3	x	7
-		x		x
2	+	1	x	9
+		x		x
8	x	4	-	6

18

9	x	7	-	8
+		-		+
4	x	6	+	2
x		x		-
3	-	1	x	5

19

1	x	8	x	2
+		x		+
6	-	3	x	7
x		+		-
4	x	9	-	5

20

5	x	8	-	2
x		-		-
6	+	1	+	3
-		+		+
4	x	9	+	7

21

2	-	9	+	8
+		+		-
4	x	3	-	6
x		x		x
7	+	5	x	1

22

7	÷	1	+	9
-		+		x
3	+	6	x	2
x		x		+
8	+	5	-	4

23

8	x	6	x	7
-		-		+
5	+	2	x	4
-		+		x
1	x	3	x	9

24

8	+	6	x	2
x		+		x
7	-	4	÷	3
x		-		x
5	+	9	+	1

25

7	x	4	x	8
x		x		+
9	+	1	x	3
x		+		+
6	x	2	+	5

26

9	x	8	+	5
x		+		+
7	÷	1	-	4
+		x		÷
6	÷	2	÷	3

27

1	x	4	+	5
x		+		x
8	x	9	+	2
x		+		-
6	x	7	+	3

28

8	x	3	-	9
-		+		+
7	-	5	-	1
+		x		-
2	+	4	+	6

29

2	x	8	÷	4
x		+		x
1	+	7	+	6
+		+		+
3	-	5	+	9

30

8	+	9	x	1
÷		x		+
4	+	2	x	5
x		x		x
7	+	6	-	3

31

6	x	5	÷	3
+		+		÷
4	+	9	+	1
-		÷		x
8	x	2	x	7

32

8	+	7	÷	1
x		-		x
3	x	5	-	2
+		x		+
9	+	6	+	4

33

7	x	2	x	8
x		+		+
5	÷	1	+	9
+		+		x
6	-	3	x	4

34

4	+	8	÷	1
x		x		-
9	-	6	÷	3
x		÷		+
7	-	2	+	5

35

2	x	6	+	8
+		+		x
9	-	3	x	5
-		+		+
7	÷	1	x	4

36

8	x	5	-	7
+		-		-
6	x	1	-	2
+		+		x
3	+	9	-	4

37

8	÷	4	x	1
+		+		+
6	+	5	x	9
÷		+		+
7	-	3	+	2

38

8	x	2	-	3
÷		+		x
1	x	9	x	7
-		+		x
6	+	5	x	4

39

1	x	6	+	4
+		+		÷
8	+	9	-	2
-		÷		+
7	x	5	x	3

40

8	x	4	+	7
+		x		x
5	x	1	+	6
+		+		x
3	x	9	-	2

41

7	x	8	-	2
+		+		-
9	+	6	x	3
+		-		+
1	+	5	-	4

42

8	-	5	x	3
x		+		x
7	+	9	+	4
÷		x		x
1	+	6	+	2

43

3	x	6	÷	9
+		-		x
2	-	1	x	5
+		x		x
8	x	7	÷	4

44

9	x	4	+	2
+		x		+
6	+	8	-	1
-		-		+
3	x	5	+	7

45

7	-	9	+	3
+		+		+
6	x	8	x	1
-		x		-
4	x	5	x	2

46

2	+	3	x	9
x		x		-
4	x	5	x	1
-		+		x
6	-	7	+	8

47

2	+	8	÷	1
x		÷		x
7	x	4	-	3
+		+		x
5	+	6	+	9

48

4	x	6	÷	1
+		x		x
7	+	2	x	9
+		x		-
3	+	5	÷	8

49

2	x	8	x	5
x		-		+
6	+	4	x	9
x		x		+
3	+	7	x	1

50

6	x	5	-	8
-		x		-
9	+	2	x	7
+		+		x
4	x	3	-	1

51

5	+	2	+	4
+		-		x
7	÷	1	-	6
-		x		÷
9	+	8	x	3

52

4	x	7	-	9
+		+		+
3	x	2	x	8
x		-		-
6	+	1	-	5

53

3	-	2	+	8
+		x		+
9	-	5	x	1
+		-		+
4	x	7	-	6

54

7	+	9	x	8
-		-		+
3	+	1	x	5
+		-		x
2	x	6	+	4

55

4	x	7	x	8
x		-		-
1	+	9	+	3
+		+		+
2	+	6	x	5

56

3	x	8	-	9
+		x		+
7	-	4	x	5
-		x		x
1	+	6	-	2

57

2	-	5	+	4
-		x		+
7	x	6	+	8
+		+		+
9	÷	3	÷	1

58

7	x	8	+	9
x		+		-
5	+	4	+	2
x		+		+
1	+	3	x	6

59

2	x	3	x	5
x		x		x
8	-	6	÷	1
-		+		x
4	+	7	x	9

60

9	x	3	-	4
x		+		-
6	+	2	x	1
+		x		x
5	+	8	-	7

61

7	x	3	x	9
x		+		÷
8	-	5	x	1
-		+		-
6	-	4	÷	2

62

8	x	2	-	7
x		+		-
4	+	5	x	6
x		x		x
1	x	9	-	3

63

2	x	6	+	9
x		+		+
7	x	3	x	8
-		+		x
5	x	4	÷	1

64

9	x	4	-	6
+		+		-
5	+	2	+	1
-		x		+
7	+	3	-	8

65

7	x	4	+	8
x		x		+
6	÷	2	-	1
+		+		x
3	x	9	x	5

66

9	x	6	+	3
-		+		x
7	x	8	-	5
÷		-		+
2	+	4	+	1

67

9	x	6	-	7
÷		x		x
3	+	4	+	5
+		÷		+
1	+	8	+	2

68

7	x	4	x	5
x		+		-
2	+	3	+	8
-		÷		+
9	x	1	+	6

69

6	x	5	+	4
+		+		-
8	-	2	÷	1
x		x		x
3	+	9	+	7

70

6	+	9	x	8
÷		+		-
2	x	3	+	5
x		+		+
7	x	4	÷	1

71

4	x	3	+	6
x		+		÷
5	+	8	+	2
-		-		-
7	+	9	x	1

72

9	+	4	x	5
+		+		-
8	÷	2	x	1
-		x		+
3	x	7	+	6

1

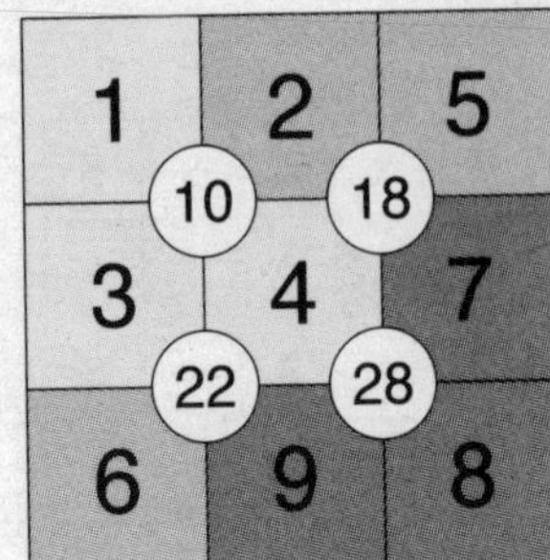
1 2 5
3 4 7
6 9 8
10 18
22 28

2

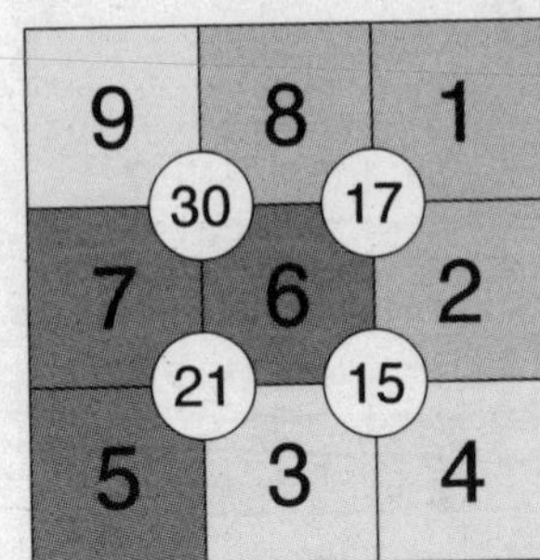
9 8 1
7 6 2
5 3 4
30 17
21 15

3

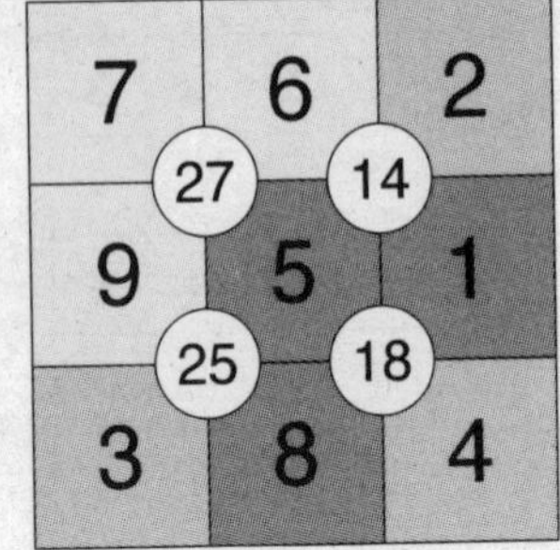
7 6 2
9 5 1
3 8 4
27 14
25 18

4

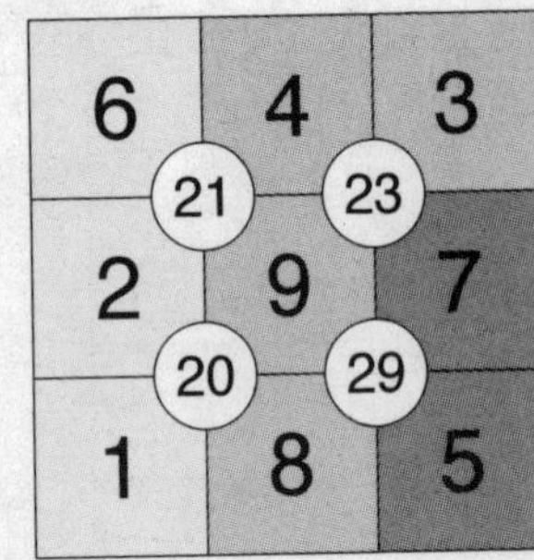
6 4 3
2 9 7
1 8 5
21 23
20 29

5

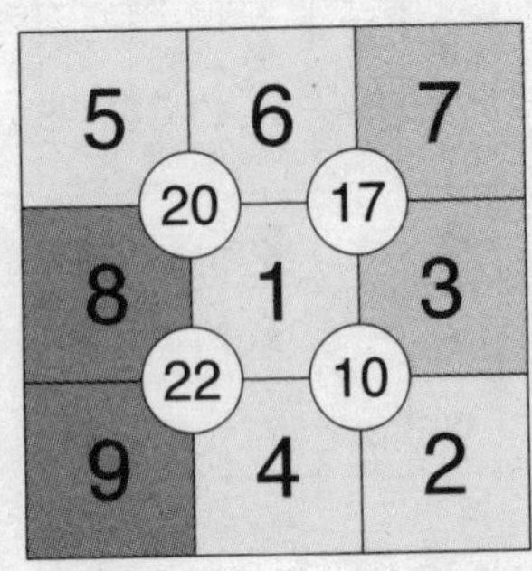
5 6 7
8 1 3
9 4 2
20 17
22 10

6

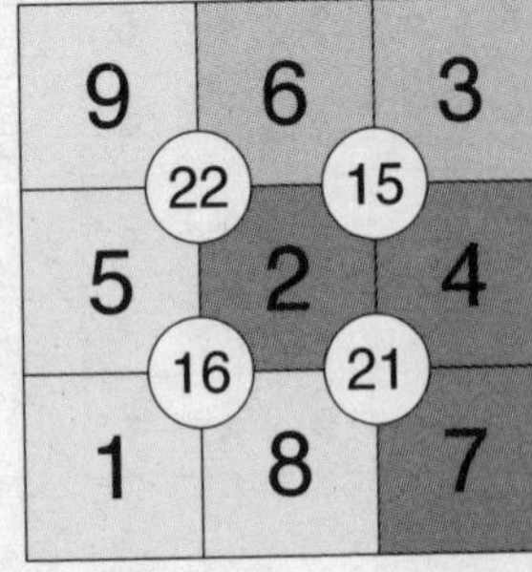
9 6 3
5 2 4
1 8 7
22 15
16 21

7

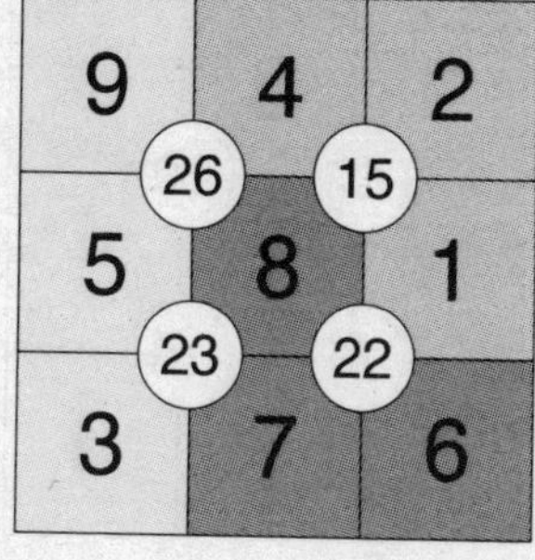
9 4 2
5 8 1
3 7 6
26 15
23 22

8

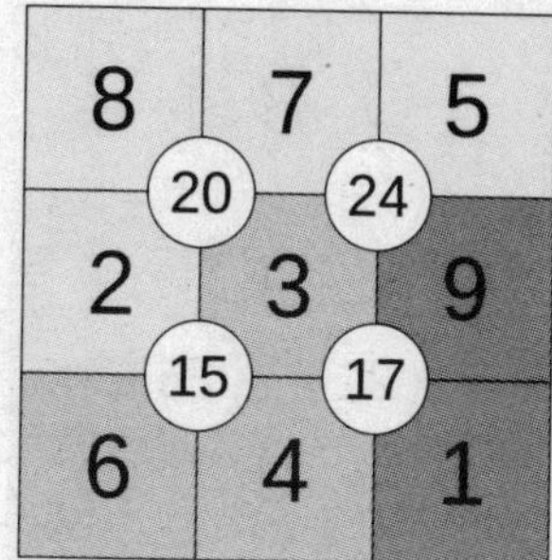
8 7 5
2 3 9
6 4 1
20 24
15 17

9

1 7 5
4 9 8
6 2 3
21 29
21 22

10

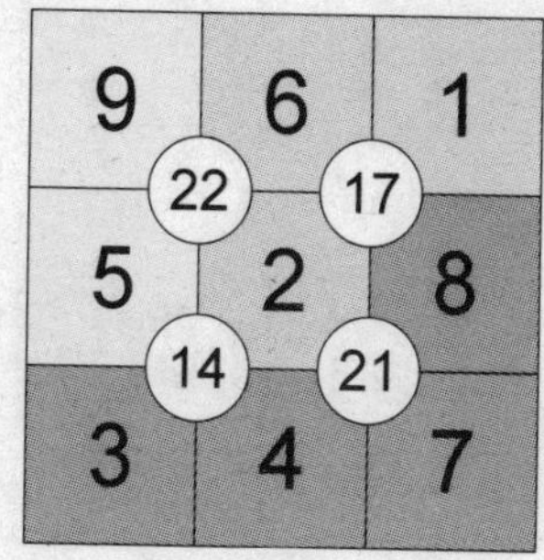
9 6 1
5 2 8
3 4 7
22 17
14 21

11

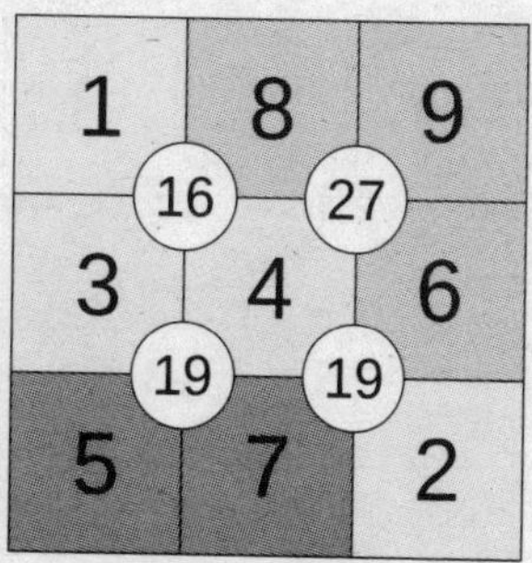
1 8 9
3 4 6
5 7 2
16 27
19 19

12

3 6 8
4 5 1
9 7 2
18 20
25 15

13

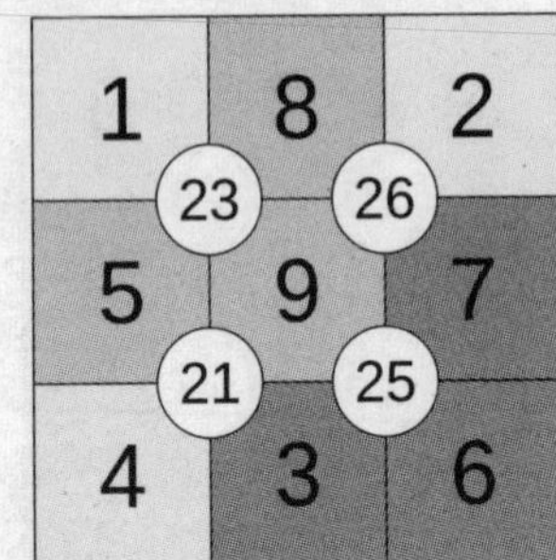

14

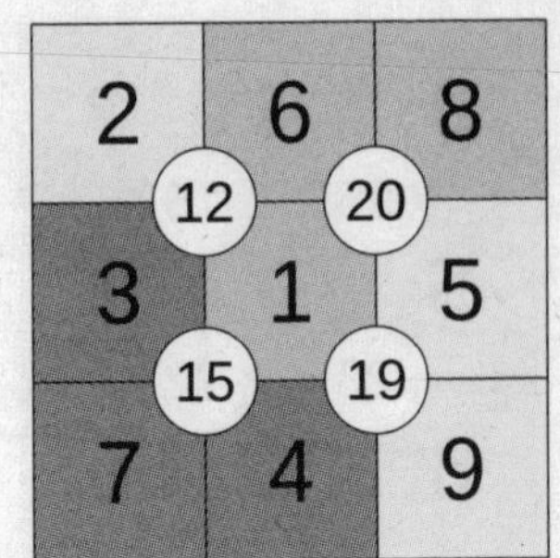

15

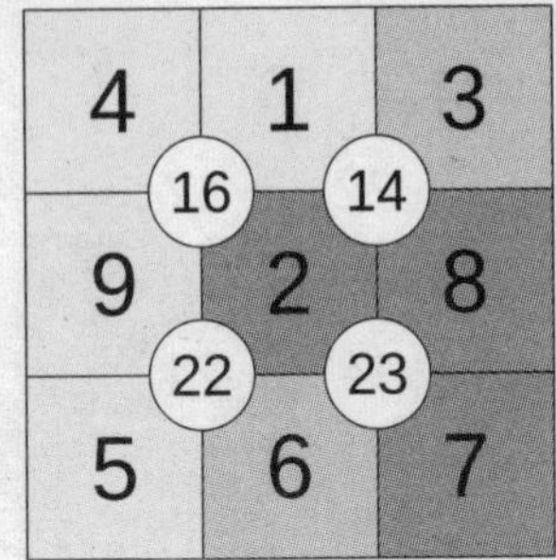

16

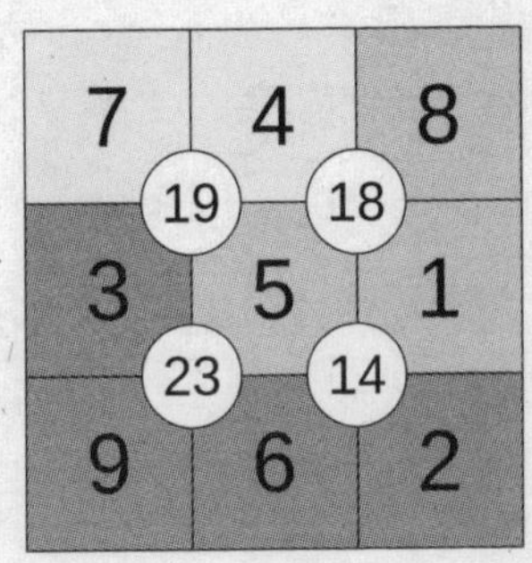

17

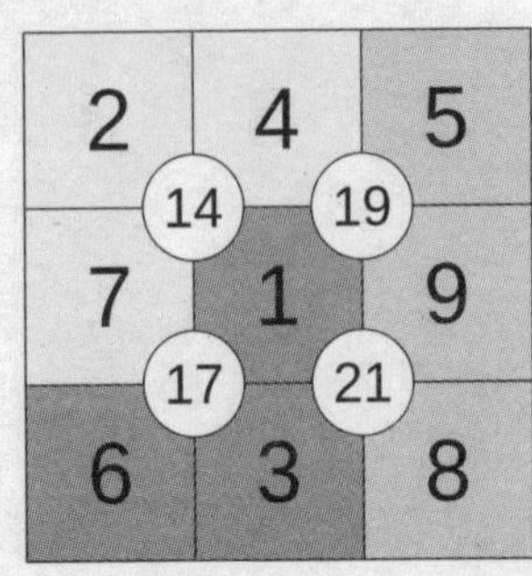

18

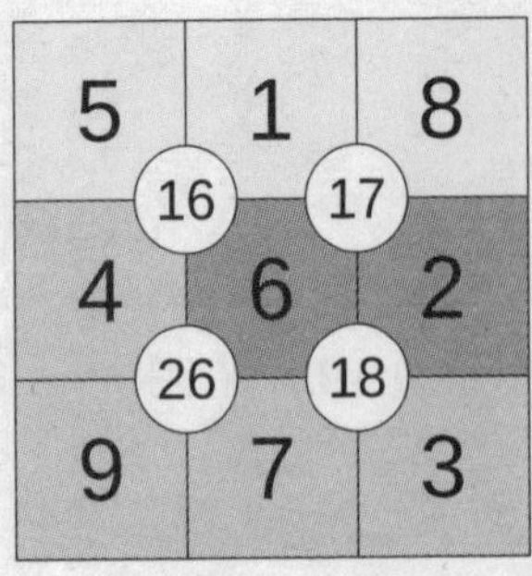

19

20

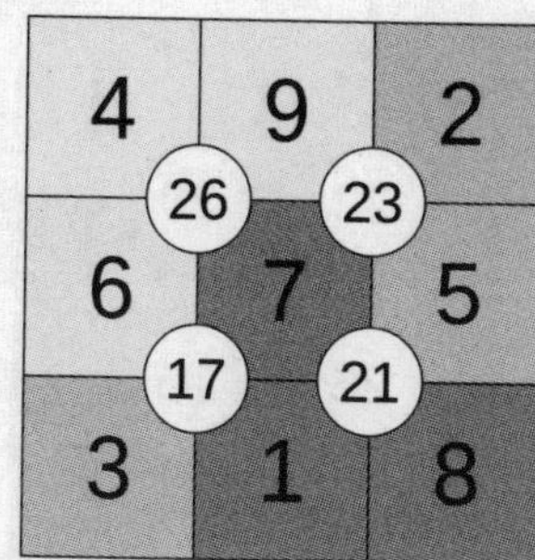

21

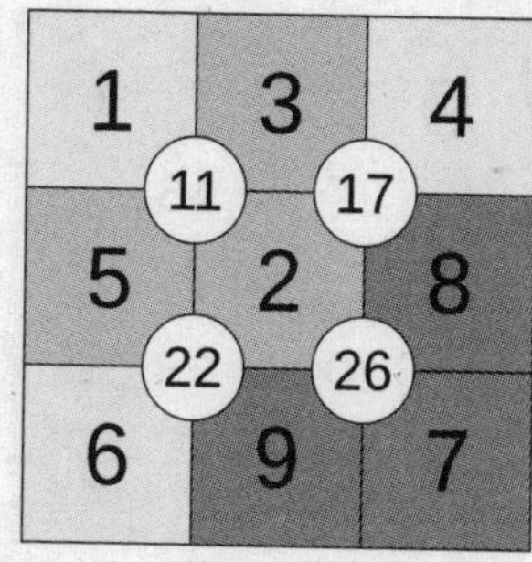

22

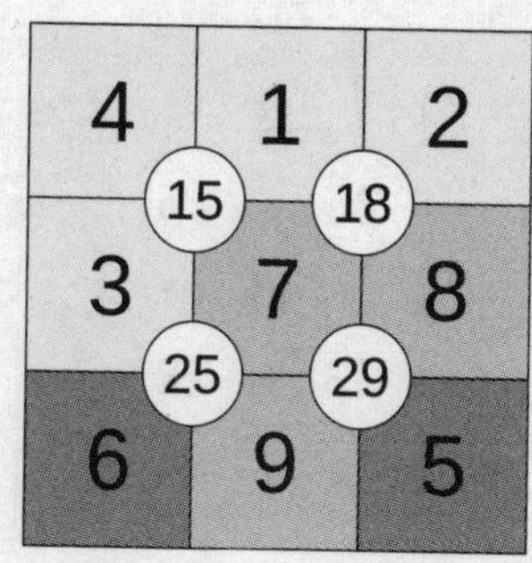

23

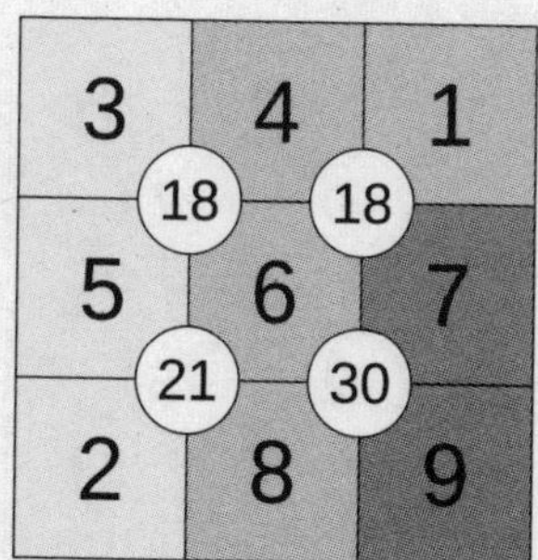

24

25

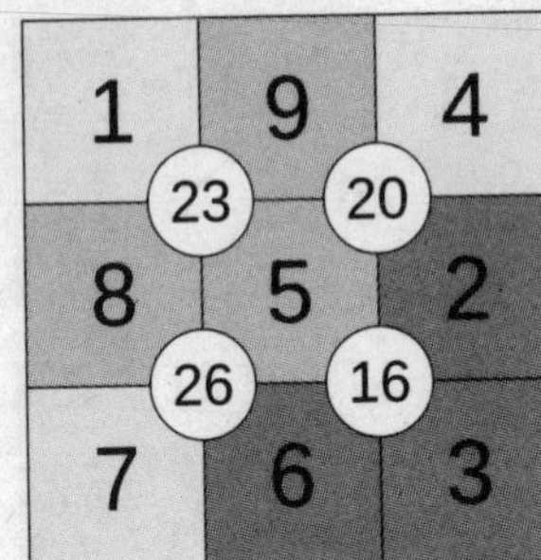

26

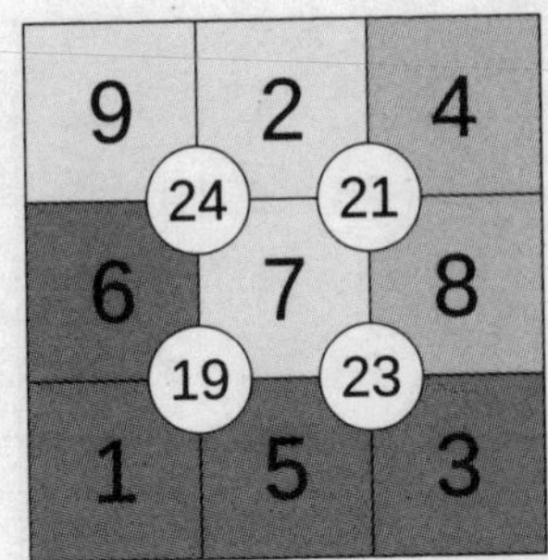

27

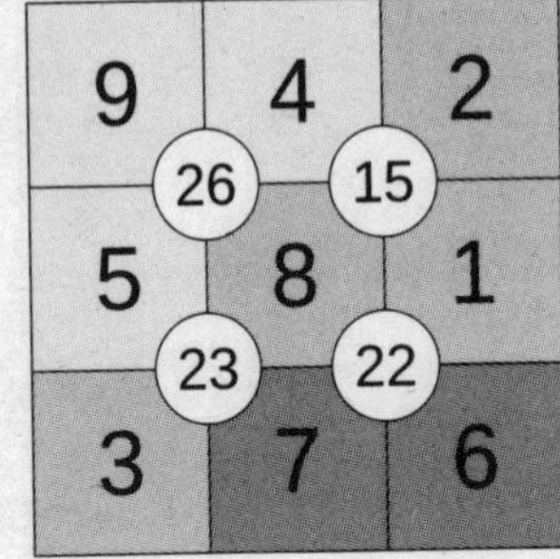

28

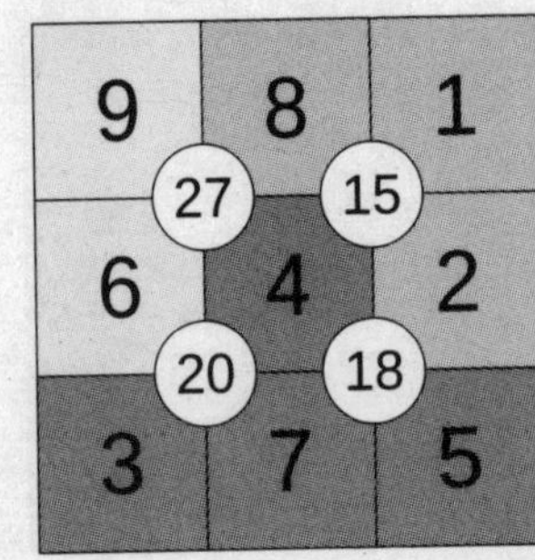

29

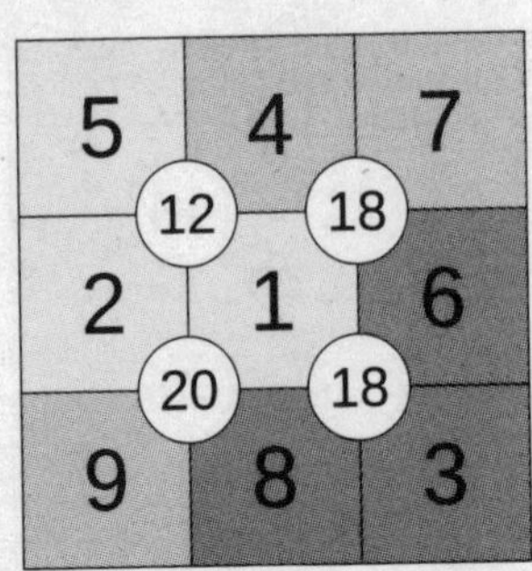

30

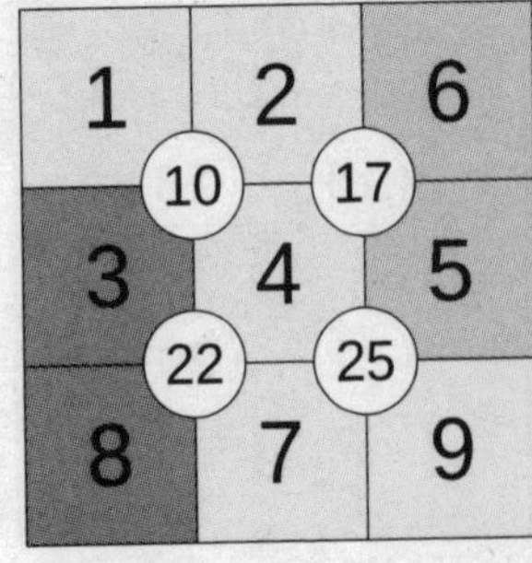

31

32

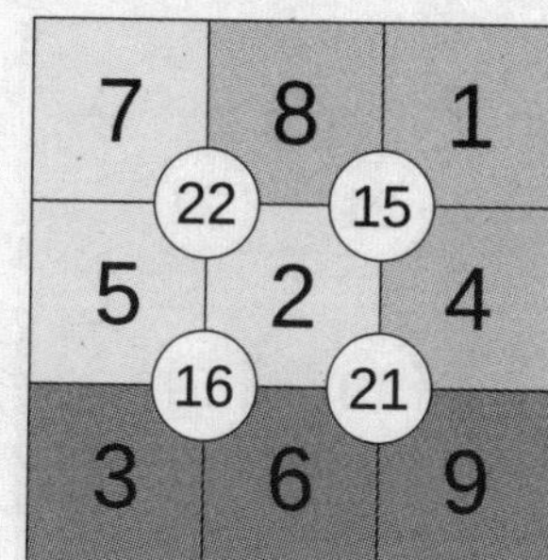

33

34

35

36

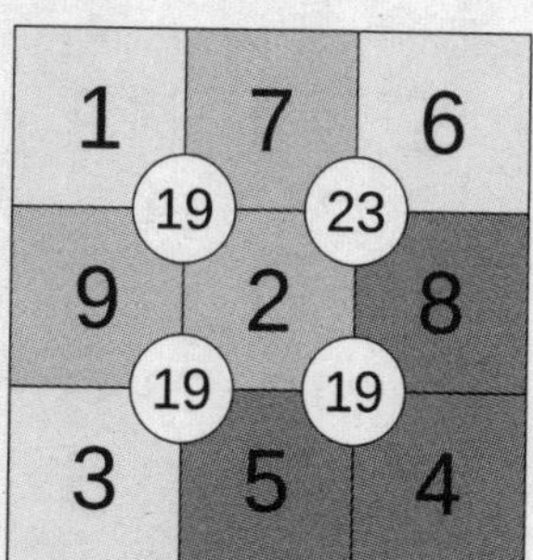

37

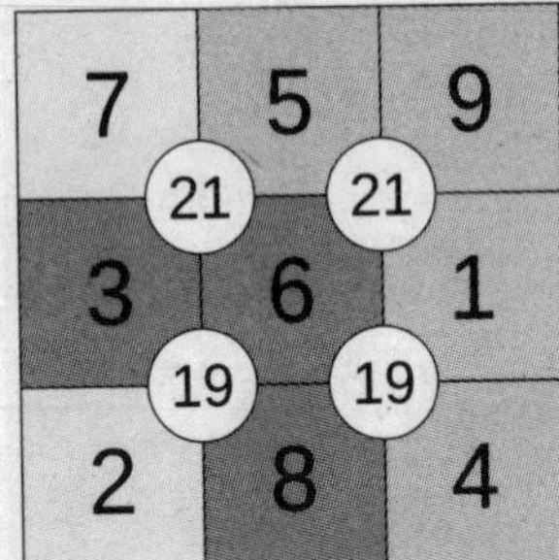

38

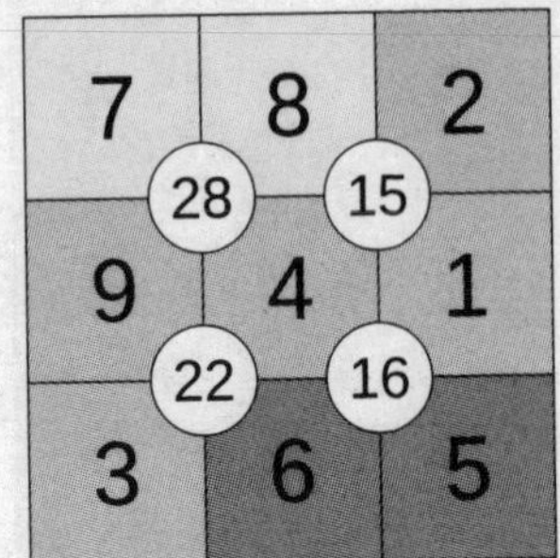

39

1	3	7
6	2	8
4	5	9

Circles: 12, 20, 17, 24

40

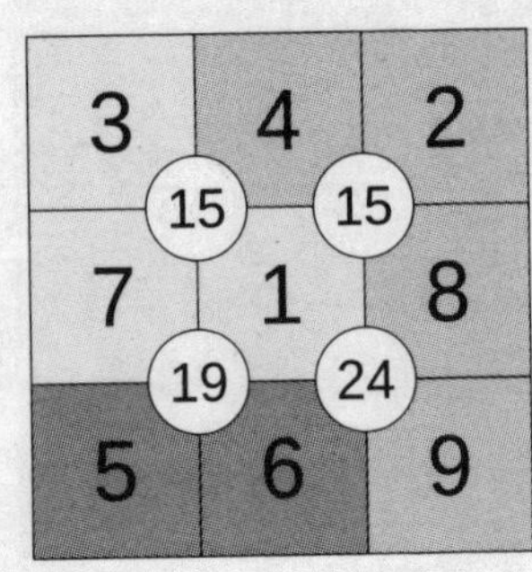

41

42

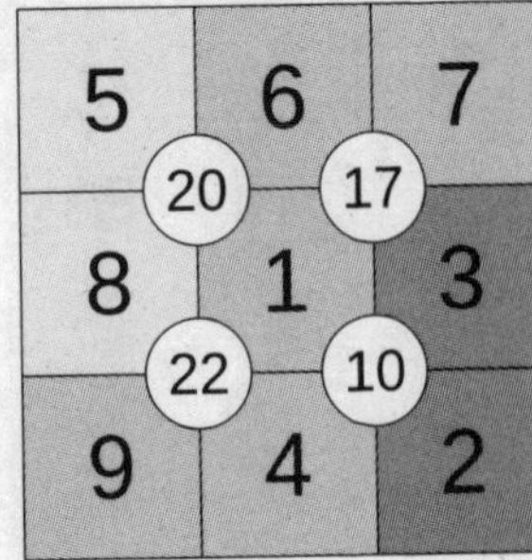

43

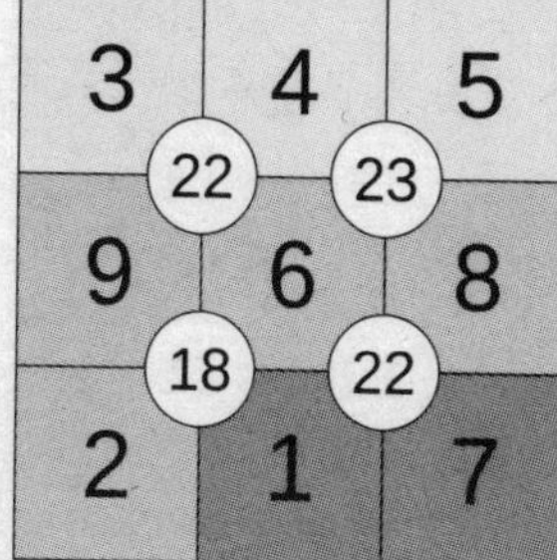

44

45

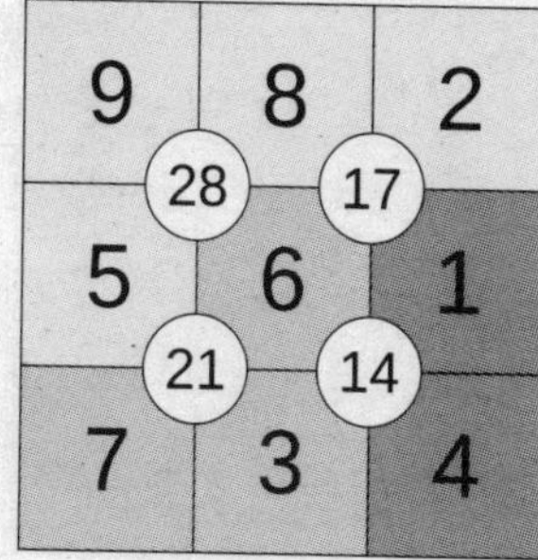

46

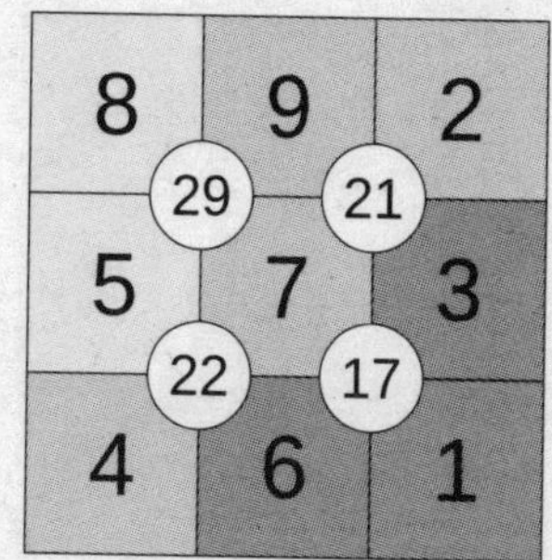

47

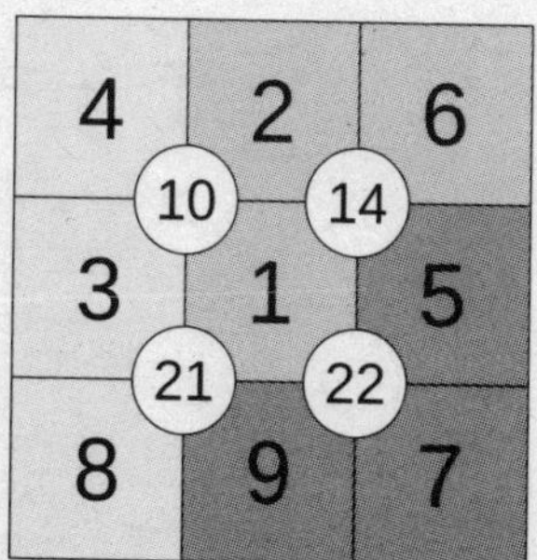

48

49

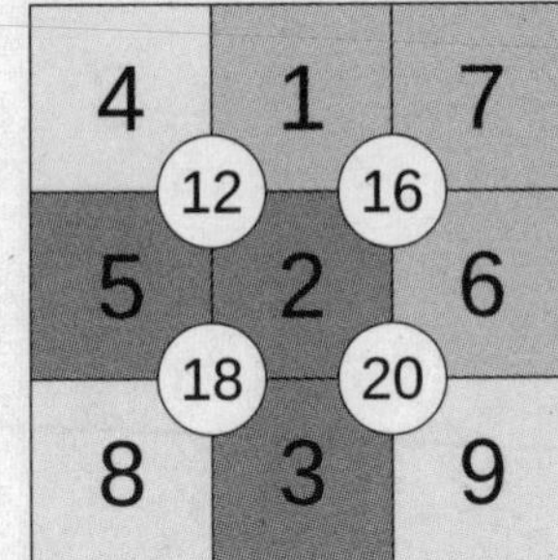
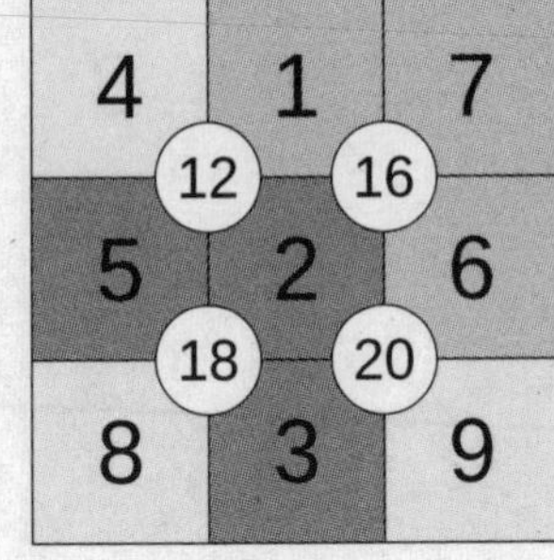

50

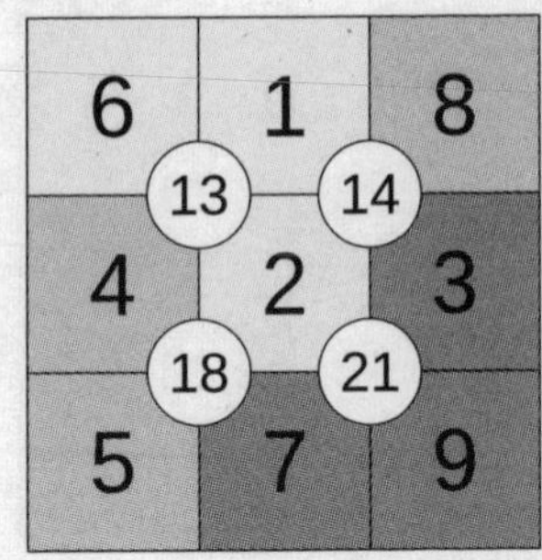

51

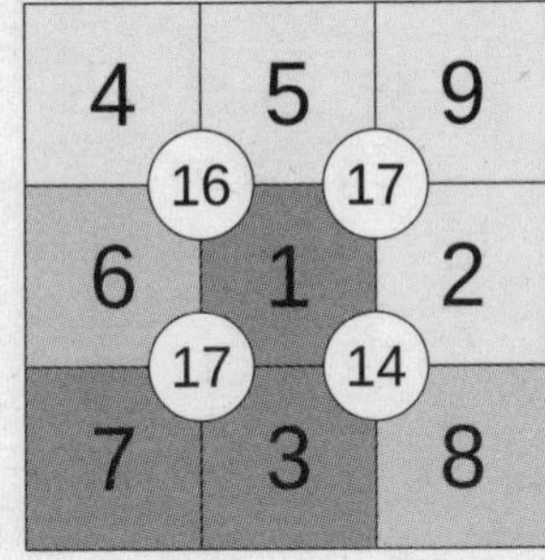

52

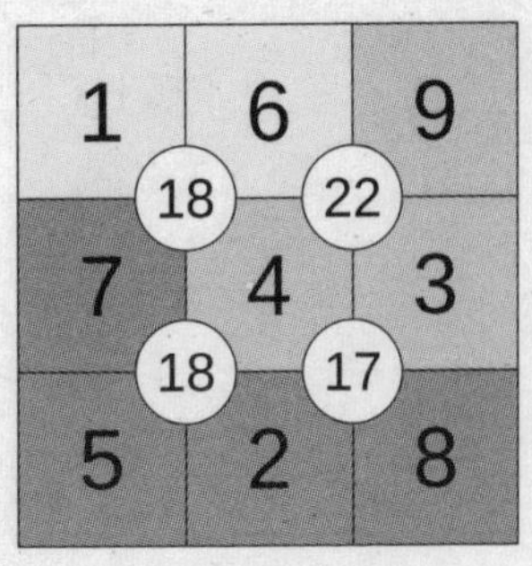

53

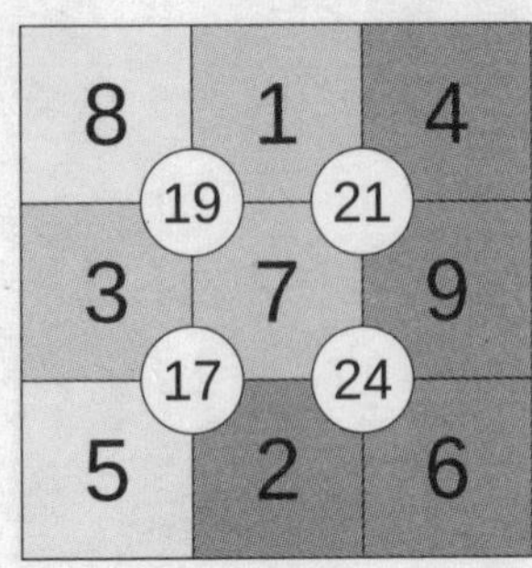

54

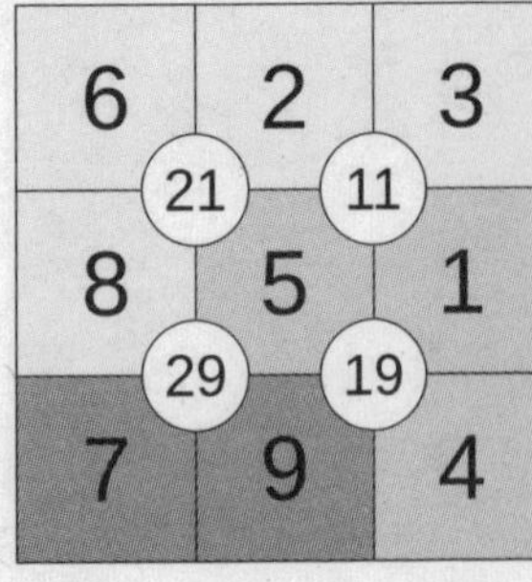

55

56

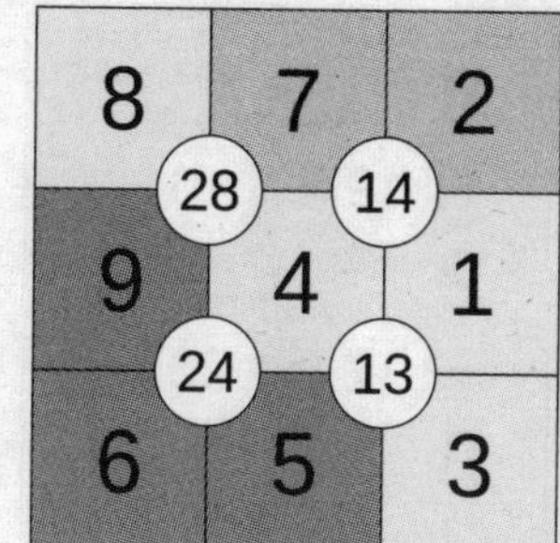

57

58

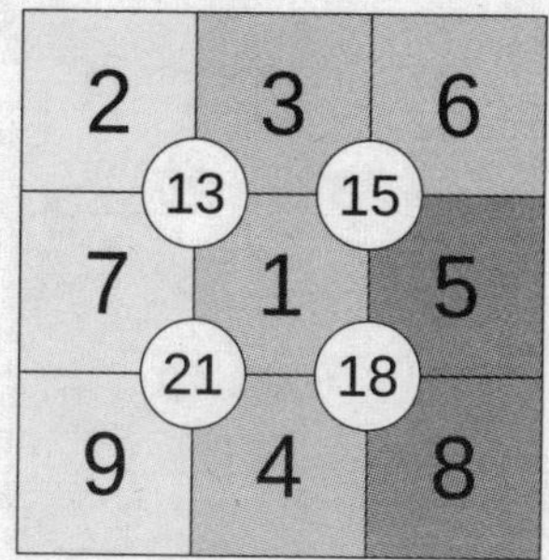

59

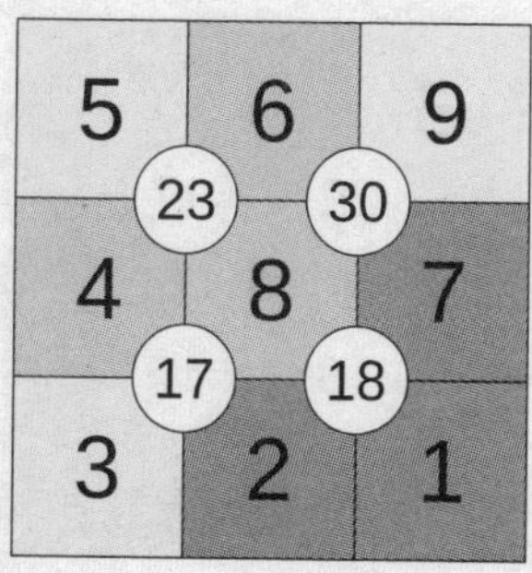

60

61

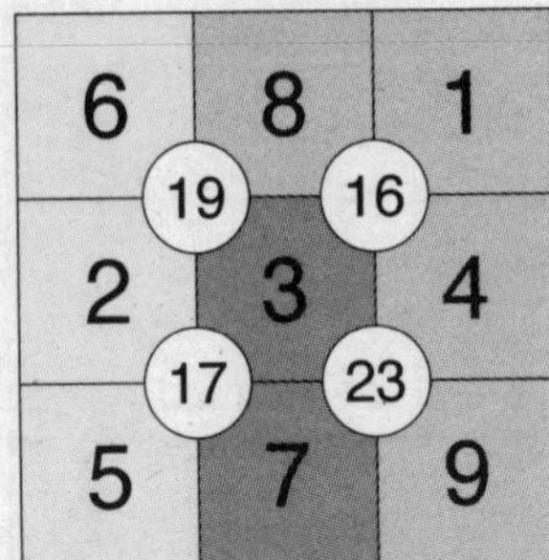

62

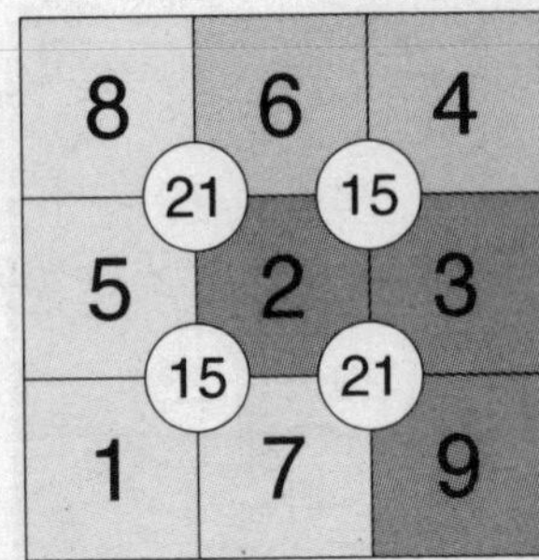

63

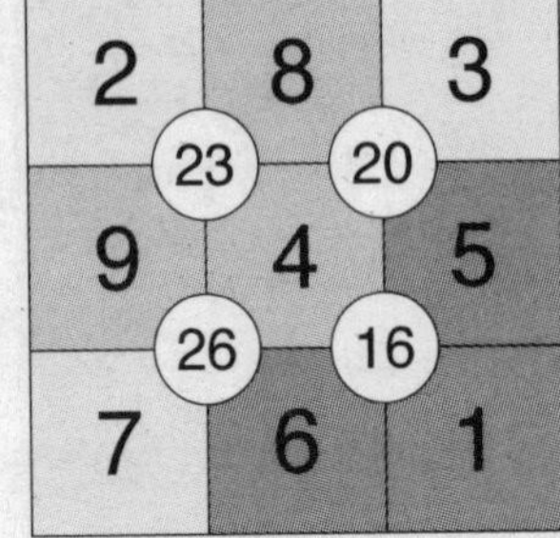

64

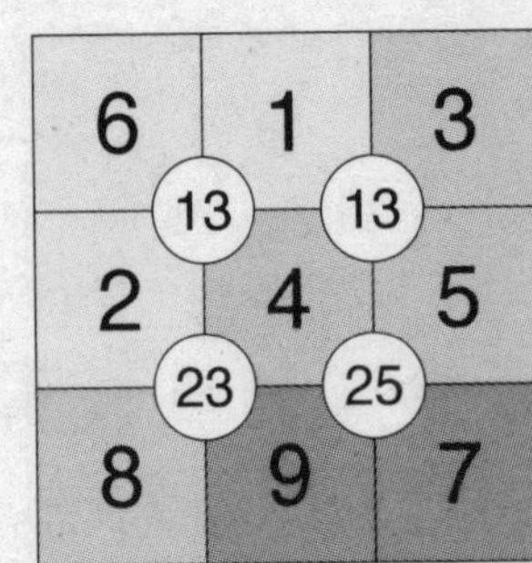

65

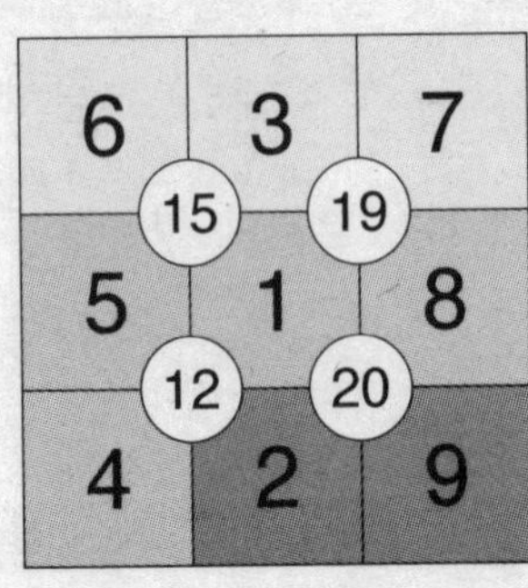

66

67

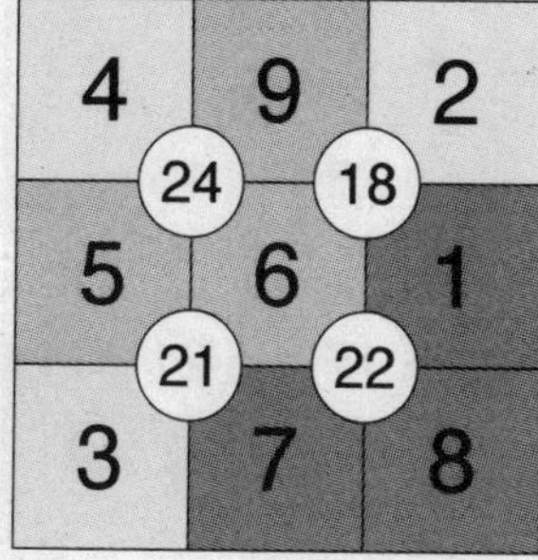

68

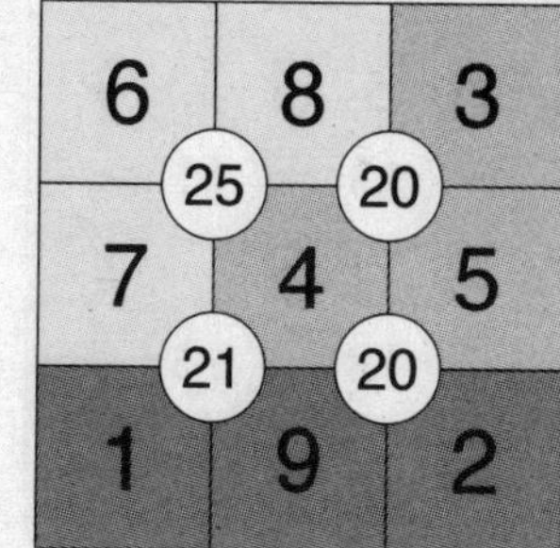

69

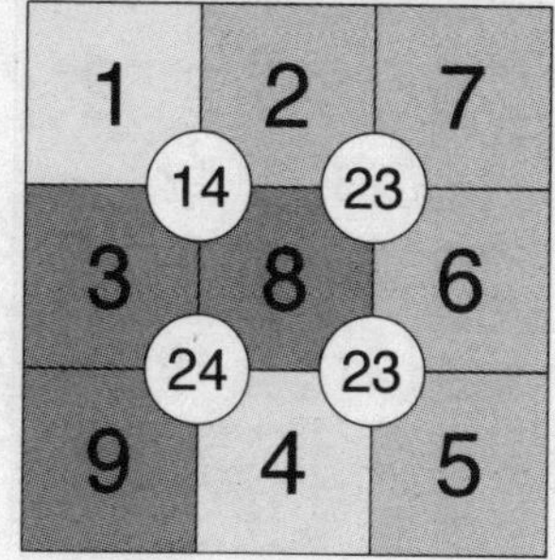

70

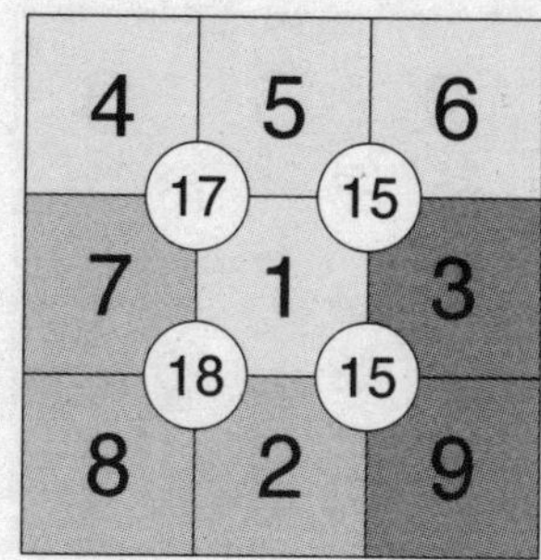

71

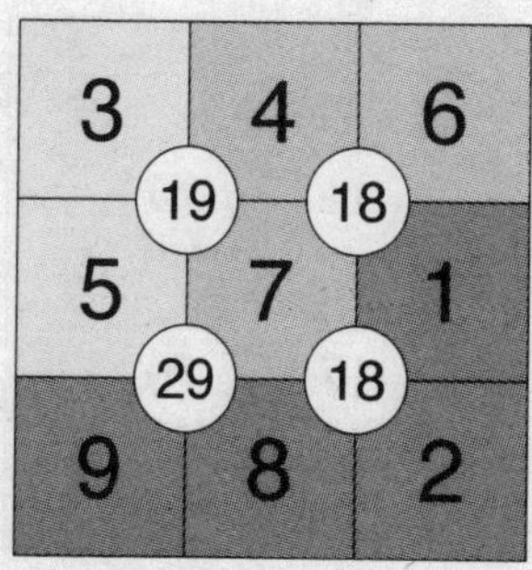

72

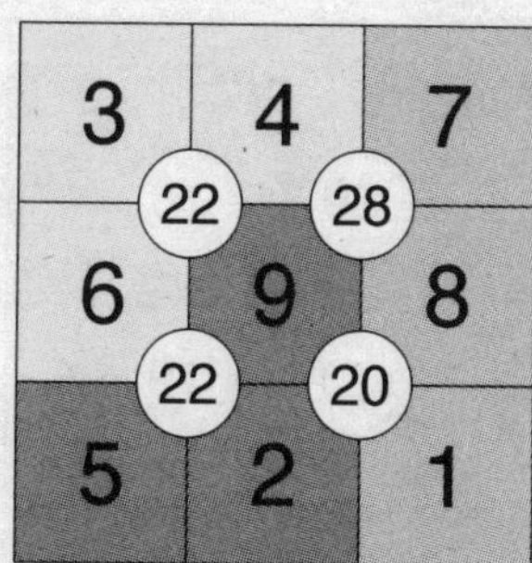

73

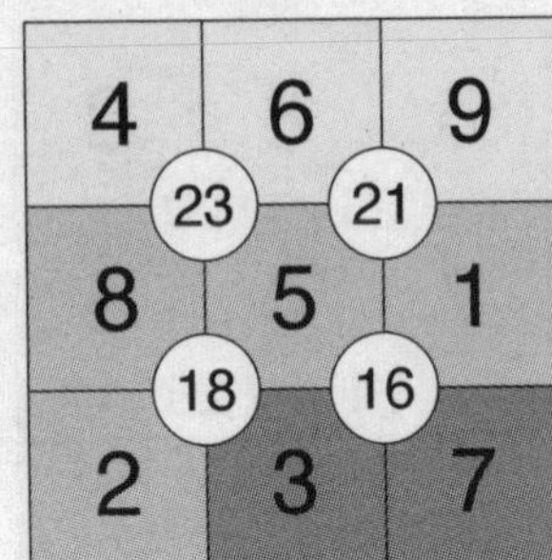

74

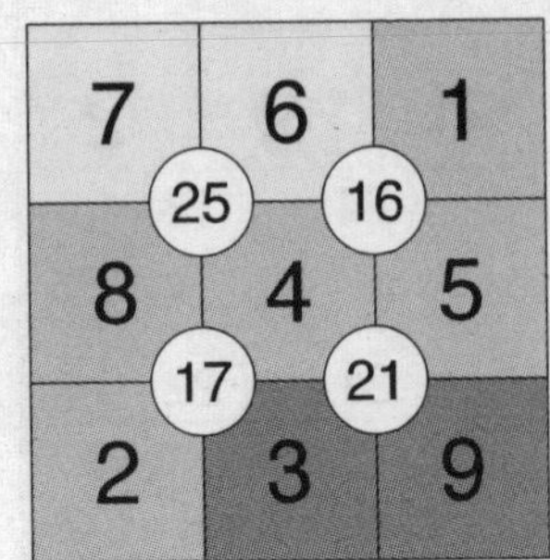

75

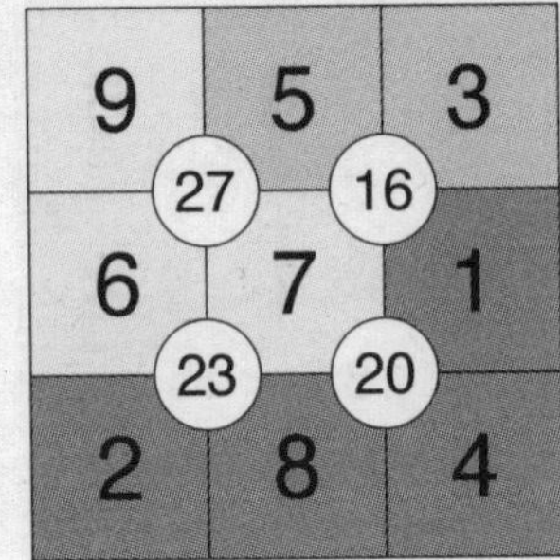

76

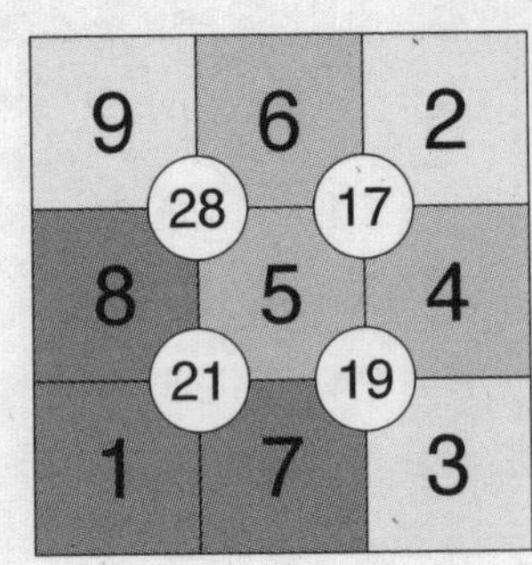

77

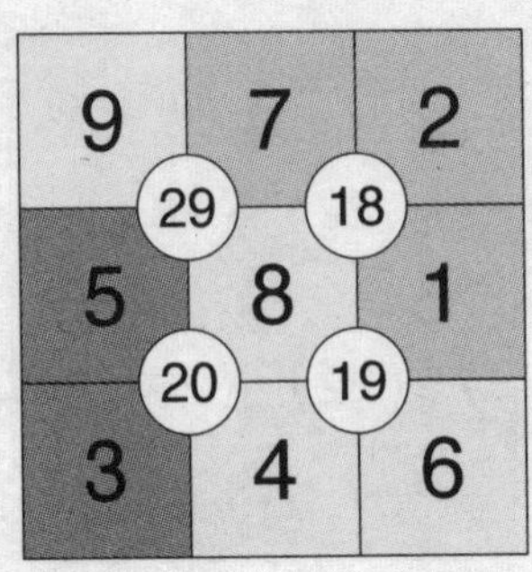

78

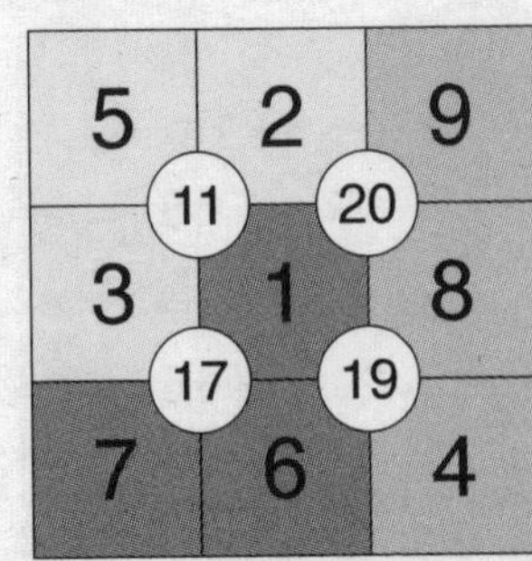

79

80

81

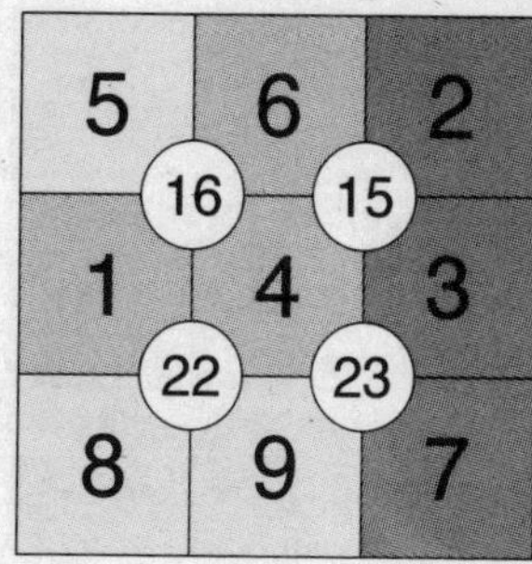

82

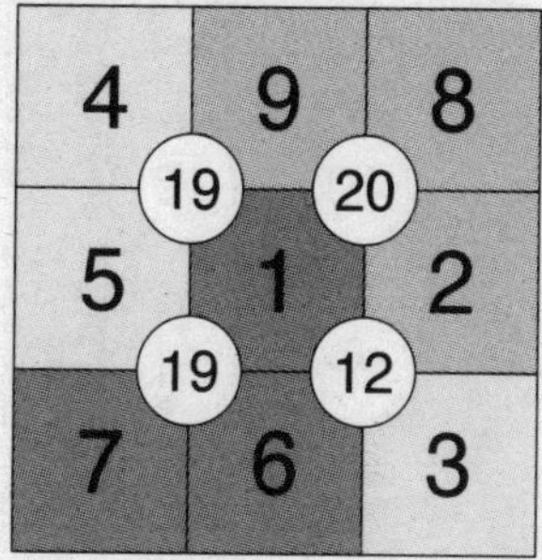

83

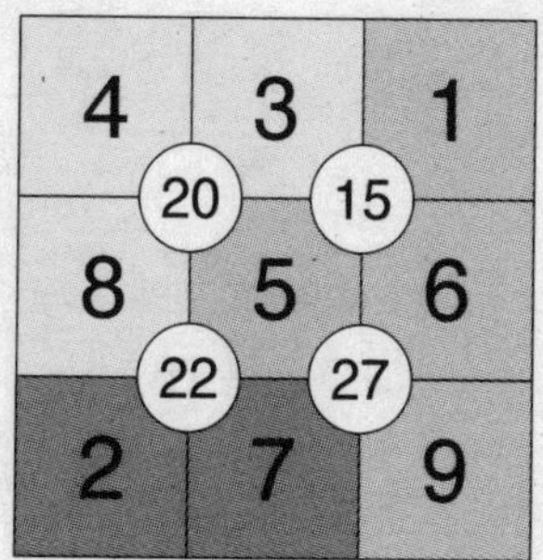

84

85

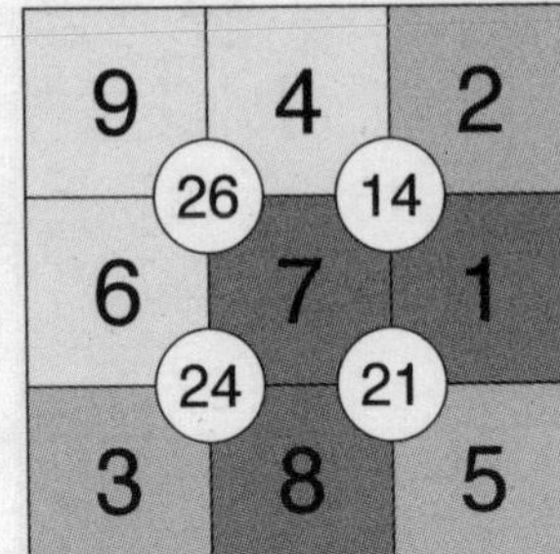

86

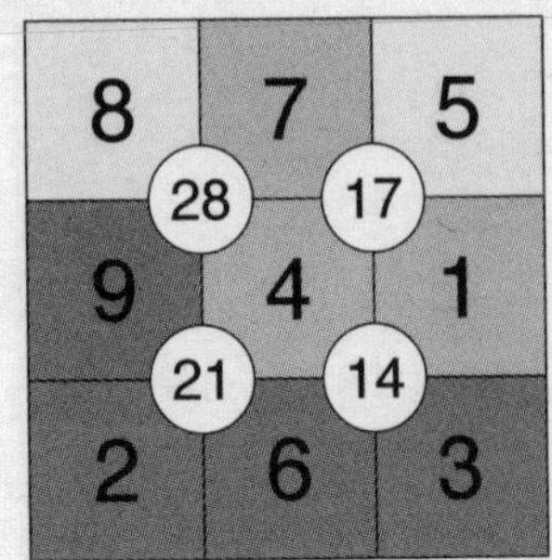

87

88

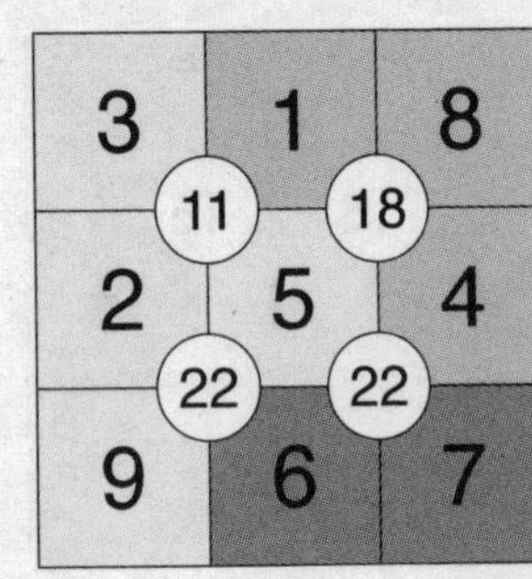

89

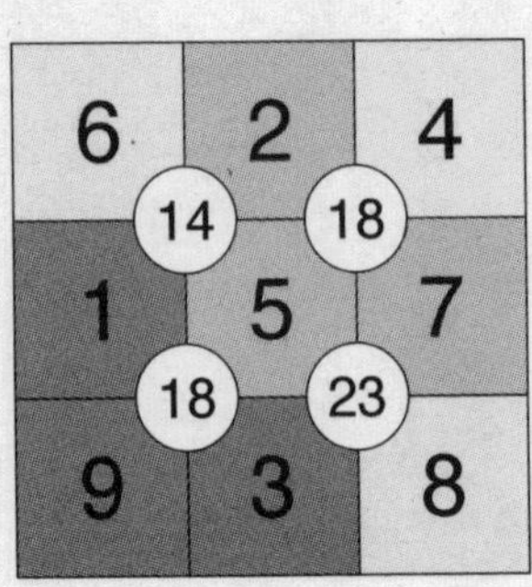

90

91

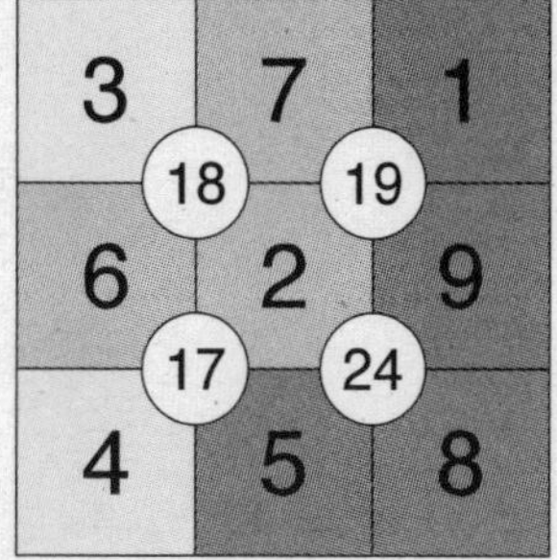

92

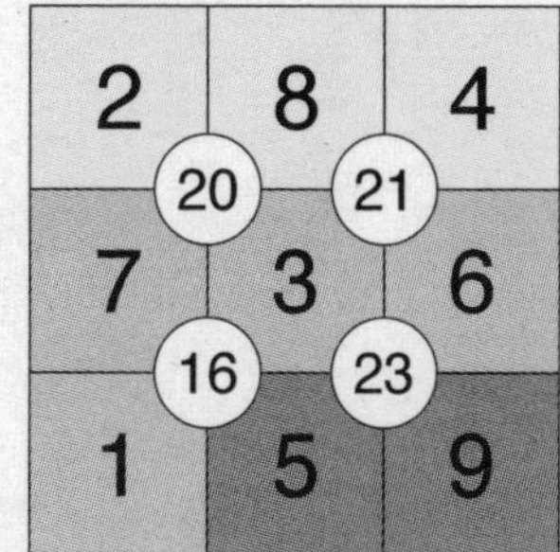

93

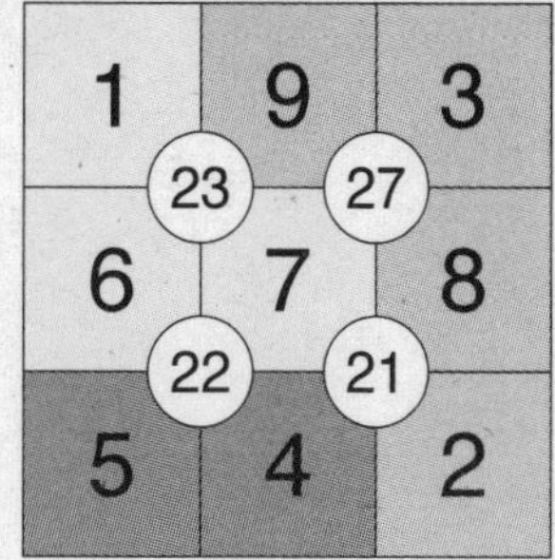

94

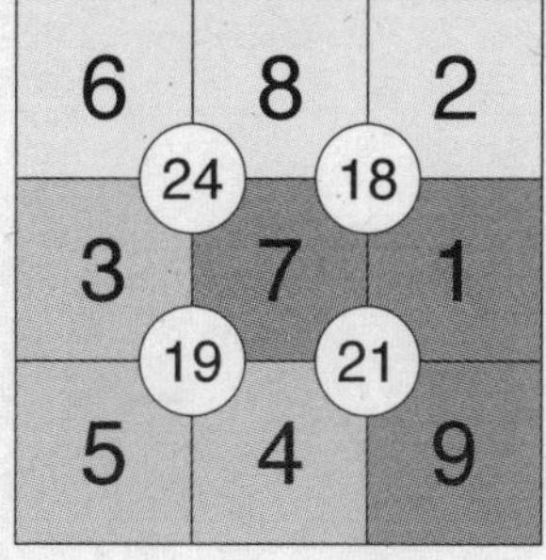

95

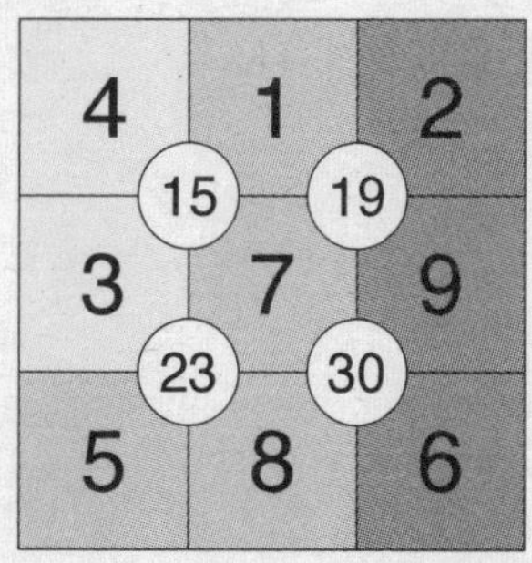

96